복종하며 지배하라

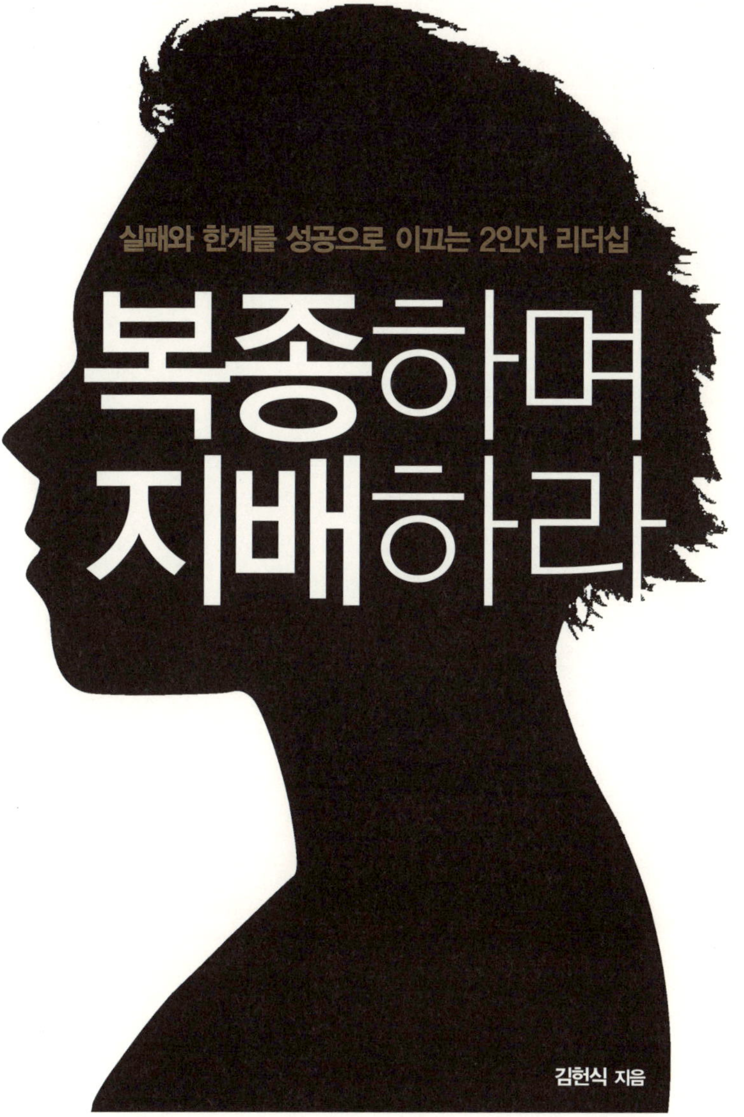

복종하며 지배하라

OBEY & DOMINATES

차례 | contents

머리말
Front matter

좋은 사람이 되고 싶으면 당신이 나쁜 사람인 척하는 것부터 시작하라.
 ─에픽테투스(1세기)

극히 아름다운 것에는 반드시 심한 악이 숨어 있다.
 ─좌전(左傳)

영화 「다크 나이트」는 영웅의 의미를 다시금 생각하게 만든다. 왜냐하면 배트맨은 1인자 슈퍼 히어로가 아니라 2인자 영웅의 전형이기 때문이다. 배트맨은 밤이면 악의 무리를 소탕하느라 분주하지만 밤에만 활동해야 하는 제약 때문에 한계를 느낀다. 그러던 중 지방검사 하비 덴트를 알게 되고 그에게서 희망을 찾는다. 하비 덴트는 악당과의 전쟁을 선포하고 부패 척결을 위해 불철주야 노력하는 인물이다. 배트맨은 진정한 영웅은 법과 원칙을 지키며 범죄와 싸우는 하비 덴트 같은 인물이라고 생각한다. 한편 악당 조커는 배트맨에게 가면을 벗지 않으면 사람들을 무차별적으로 죽이고, 도시 전체를 쑥대밭으로 만들겠다고 위협한다. 배트맨은 도시와 사람들을 지키기 위해 가면을 벗으려 한다. 이런 번민 속에서 배트맨이 조커와 맞서고 있을 즈음, 하비 덴트는 자신의 연인이 악당과 악당에게 속아 넘어간 형사들에게 죽임을 당했다는 사실을 알고, 그들에게 복수한다. 희망으로 여겼던 덴트가 법과 원칙을 어기자 수사반장과 배트맨은 절망에 빠지고 만다. 결국 배트맨은 하비 덴트가 저지른 모든 살인을 자기가 저지른 것으로 위장하고, '사람들이 언젠가는 자기의 진정성을 알아줄 것이다.'는 최후의 말을 남긴 채 영원히 다크 나이트로 남는다.

'밤의 기사'란 뜻의 '다크 나이트'는 배트맨의 별칭으로, 어둠에서 활약하는 배트맨의 성격을 가장 적절하게 담고 있는 이름이다. 영화 「다크 나이트」도 이 같은 어둠의 영웅 배트맨에 초점을 맞췄는데, 이 어둠의 영웅이 바로 2인자다. 그는 전면에는 드러나지 않고 이름 없이 세상을 움직인다. 하지만 이 영웅이 누구인지 사람들은 마침내 알고 만다. 때로는 사람들에게 지탄을 받기도 하고, 욕을 얻어먹기도 하지만 그는 무엇이 옳은지 알기 때문에 묵묵히 전진한다.

2008년 1월, 《동아일보》와 인터넷 쇼핑몰 G마켓이 공동으로 실시한 설문조사에서 응답자들의 60.9%가 2인자를 '나름의 영역을 개척하며 인정받는 창의적 인물'이라고 답했다. 반면 '만년 2등으로 남은 불운한 인물'(8.4%), '패배자'(1.5%) 등의 부정적인 답변은 10%를 넘지 않았다. '왜 2인자들이 주목받는 것일까?'라는 질문에 대해 응답자의 47.7%가 '문화가 다양하고 1인자 못지않게 인정받는다'는 이유에 손을 들었다. '엔터테인먼트를 중시하는 사회 분위기'를 꼽은 응답자도 19.9%나 되었다. '하는 일이 즐겁다면 2인자도 마다하지 않겠느냐'는 질문에 응답자의 48.7%가 '당연하다', 34.5%는 '그럴 의도가 있다'고 답했다. 이 설문조사는 우리 사회에서 2인자에 대한 생각이 많이 변화했음을 시사한다.

이러한 변화는 1인자 모델의 한계에서 비롯된 면도 없지 않다. 무엇보다 1인자는 이상적 모델인 경우가 많다. 실제로 존재하기보다는 누구나 한 번쯤 되고 싶은 이상적 모델인 것이다. 이상적인 모델은 훌륭하기는 하지만 현실감이 느껴지지 않는다. 이에 비해 오히려 현실적으로 다가오는 것이 2

인자 모델인지도 모른다.

　한편 사회적 상황의 변화도 한몫하고 있다. 이제 1인자 혼자 이끌어가는 시대는 지났다. 조직과 산업구조, 경영환경은 날로 복잡해지고, 상황은 돌발적이며 불확실하다. 이러한 상황에서 혼자의 능력으로 난관을 돌파하기란 그만큼 어렵다. 이 때문에 1인자를 둘러싼 2인자들에 대해 주목하기 시작했고, 주목하는 만큼 그동안 부수적이라 여겼던 2인자에 대한 성격과 의미는 달라졌다.

　이 책에서 방점을 찍고 있는 2인자는 단순한 의미의 2위가 아니다. 2인자이면서 실질적으로는 1위인 사람을 가리킨다. 이른바 2인자형 1인자인 것이다. 2인자의 위치는 단순히 중간 과정이 아니라 그 자체가 1인자의 위치다. 또한 2인자의 위치에 충실할 때 1인자화 되는 구조를 포괄하는 개념이다. 따라서 2인자 리더십은 2위의 위치에서 발휘하는 리더십이 아니라 그 자체가 하나의 리더십이다. 장수하는 1인자들도 여기에 속한다. 이들은 1인자의 반열에 올랐어도 2인자의 리더십을 구사한다.

　이 책은 '2인자'에 대한 이야기다. 또 2인자와 1인자 간의 개연성을 좀 더 구체적으로 밝히는 것을 목적으로 하고 있다. 무엇보다 2인자론은 인류 역사 이래로 늘 중요하게 취급받아 왔으며, 이 점을 증명하고자 나는 고전에서 그 함의를 이끌어내려 했다.

　이 책에서는 1인자 중심의 리더론이나 그러한 조직 문화가 갖고 있는 한계를 지적하는 데 많은 부분을 할애했다. 특히 1인자들이 갖고 있는 인지적, 사회심리학적 한계뿐만 아니라 조직적, 경영적 한계를 지적하려고 애썼다. 더불어 2인자는 강요나 실패로 점철된 지위, 1인자의 부속물 혹은 보조자가 아닌 2인자 스스로 선택한 결과물이며, 성공이라는 점을 중요하게 고려했다. 결국 2인자는 1인자가 되기 위한 과정이 아니라 2인자 그 자체가 목적이며 2인자의 역할에 충실할 때, 바로 1인자다. 흔히 2인자의 전형으로 참모를 떠올린다. 현실적으로는 맞는 이야기지만 단순히 책사와 참모, 비서가 2인자의 궁극적인 목적은 아님을 강조한다. 이들은 다 2인자가 본질이다. 예를 들어 이들 중에 누군가 1인자의 위치에 있다 하더라도 2인자 리더십을 발휘해야 자신의 지위를 유지할 수 있다. 한편 2인자의 역할을 잘하는 이는 1인자의 역할도 잘한다. 근본적으로 1인자와 2인자는 분리된 것이 아니라 동전의 양면과 같으며, 그 중심은 1인자라는 면이 아니라 2인자라는 면이다.

책 구성은 다음과 같다. 1장에서는 1인자 리더십이 저물고 2인자 리더십이 부각되는 현상과 이유에 대해 분석했다. 2장에서는 2인자가 진정한 1인자가 되기 위해서 필요한 조건과 태도, 원칙들을 살펴보는 한편 2인자가 1인자를 아우르면서 생존하기 위한 원칙들을 함께 짚었다. 3장에서는 이러한 논의들을 바탕으로 실제로 2인자 리더십을 통해 1인자의 반열에 오른 인물들과 사건을 분석하고 함의를 정리해 보았다. 이 가운데는 성공한 인물도 있지만 2인자 리더십을 유지하거나 구사하지 못해서 실패한 인물도 있다.

이를 통해 강조하고자 하는 바는 일정하게 구조화된 2인자 리더십의 모델이 아니라 상황의 동학이다. 다시 말해 주목해야 할 점은 2인자 리더십의 모델 제시가 아니라 그에 속한 사람들의 움직임이라는 것이다. 매 상황마다 일어나는 구성원들의 행동들이 바로 다른 주체와 현실을 움직이는 역동적 리더십이기 때문이다.

2009. 11. 김헌식

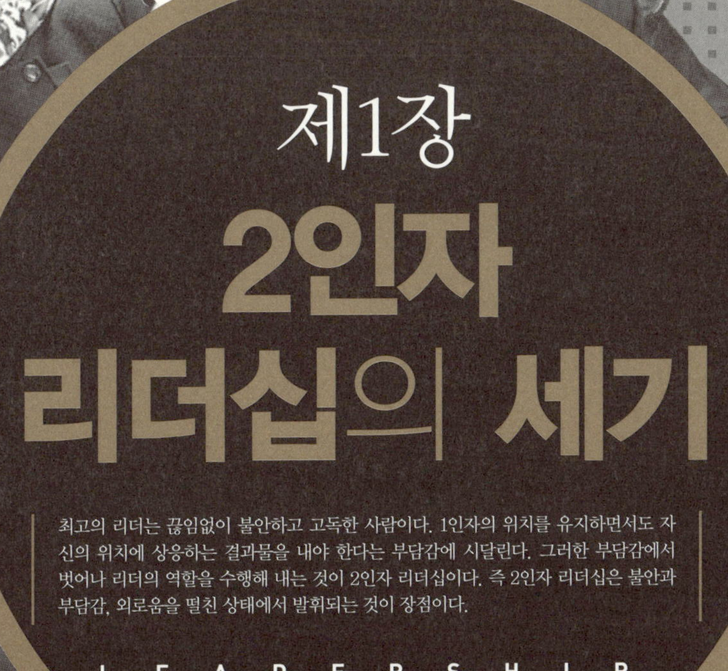

제1장

2인자
리더십의 세기

최고의 리더는 끊임없이 불안하고 고독한 사람이다. 1인자의 위치를 유지하면서도 자신의 위치에 상응하는 결과물을 내야 한다는 부담감에 시달린다. 그러한 부담감에서 벗어나 리더의 역할을 수행해 내는 것이 2인자 리더십이다. 즉 2인자 리더십은 불안과 부담감, 외로움을 떨친 상태에서 발휘되는 것이 장점이다.

LEADERSHIP

LEADERSHIP

2인자는 강요된 것이 아니라 스스로 선택한 것이다

■ 다른 사람을 정상으로 올라가도록 도와주는 사람이 가장 높이 올라간다. – **지그 지글러**

언제나 2인자는 1인자보다 못한 존재로 여겨진다. 1인자가 되기 위해 꼭 필요한 무엇인가가 부족하거나 성공하지 못한 이미지, 혹은 단순히 1인자의 보조자로 인식되기도 한다. 그래서 2인자는 실패한 사람, 비참한 인생에 만족하는 존재로 규정되기도 한다. 과연 그렇게만 볼 수 있을까?

존 F. 케네디는 이런 말을 한 적이 있다.

"일단 당신 자신이 2위에 머물겠다고 하면, 당신의 인생은 그렇게 된다."

이 말 속의 2인자는 상당히 수치스럽고 불행하다. 2위라는 의미가 강하기 때문이다. 그러나 만약 케네디가 2인자를 만년 2위로 생각했다면, 똑똑한 그가 2인자는 그 자체로 1위라는 사실을 간과한 셈이 된다. 왜냐하면 2인자는 1인자가 되기 위해 노력하다가 정지한 상태가 아니라 처음부터 선택하는 것이기 때문이다.

2인자를 부정적인 의미로 바라보는 것은 1인자에 대한 집착과 욕심 때문이다. 만약 2인자에게 1인자를 향한 욕심과 미련이 남아 있다면, 2인자는 1인자에 대한 콤플렉스로 인해 불행한 존재가 될 것이다.

그러나 1인자를 향한 미련과 집착이 없는 2인자는 전혀 불행하지 않다. 1인자가 누리는 특권을 놓을 때 2인자는 진정한 1인자가 된다. 2인자는 세상 사람들이 일반적으로 생각하듯 1인자를 누르고 최고의 리더가 되기 위해 기회를 엿보는 존재가 아니라 2인자의 위치를 스스로 선택해서 행복하게 받아들인다. 그러므로 2인자를 열등감을 지닌 존재로 보는 것은 합당하지 않다.

따지고 보면 1인자가 되려는 것은 더 많은 것을 소유하려는 것이다. 2인자를 선택하는 것은 그런 소유에 대한 욕망을 스스로 떨쳐버리는 것이다. 그러나 이런 무소유는 공동의 소유를 말한다. 2인자 리더십은 함께하는 공유의 정신을 지향한다. 혼자만의 소유가 아니라 다른 사람과 공유하면서, 다 함께 잘사는 길을 모색하는 것이다.

소크라테스는 열등감을 가질 만한 여지가 많았다. 그는 학식 높은 철학자였지만, 정식 교육을 받은 적도, 제대로 된 직업을 가져본 적도 없었다. 그저 시장인 아고라를 떠돌며 평생을 보냈다. 어떻게 보면 사회적으로 아무것도 내세울 것 없는 한량에 불과했다. 하지만 그는 자기의 가난한 처지를 비관하기보다 자부심을 가졌다. 가난하면 더 자유롭게 사유할 수 있다고 생각했고, 그래서 직업을 갖지도, 돈을 벌지도 않았다. 그럼에도 소크라테스는 주눅 들지 않고 낙천적이며 쾌활했다. 가진 것도 없고 고상한 지위를 뽐낼 필요도 없었기에 언제나 사람들과 격의 없이 만났고 사람들도 그와 거리감 없이 이야기했다. 소크라테스는 그들에게서 많은 것을 얻었고, 그들 또한 소크라테스에게서 많은 것을 배웠다. 소크라테스는 세상에서 자신이 제일 무지한 사람이라고 여겼다. 심리학적 관점에서 보면 '그래, 나는 무지하다.' 라는 말만큼 스스로를 편안하게 만들어주는 말도 없다. 애써 모든 것을 다 아는 1 인자인 척하거나 자신의 본모습이 탄로 날까 가슴 졸이지 않아도 된다. 그는 다른 사람들 위에 군림하면서 자신의 사상을 설파하지 않았다. 즐겨 대화를 나누고, 자기 말에 열심히 귀 기울이는 사람들을 자신과 더불어 무지를 깨우치는 동등한 사람으로 여겼다. 그는 항상 사람들 뒤에 있었고 자기의 무지를 해결하기 위해서 끊임없이 노력했다.

가난하고 정식으로 배우지 못했던 2인자 소크라테스는 남들이 주목하지 않은 공간에서 자신의 생각을 홀로 가다듬은 결과, 역사에 남는 1인자가 되었다. 더구나 소크라테스는 심하게 못생긴 사람이었다. 피부는 거칠고, 눈은 개구리같이 튀어 나왔다. 입술은 너무 두꺼운데다가 코는 주저앉았다. 배는 산같이 불뚝 솟아 있었다. 하지만 그는 눈이 튀어나왔기에 사방을 더 잘 볼 수 있고, 코가 뭉툭하기에 냄새를 더 잘 맡을 수 있다고 생각했다.

만약 그가 최고의 교육 기관에서 엘리트 교육을 받았더라면 어땠을까? 어쩌면 당대의 현자들 앞에 당당하게 나서지는 못했을지 모른다. 스스로 1인자 사상가의 반열에 오르고자 했다면, 역사에 남지 못했을지도 모른다. 그는 주류사회에서는 2인자이자 아웃사이더였지만, 스스로 선택한 삶에서 주인이 되어 역사에서 1인자 성인이 되었다.

촉매의 1인자인 2인자들
─살리에르 증후군의 종말과 카탈리스트 리더십

2인자들은 21세기 디지털 시대가 요구하는 수평적 리더십의 관점에 더 부합한다. 2인자들은 촉매 역할을 하는 카탈리스트 리더십의 적합한 대상이 될 수 있으며, 이러한 관점에서 살리에르도 다시금 해석할 수 있다. 우선 이를 살펴보기 위해서 '살리에르 증후군' 부터 짚어보자.

'살리에르 증후군' 이라는 용어는 영화 「아마데우스」에서 비롯됐다. 이 영화는 아카데미상 8개 부문과 골든 글로브 작품상을 휩쓰는 등 많은 상을 받았지만, 사회적으로 잘못된 인식을 조장한 작품이다. 그 예가 살리에르 증후군이다. 최근 인터넷상에 이 살리에르 증후군이 인기 검색어로 떠올랐던 적이 있다. 살리에르 증후군은 이제 시대착오적 용어임에도 불구하고 심심치 않게 회자된다.

살리에르 증후군은 살리에르가 모차르트를 향해 가졌던 열등감을 가리킨다. 살리에르가 보기에 모차르트는 그다지 노력하는 것처럼 보이지 않는데도 내놓는 작품마다 훌륭하다. 그러나 정작 자신은 아무리 피나는 노력을 해도 모차르트보다 뛰어난 곡을 쓸 수 없다. 이런 살리에르의 비애, 천재에 대한 열등감을 가리켜 살리에르 증후군이라고 일컫는다. 이는 다른 말로 하면 1인자에 대한 2인자의 열패감을 뜻하기도 한다. 실제로 모차르트는 뛰어났다. 4살 때 협주곡, 7살 때 교향곡, 그리고 12살 때 오페라를 작곡했다. 영화 「아마데우스」에서 살리에르는 이렇게 절규한다.

"신이여! 당신은 오만하고 방자한 그를 도구로 삼으시려고 그에게 천재적 재능을 주시고, 저에게는 단지 천재를 알아볼 수 있는 능력만

주셨습니까?"

살리에르는 모차르트 때문에 그렇게 우러르던 신을 증오하기에 이른다. 하지만 살리에르에 관해서 잘못 알려진 사실도 많다. 영화 「아마데우스」는 모차르트 독살설이라는 하나의 가설에 따라 만들어진 작품일 뿐이다. 물론 살리에르가 그를 죽였다는 증거도, 그렇지 않다는 증거도 없다. 역사적으로 모차르트는 살리에르와 관계없이 장티푸스에 걸려 사망했다는 설이 유력하다. 여기서 말하고 싶은 바는 죽음에 얽힌 미스터리를 파헤치자는 것이 아니다. 영화에서는 살리에르에게 음악적 재능이 없는 것으로 그려진다. 하지만 살리에르는 궁정 소속 작곡가로 1788년 궁정악장이 될 만큼 음악적 역량이 뛰어났다. 하이든의 2개의 오라토리오 「천지창조」와 「사계」를 지휘했다는 이야기도 전해지며, 무엇보다 그는 가난한 음악가들을 도운, 인격적으로 모차르트보다 더 나은 인물로 평가되기도 한다. 베토벤이 성악 선생을 구하고 있을 때 자신이 직접 나서기도 해 베토벤의 스승이라는 이야기도 있다.

따라서 영화의 주된 모티브가 된 가설, 즉 살리에르가 모차르트를 증오하게 된 이유를 구체적으로 살펴보는 것이 중요하다. 모차르트는 방탕하고 별다른 노력을 하지 않으면서 명성을 누린 인물로 전제된다. 모차르트가 살리에르의 약혼녀를 가로채고, 오만방탕한 생활을 반복하면서도 명성을 얻는 것을 보고, 과연 좋다고 생각한 사람이 몇이나 될까. 이 때문에 살리에르는 모차르트에게 천재적 재능을 준 신을 원망하고 모차르트를 증오하기 시작한 것이다.

신을 숭앙했던 살리에르가 신을 증오하게 된 이유는 불합리함과 불공정함 때문이었다. 도덕적, 윤리적으로 문제가 많은 모차르트는 신이 부여한 재능으로 좋은 작품을 쓰지만, 신의 말씀을 잘 따른 이들은 모차르트를 넘지 못한다.

그러나 모차르트의 말년은 매우 비참했다. 장례식은 초라했고, 무덤은 어디에 있는지 확인조차 되지 않아 아직까지 유골을 찾지 못하고 있는 상황이다. 이것이 어쩌면 신의 뜻인지도 모른다. 그러한 면에서 보면 살리에르에게 불공평한 일만은 아닐 수 있다. 무엇보다 여기에서 살리에르가 주는 현대적 함의를 좀 바꾸어 볼 필요가 있다.

로마가 강대한 제국이 될 수 있었던 것은 한 개인들의 능력이 아니라 시스템이었다. 로마에는 한니발과 같은 뛰어난 장수가 없었지만, 한니발을 이기게 한 2인자 장수들의 협력과 조화를 가능하게 한 조직적인 시스템이 있었다. 모차르트와 같이 뛰어난 1인의 천재적 역량이 효과를 발휘하는 영역은 예술 분야다. 하지만 다른 분야에서는 그렇지 않다. 한 사람의 천재에게 집중되는 역할보다 여러 사람들의 유기적인 조화와 네트워크가 중요하다.

오히려 그러한 면에서는 살리에르가 낫다. 살리에르를 열등감에 찌든 존재로 보는 시각에서 벗어나면, 그는 외롭게 활동한 모차르트와는 달리 궁정악장으로 유기적인 조직화를 이루어낸 사람이다. 21세기에는 오히려 여러 모차르트들을 유기적으로 결합시키는 살리에르의 리더십이 필요하다. 이를 설명하는 것이 최근의 '카탈리스트 경영' 이다.

MIT 경영대학원 슈말렌지 교수는 그의 저서 『카탈리스트 코드』에서 사람과 사람, 기업과 기업을 연결해주는 그 자체로 부가가치 생산 모델이 성립한다고 했다. 뛰어난 인재 조직을 서로 연결해주는 촉매가 중요해졌다는 것이다. 요컨대 그는 촉매, 즉 두 물질 사이에 화학반응을 일으키고 그 속도를 조절하는 물질의 효과를 기업에 적용한 것이다. 따라서 '비즈니스에서 둘 이상의 고객 그룹 사이에 상호작용을 일으키거나 촉진하는 기업'이 촉매 기업론이고, 이를 움직이는 것이 카탈리스트 원리다. 이 원리를 거대한 부를 만들어내는 숨겨진 부의 법칙이라고 보았다. 나아가 그는 촉매 기업의 유형을 크게 3가지로 나누었다. ①중개자(matchmakers) ②관중 동원자(audience builders) ③비용 절감자(cost minimizers)가 그것이다.

여기에서 중개자는 이베이, 나스닥처럼 거래 성사를 위한 인프라를 제공하는 기업들이고, 관중 동원자는 구글이나 《월스트리트저널》, BBC처럼 많은 손님들을 끌어모은 뒤 광고를 실어 돈을 버는 회사들이다. 비용 절감자는 MS 윈도우, 소니 플레이스테이션처럼 공동 운영체제를 개발하고 관리해 양쪽의 그룹이 좀 더 효율적으로 일할 수 있도록 도와주는 기업이다. 이러한 촉매 기업의 등장은 통신과 정보기술이 발전할수록 더욱 증가하고 있다.

촉매 기업이나 촉매자는 플랫폼 문화와 같은 맥락 안에 있다. 플랫폼 문화란 상호 촉발의 웹2.0의 핵심적인 특징으로 웹에플리케이션만 제공해주고 소비자들이 주체가 될 수 있도록 촉진하는 시스템을 말한다. 물론 촉매자는 공정하고 도덕적이며 성실해야 한다. 모차르트가 독불장군으로 있지 않고, 촉매자의 수혜를 받았더라면 말년이 그렇게 비참하지 않았을지 모른다. 이러한 재주 있는 이들을 네트워크화하는 촉매자, 2인자들이 중요하다. 이런 관점에서 본다면 살리에르는 열패감을 지닌 존재가 아닌 현실적으로 촉매 리더십을 보인 사람이었다는 것이다. 영화는 다시 만들어져야 한다. 모차르트와 같은 천재들을 상호 연결해주는 드라마 「베토벤 바이러스」의 강마에 같은 인물이 이제 21세기의 살리에르다.

공교롭게도 영화 「아마데우스」를 통해 상을 받았던 것은 모차르트가 아니었다. 제42회 골든 글로브 시상식(1985), 제10회 LA 비평가 협회상(1984), 제57회 미국 아카데미 시상식(1985) 등에서 남우주연상을 받은 것은 살리에르 역을 맡았던 F. 머레이 에이브러햄이었다.

저무는 슈퍼 히어로로, 부상하는 2인자의 시대

■ 잔혹한 지도자들은 잔인함을 전복시킨 새로운 지도자로 대체될 뿐이다. **– 체 게바라**

흔히 사람들은 최고의 1인자 슈퍼 히어로를 원한다. 그는 모든 것을 완벽하게 처리하는 사람이기 때문이다. 하지만 현실에서 슈퍼 히어로를 기대하기는 힘들다. 1인자 슈퍼 히어로가 되려는 이는 과도한 짐을 지게 된다. 그에게 요구되는 것을 완벽하게 수행할 수 없을 때, 그는 더욱 딜레마에 빠지고 급기야 우울증, 두려움, 불쾌함이라는 감정 상태에 갇히게 된다. 어떻게 해서든 그것에서 벗어나려고 하는 일이 본능적으로 이루어질 것이다. 그래서 그들은 선택한다. 일을 건너뛰거나 부분만 처리한다. 심지어는 하지 않는 일도 생기게 된다. 그럼에도 불구하고 자신에게 감당할 능력이 없다고 말하지는 못한다. 자신은 1인자 슈퍼 히어로지 않은가. 이것은 자신의 부족함을 자인할 때 치명적인 결과가 밀어닥칠 것으로 예측되기 때문이다. 이러한 가운데 보고할 것과 보고하지 않을 것을 구분하기 시작한다. 물론 사람들은 좋은 소식을 원한다. 항상 겉으로는 실적이 많은 것 같은데 실제로는 그렇지 않은 일이 빈번해진다. 즉 성과의 질에서 문제가 드러나기 시작한다. 이제 경영은 쇼 비즈니스가 된다. 내용은 없는데 포장만 그럴듯해지고, 홍보나 언론 플레이를 통해 자신의 업적을 부풀린다. 대중적으로 굉장한 1인자가 되지만 실상은 그렇지 않기 때문에 이러한 1인자들은 끊임없이 불안에 떤다.

또한 그는 조직원에게 세세하게 신경을 쓰지 못한다. 조직원들을 등한시하면 당연히 그들의 불만이 커진다. 불만은 일의 능률을 떨어뜨리고, 그로 인해 성과와 실적이 줄어든다. 조직원들은 리더의 제안에 덜 참여하게 된다. 그러다 결정적인 과오가 터지게 되고, 그때는 아무도 히어로를 옹호해주지 않는다.

1인자 슈퍼 히어로가 될 수 없는 것은 개인의 능력 탓이라고 여길 수 있다. 하지만 개인의 능력 탓으로 돌리기에는 오늘날 기업 내부와 이를 둘러싼 환경은 과거에 비해 훨씬 복잡해졌고 리더가 가진 안목과 지식으로 전체를 커버하기에도 무리가 있다. 기업 환경이 복잡해질수록 더욱 힘들어질 것이다.

인간의 제한된 능력을 인정할 때 진정한 리더가 된다. 현명한 리더라면 능력 있는 이들을 무대 위로 내보내는 역할을 해야 한다. 그래서 그들이 기량을 펼칠 수 있도록 이끌어야 한다. 뭐든지 자기만 1등이라고 생각하는 리더 아래서는 아무도 빛을 볼 수가 없다.

과연 뛰어난 한 명이 모두를 먹여 살리나?

천재 혹은 뛰어난 한 명이 만 명을 먹여 살린다는 말이 있다. 빌 게이츠와 같은 인재 한 명이 수백만 명을 먹여 살리고, 한 명의 천재의 가치는 100만 달러보다 높다는 것이다. 그러나 이러한 사례는 정말 희귀하다. 또 어느 영역에나 가능한 것이 아니라 테크놀로지와 같은 특수영역에서나 있을 법하다. 무엇보다 빌 게이츠와 같은 1인자가 탄생하기 위해서는 헌신적인 2인자가 필요하다. 대부분의 경우에는 한 사람이 아니라 여러 사람이 많은 사람들을 먹여 살린다. 2인자들이 오히려 1인자뿐만 아니라 다른 구성원들의 먹을거리를 만들어준다.

요즘에는 뛰어난 1인을 영입하거나 이들을 헤드헌팅하는 경우가 많다. 기업에서는 뛰어난 1인 스타 인재들에게 회사의 사활을 거는 경우가 빈번하다. 혹은 개인들도 끊임없이 조직을 옮기면서 그러한 경력을 바탕으로 몸값 올리기에 골몰한다. 이 역시 뛰어난 1인이 여러 사람들을 먹여 살린다는 맥락에서 벗어나지 않는다. 그러나 화려한 경력에다 뛰어난 능력을 갖추었다 해도 처음부터 조직에 참여하지 않은 사람은 그 조직의 전체를 대변하기에는 근본적으로 한계가 있다. 현장 깊숙이 들어가 경험을 쌓은 사람들이 근본적인 성과를 낼 수 있다. 이것이 일반 조직들의 현실적인 모습이다.

최고의 경영자, 유능한 경영자라는 칭호를 듣는 사람일수록 오히려 크게 실패해서 다른 이들에게 엄청난 피해를 줄 가능성이 많다. 탄야와 제프리의 연구(Management Science, 2003, 49-4)에 따르면 최고의 경영자일수록 자신이 남보다 뛰어나고 뭐든 잘할 수 있다는 확신이 있다고 한다. 이런 확신이 있어야 자신의 상황에 낙관적이고, 자신감을 가지고 주변을 주도한다는 것이다. 하지만 자신을 너무 과신해서 수익성도 없는 프로젝트를 열심히 추진한 결과 최악의 결과를 불러오기도 한다. 그들은 자신이 추진하는 프로젝트의 수익성을 지나치게 낙관적으로 평가한다. 사실 유능한 경영자일수록 실수를 조기에 바로잡기보다는 자기 실수로 발생한 결과를 무시해버리는 경향이 강해 치명적인 결과를 초래할 수 있다. 외부에서 영입된 스타 경영자일수록 이러한 덫에 걸릴 가능성이 크다.

그렇기 때문에 기업과 같은 조직에서는 특별함과 보편성의 중간에 해당하는 사람들이 매우 중요하다. 그들이 바로 2인자들이다. 일본의 기업 미라이는 선풍기로 이력서를 날려 간부를 임명하는 해프닝을 벌이기도 했다. 물론 이력서의 인재들은 어느 정도의 능력을 구비한 2인자들이었다. 왜 그렇게 했을까? 뛰어난 한 사람이 아니라 2인자들이 회사를 이끌어간다는 것을 미라이의 경영자는 알고 있었기 때문이다. 그래서 뛰어난 1인자를 뽑으려 하기보다는 어느 정도 능력을 갖춘 2인자들이라면 어떤 일을 맡겨도 잘해내리라는 믿음이 있었을 것이다.

현대의 모든 사상과 교육은 개인의 독립성과 주체성을 지나치게 강조하는 경향이 있다. 그러다 보니 1인자, 1인 리더십 역시 지나치게 강조된다. 물론 혼자 자율적으로 통제할 수 있으면 좋겠지만, 이는 자칫 비극적인 결말을 낳을 수 있다. 사람은 홀로 살 수 없다는 기본적인 전제 때문만이 아니라 독립성과 주체성은 다른 사람들과의 관계 속에서 비로소 의미를 지니기 때문이다. 다른 사람과 관계하지 않는다면 개인의 독립성과 주체성은 없으며, 다른 사람과 관계하지 않는 독립성과 주체성은 이미 그 개념조차도 성립할 수 없다.

2인자형 1인자 캐릭터 분석

대중문화는 한 사회를 반영한다. 대중문화에서 2인자 캐릭터가 인기를 끄는 이유는 매우 현실적이고 실제적인 우리들의 모습을 보여주기 때문이다. 따라서 대중문화 속의 2인자 캐릭터를 분석하는 것은 변화된 사회를 이해하는 데도 도움이 될 것이다. 여기에서 2인자는 1인자 뒤에 있는 존재가 아니라 1인자와 대등한 존재다.

방송가에는 이른바 '집단 MC체제'라는 것이 풍미하고 있다. 이 집단 체제 자체가 2인자로 구성된다. 이들은 1인자를 빛내기도 하지만 스스로도 빛을 내어 장수를 누리게 된다. 유재석이 다수 프로그램에 출연하면서 롱런할 수 있는 이유도 이런 점 때문이다.

유재석은 스트라이커 득점왕이 아니라 어시스트가 천직이라는 말이 있다. 어시스트는 도움을 주는 사람이다. 다른 사람이 결정적인 골을 넣을 수 있도록 유도하는 역할을 한다. 여러 프로그램에서 유재석은 플랫폼을 지키는 역할을 한다. 플랫폼은 일종의 멍석이라고 할 수 있다. 멍석을 깔아놓으면 출연자들은 자신의 재기를 펼친다. 그것을 적절하게 끌어내는 것이 유재석의 역할이다. 여기에서 혼자 모든 것을 이끌어가야 하는 1인자 리더십은 찾을 수 없다. 이러한 점은 유재석이 프로그램을 진행시키는 데도 수월함을 제공한다. 자신이 모든 것을 이끌어나가야 한다는 부담이 없으니 시청자에게도 한결 편하게 다가갈 수 있다. 부담이 적을수록 프로그램의 내용은 더욱 다양해지고, 출연자들 역시 자신들의 장기를 거리낌 없이 선보이게 된다.

MBC 「100분 토론」의 손석희 교수를 보자. 대개 토론 프로그램에서는 사회자가 적극적으로 교통정리를 한다. 하지만 사회자가 적극적으로 나설수록 토론 프로그램은 다양한 내용이 나오지 않을 뿐만 아니라 토론자들에게나 시청자들에게 흥미를 주지 못한다. 토론 프로그램에서 가장 중요한 것은 토론에 나온 출연자들이 자연스럽게 자신들의 견해를 주고받는 것이다. 일종의 판을 깔아주고 사회자는 한발 물러나서 2인자 리더십을 보여주면 된다. 손석희는 오랫동안 토론 프로그램을 진행했기 때문에 웬만한 패널보다 시사의 핵심을 잘 알고 있다. 하지만 짐짓 모른 체하며 뒤로 물러나 앉아 토론을 진행한다. 토론 중에 손석희가 발언하는 횟수나 분량은 그렇게 많지 않다. 다만 적절한 시점과 지점에서 맥을 짚어주며 불필요하게 개입하지 않고 토론이 자연스럽게 이루어질수록 있도록 토론의 장을 이끌어간다. 손석희가 적극적으로 발언하면서 토론을 이끌어가지 않고 토론자들이 치열하게 공방을 펼치지만, 결국 돋보이는 것은 손석희일 때가 많다. 2인자지만 1인자인 것이다.

영화도 그렇지만 특히 드라마의 경우 조연 캐스팅이 제대로 안 되었거나 그들이 연기를 잘 못해내면 주인공이 제대로 부각되지 않고, 드라마 자체도 시청자들의 시선을 잡지 못한다. 반대로 극중에서 자기 캐릭터를 잘 잡고, 드라마 전체에도 활력을 주는 조연들은 주인공보다 더 유명해지는 일이 비일비재하다. 예전에는 '만년 조연'이라는 딱지가 붙는 경우가 많았지만 이제는 조연도 주연보다 더 유명세를 치르고 안정적인 명예와 부를 갖게 되었다.

대기만성으로 늦게 인정받은 2인자들이 오래가는데, 그 이유 가운데 하나는 실력의 연마다. 졸지에 일약 스타가 된 젊은 배우들은 내공을 쌓을 시간이 없다. 그 시간이 짧으면 짧을수록 화려하게 등극했다가 소리 없이 사그라진다. 1인자 스타라는 이름에 걸맞지 않게 일찍

사라져버리는 것이다. 이때 1인자의 위치란 대중적 인지도와 관계가 깊다. 그 대중적 인지도는 실체가 아니라 이미지에 대한 각인인 경우가 많다. 대중적 각인과 인지도는 끊임없이 변화하고 망각되며 다른 대상으로 쉼 없이 이동한다. 예컨대 연극무대 출신의 배우들이 오랜 기간의 무명 뒤에 드라마에 출연해 대중의 사랑을 꾸준히 받는 이유를 여기에서 찾을 수가 있다. 연기자와 배우로 남는다는 것은 단기간에 인지도를 얻고 유명해지는 것이 아니다. 드라마를 예로 들면, 일일 드라마나 주말 드라마에 고정적으로 출연하는 중년 배우들이 진정한 배우이자 연기자들이다. 중년 배우들을 적절하게 캐스팅하고, 캐릭터를 잘 잡으면 내용에 관계없이 어느 정도 시청률이 확보된다. 사실 일일 드라마나 주말 드라마에서 젊은 신예 스타 주인공들은 중요하지 않다. 중년 배우들이 어떻게 연기를 하는가가 중요하다. 중년 배우들은 얼핏 2인자들로 보이지만, 결코 2인자라고 할 수 없다. 더구나 그들은 촬영 중에 젊은 후배 연기자들에게 연기 지도까지 해가며 진정한 1인자를 만들어내는 중요한 역할을 하는 일이 다반사다.

이제 텔레비전 이야기는 그만하고 스포츠계를 보자. 스포츠계에서는 축구감독 히딩크가 대표적이다. 그의 리더십에 대한 분석은 여러 가지가 있지만, 나는 그의 리더십 스타일을 2인자 리더십이라고 보고 싶다. 그는 항상 변방에서만 활동한다. 한국, 호주, 러시아는 모두 축구의 변방이다. 하지만 맡는 나라마다 훌륭한 성적을 거둬 '히딩크의 마법'이라는 용어를 탄생시켰다. 그의 코칭의 특징은 선수들 개개인의 기량에 대한 칭찬이다. 한국식으로 말하면 선수들의 기를 살려주는 지도를 한다. 그는 선수들이 자신의 기량을 십분 발휘할 수 있도록 멍석을 깔아주는 역할을 했던 것이다.

또한 그는 일방적인 지시가 아니라 신뢰를 바탕으로 한 소통에 초점을 두고 선수들이 가진 능력을 이끌어내는 축구를 지향했다. 두말할 필요도 없이 축구는 감독이 하는 것이 아니라 선수가 한다. 따라서 감독의 축구가 아니라 선수의 축구가 우선이어야 한다. 하지만 대부분의 감독들이 자신의 축구를 선수들에게 강요하다가 경기를 망치거나 패배한다. 무엇보다 2인자 리더십에서 중요한 것은 전문가적 경험과 노하우다. 히딩크도 이러한 경험과 노하우를 바탕으로 선수들의 경기에 버팀목 역할을 했다. 그는 끊임없이 분석하고 통찰하고 그것을 정리해서 실제 필드에서 뛰는 선수들에게 제공하는 2인자 리더십의 전형을 보여주었다.

그의 축구는 기존의 한국 감독들처럼 일방적으로 선수들을 훈련시키는 트레이너형 축구가 아니었다. 또한 선수들에게 순종적인 태도를 요구하는 권위주의적인 축구는 더더욱 아니었다. 지향해야 할 목표와 스타일을 제시하고 그것을 향해 선수들 스스로 창조적으로 축구를 하도록 유도했다. 이렇듯 사람에 대한 무한한 신뢰와 냉철한 전략과 전술, 분석과 통찰력이 2인자에게는 중요한 것이다. 노자는 ‘治大國若烹小鮮 (치대국약팽소선)이라고 했다. ‘큰 나라 다스리기를 작은 생선 삶듯 하라.’는 말이다. 작은 생선을 요리할 때, 자주 뒤집으면 망가져서 살점을 찾기 힘들다. 큰 성과를 내려고 짧은 시간 내에 이리저리 들쑤시면 득보다 실이 많다. 리더가 혼자 잘난 듯이 들쑤신다고 조직의 성과가 나아지는 것은 아니다. 뒤에서 자세히 살펴보겠지만, 이러한 2인자 리더십은 기업 경영에도 마찬가지로 적용된다. 어쨌든 21세기의 사회가 다양화 할수록 2인자적 성공도 다양하게 진화하고 있다.

2인자, 그 역발상의 철학

■ 의도적으로 공직에 선출되려고 애쓰는 사람일수록 그 자리를 맡을 수 있는 자격을 영원히
상실하게 된다. **– 토머스 모어**

대중문화계에서 블루칩으로 선호 받고 있는 만화가 허영만은 2인자 철학을 통해 자신도 모르게 1인자가 된 인물이다. 허영만도 2인자라는 의식이 그를 1인자의 반열에 오르게 만든 것이다. 그는 한 인터뷰에서 이렇게 말한 적이 있다.

"저는 한 번도 1등을 해본 적도, 되려고 애쓴 적도 없어요. 각자 스타일이 있고 꼭 1등을 해야만 좋은 것도 아니니까요. 중요한 건 제가 하고 싶은 만화를 한다는 사실이지요. 제 할머니께서는 항상 7부만 하라고 말씀하셨어요. 일이든 욕심이든 70%선이면 좋다는 뜻이지요. 저는 딱 80%만 하자는 주의입니다. 그래야 저도 여유롭고 1등보다는 2등, 3등으로 올라갈 목표도 있어 더 좋다는 생각입니다."

–「허영만표 만화와 환호하는 군중들」, 김영사, 2004

　이렇게 허영만은 자신은 항상 2인자였다고 고백했다. 70년대에는 이상무, 80년대에는 이현세에게 밀렸다는 것이다. 그동안 많은 사람들이 "허영만은 왜 항상 2등만 하냐?"고 했지만, 이제는 그 소리를 듣지 않게 되었다고 한다. 한 만화평론가는 그가 늘 2등이었기에 새로운 장르 개척과 소재 발굴에 더 많은 노력을 기울여 작품적 성취를 낳을 수 있었다고 평한다. 이 말은 그가 2인자였기 때문에 주위 시선에 관계없이 다양한 시도를 할 수 있었다는 것을 의미한다. 그럴듯한 것, 자신의 인기를 1위로 만들어주는 것과는 관계없이 허영만은 묵묵히 다양한 색깔의 만화를 그려 나간 것이다. 그것이 축적되어 세상은 조금씩, 조금씩 그를 1인자의 반열에 올려주었다. 특히 그는 8,90년대로 넘어오면서 달라진 독자들의 기호를 1인자가 아닌 2인자의 관점에서 객관적으로 간파해낼 수 있었다. 요컨대, 허영만은 늘 2등이었기 때문에 새로운 장르 개척과 소재 발굴에서 남들보다 많은 노력을 기울였고, 그것이 다양한 결과물로 이어진 것이다.

　그의 작품을 구체적으로 보면 그 다양함에 놀랄 수밖에 없다. 속옷-『미스터Q』, 자동차-『세일즈맨』, 『아스팔트 사나이』, 경마-『오늘은 마요일』, 도박-『타짜』, 대한민국 부자-『부자사전』, 당구-『허슬러』, 오토바이-『동체이륙』, 마라톤-『2시간 10분』, 요리-『식객』, 꼴-『관상』과 같은 다양한 만화들을 선보였다. 이러한 작품이 원 소스 멀티유스 전략에서 각광을 받게 되었고, 2인자 정도로 여겨졌던 그는 대중문화계의 블루칩이 되었다.

　영화로 제작된 「타짜」는 684만 명의 관객을 동원했다. 1997년에 개봉된 영화 「비트」는 서울 관객만 47만 명이었는데, 이는 기록적인 흥행이었고 일약 정우성을 대스타로 만들었다. 드라마로 만들어진 「아

스팔트 사나이」(1995년)는 30%대의 시청률을 보였고, 「미스터Q」(1998년)
의 최고 시청률은 45.3%였다. 그의 만화는 애니메이션으로도 제작되
었는데 「날아라 슈퍼보드」는 일일 최고 시청률 42.8%였고, 점유율
78%라는 대기록을 세우며 역대 장편 만화 시청률 1위에 랭크되었다.
「식객」은 영화로 만들어져 흥행에 성공한 것은 물론, 드라마로 제작되
어 높은 시청률을 기록했다. 그의 만화 15편이 영화나 드라마, 애니메
이션으로 제작되었다.

 그러나 이러한 성과들이 어느 날 갑자기 이루어진 것은 아니다. 그
는 치열하게 그렸다. 30년이 넘는 기간 동안 1,000여 권 이상의 작품
을 창작했는데, 작품 분량이 11만 페이지를 넘었다. 무엇보다 허영만
은 전문적인 정보와 재미를 곁들인다. 전문적인 정보를 얻기 위해 철
저하게 취재했고, 내용에 기초해서 작품을 그렸다. 『식객』을 그리려고
500명 이상의 사람을 만나고 10만 장 가까운 사진을 찍었으며, 200여
권의 취재수첩을 썼다고 한다. 그가 그린 만화의 소재들은 주류에서
항상 외면받는 것들이었고, 그것들이 모여 허영만을 결국 1인자로 만
들었다.

 자, 그다음은 정치계를 돌아보자. 미우나 고우나 한국 정치계에서 2
인자로 김종필을 꼽지 않을 수 없다. 김종필에 대한 찬반 논쟁을 떠나
그는 정치계 2인자의 삶이 어떠한지 몸으로 직접 보여준 드문 인물이
다. 1961년부터 2004년까지 43년간 정계에 몸을 담았던 그는 1인자
가 된 적은 없었지만, 오랜 기간 동안 한국 정치사에서 3김 시대를 풍
미했다. 박정희 정권에서 2인자였고, 국민의 정부에서도 2인자였다.
그간 1인자들은 무수히 갈려나갔다. 한번 1인자의 위치를 차지했던
사람은 다시는 그 자리로 복귀하지 못했다. 정치적 영향력도 소멸하는

것이 다반사였다. 하지만 김종필은 박정희 대통령부터 김영삼·김대중 대통령 시절을 거치면서 내내 2인자의 위치였지만, 국회의원 10선에 국무총리, 집권당 총재·대표 등 요직을 두루 거치며 정치적 영향력을 발휘하고, 정치적 장수를 누렸다. 그는 누군가에게 밀려난 것이 아니라 스스로 정계에서 은퇴했다. 유시민 전 보건복지부 장관은 2007년 2월 취임 1주년 기자간담회에서 이렇게 말했다.

"나는 한국인 100명에 대한 평전을 쓸 것이다. 예전에 마포에 작은 사무실을 내고 실제로 준비까지 했었다. 모두를 내가 쓰는 건 아니고 난 5명을 쓸 것이다. 제일 먼저 쓰고 싶은 사람은 김종필 전 자민련 총재다. 30년 넘게 2인자 자리를 지킨다는 것은 정말 대단한 것이다."

유시민은 김종필을 청산해야 할 구시대적 정치인으로 평가한 바 있지만, 오랫동안 정치권력 속에 존속할 수 있게 한 그의 2인자적 비법에 대해서는 인정할 수밖에 없었던 것이다. 김종필은 2007년 12월 11일 충남 공주를 방문, 공주대학교 교수들과 간담회를 가진 후 재래시장을 둘러보며 다음과 같은 연설을 했다.

"나도 대통령을 할 기회가 있었다. 그러나 마다했다. 2인자면 어떻고, 3인자면 어떤가. 나는 그것으로 만족한다."

그도 자신이 대한민국 최고의 2인자 정치인이라는 평가를 받아왔다는 것을 알고 있었다. 그럼 본인은 이에 대해서 어떻게 생각했을까? 2003년 6월 26일, 《오마이뉴스》와 가진 인터뷰에서 김종필은 자신을 2인자로 평가하는 것에 대해서 다음과 같이 말했다.

기자: 흔히 'JP는 영원한 2인자'라고 말하는데, 본인 스스로 생각하는 '정치인 김종필'은 어떤 사람인가?

김종필: (사람들이 나를 '영원한 2인자'라고) 그렇게 얘기하는 것도 무리는 아니다. 선두에 서려고 한 적은 한 번도 없다. 늘 뒤에서 선두에 선 사람을 도왔다. 그러면서 선두에 선 사람 못지않게 보람을 느껴왔다. 내가 골프를 좋아하는데 '티샷'보다 '세컨드 샷'이 잘 나간다고 '골프도 2인자'라고 하는 사람이 있지만…(하하). 지금까지도 그렇게 살아왔지만 앞으로도 그렇게 살아갈 것이다.

요컨대 김종필은 1인자가 되려고 하지 않았고, 2인자를 통해 오히려 보람을 느껴왔다고 말했다. 만약 그가 1인자의 지위에 오르려고 했다면, 아마 오래전에 정치 무대에서 사라졌을지도 모른다. 하지만 그는 2인자 지론 덕에 오래 살아남을 수 있었다. 또 2인자로 남겠다며 대선연합을 성공시킨 정치인은 유일하게 김종필뿐이었다. 1인자인 대통령이 되고 싶은 욕심을 버렸기 때문에 가능한 일이었다. 그는 40여 년간 2인자의 위치에 있으면서 닥친 상황에 따라 고사를 인용해 2인자의 심경을 표현하고는 했다. 그의 좌우명은 상선여수(上善如水)라고 한다. 이는 노자의 말 '上善若水 水善利萬物而不爭(상선약수 수선이만물이부쟁)'과 같은 맥락이다. 다시 말해 '최고의 선은 물과 같다. 물은 만물을 이롭게 하면서도 다투지 않는다'는 뜻이다. 그가 권력을 이용해서 명분보다는 실리를 좇으며 자신의 욕심만을 챙기는 모습을 보이지 않았더라면 2인자 리더십의 전범이 될 수도 있었다. 하지만 그는 신의와 절조를 지키지 못했다.

『삼국지』의 관우를 떠올려보면, 2인자가 지켜야 할 도리가 있고, 그것을 지킬 때 2인자도 신이 될 수 있음을 확인할 수 있다. 유비를 신앙의 대상으로 삼는 종교는 없다. 그러나 관우는 신앙의 대상으로 삼

고 있다. 명·청 시대에 확립되어 관우를 제왕으로 삼고 있는 관제신
앙은 전란이나 재난이 일어났을 때 이를 이길 수 있도록 관우가 힘을
준다는 신앙이다. 박지원이 중국을 돌아보고 쓴 『열하일기』에는 수많
은 관우사당이 등장한다. 우리나라에도 관우를 신으로 모신 '동묘'가
남아 있다. 중국에서는 성인의 무덤을 '림'이라고 하는데 공자의 묘를
'공림', 관우의 무덤을 '관림'이라고 한다. 중국의 수많은 인재들 중
에 두 사람만이 이러한 호칭을 얻었다.

관우는 유비 다음의 2인자였지만, 결국 1인자가 되었다. 관우가 단
순히 좋은 평가에 그치지 않고, 이렇게 신의 반열에 올라선 이유는 무
엇일까? 그는 유비보다 한 살 많았지만 유비를 형님으로 모셨고, 끝까
지 신의를 저버리지 않고 1인자인 유비를 지키면서 혁혁한 공을 세웠
다. 이렇듯 2인자는 절조와 신의를 지켜야 한다.

현대 중국의 후진타오 역시 2인자 리더십을 보여주는 인물이다. 그
의 행동 원칙은 일관성과 인내심이었다. 또한 항상 삼가 조심하는 근
숙의 태도를 유지했다. 후진타오가 주석의 자리에 오를 수 있었던 것
은 모나게 나서지 않았기 때문이다. 다시 말해 자신의 조직이나 세력
을 만들어 1인자가 되려는 행동을 삼갔기 때문이다. 그가 주석의 반열
에 오를 때까지 사람들은 그의 존재를 알지 못했다. 오죽하면 『후진타
오, 그는 어디서 왔는가』라는 책이 홍콩에서 출판되기도 했을까. 그가
주석 겸 총서기에 올랐을 때 그의 리더십에 대해서 회의적인 시각이
많았던 것은 당연지사였다. 하지만 그는 숨기고 있었던 리더십을 순식
간에 발휘했다.

그 대표적인 예가 사스에 대한 즉각적인 대응이었다. 2003년 4월
들어 베이징에서도 사스로 인한 사망자가 발생하는 등 사태가 심상치

않았다. 그러자 후진타오는 사스에 대한 모든 정보를 공개하고 장쩌민 주석의 주치의 장 부장과 베이징 시장 멍쉐눙을 해임했다. 이러한 조치를 보고 정치평론가들은 제갈량의 읍참마속에 해당한다는 평을 내렸다. 냉철한 판단과 실행이었다. 사스는 5~6월에 곧 잦아들더니 7월에는 방역 해제되어 정상적인 상태에 이르렀다. 후진타오는 평소 친민 정책을 통해 인민의 마음을 얻는 데 주력했다. 요컨대, 2인자 리더십의 요건인 따뜻한 마음에 냉철한 이성과 판단력을 가지고 있는 것이다. 후진타오의 리더십을 '노 비지블 리더십(no visible leadership)' 이라고 칭하기도 한다. 잘 드러나지 않는 그의 행동과 태도를 두고 하는 말이다. 그는 적극 나서서 이것저것 간섭하기보다 기본적인 원칙만 강조한다. 원론 이외에 다른 말은 하지 않고 미소만 짓는다. 2인자형 리더는 구체적으로 꼼꼼하게 표현하고 지시하기보다는 구성원들이 자신감을 갖고 동기부여를 받아 업무를 처리하도록 한다. 그의 전체적인 행적을 보면, 보통 때는 멍하게 있는 듯하다가 결정적일 때 기민하게 움직인다. 그래서 후진타오의 정치적 성공은 바보 처세술의 구사에 있다는 평가를 받고 있다.

바보의 철학과 2인자 리더십

중국인들에게는 바보 처세술이라는 것이 있다. 청나라 때의 문인 정판교가 쓴 『난득호도경』(難得糊塗經)은 이러한 바보 처세술을 집대성한 책으로, 똑똑한 척하기보다 바보 노릇하기가 힘들지만 성공하려면 오히려 바보가 되라는 뜻을 담고 있다. 그래서 『난득호도경』은 일종의 바보경이라 불린다. 호도는 바보를 뜻한다. 앞에 나서서 똑똑한 1인자가 되기보다 뒤에 서 있는 것이 세상사 어려움을 헤쳐가는 데 더 도움을 준다는 논지를 담고 있는 것이다.

우선 저자에 대해서 좀 더 구체적으로 살펴보자. 청나라 때의 서화가이자 문학가였던 판교 정섭(鄭燮 · 1693~1765)은 난과 죽을 잘 그려 ‘양주팔괴(揚州八怪)’ 가운데 한 명으로 꼽혔다. 양주팔괴는 강희제부터 건륭제에 이르는 청 번영기에 장쑤성 양주에서 활동한 8명의 전업 문인 화가를 말한다. ‘괴(怪)’라는 말이 들어간 이유는 시골에서 대도시로 와 그림을 팔아 생계를 이으면서도 고답적인 화풍이 아닌 개성과 독창성이 돋보이는 화풍을 선보이고, 또 서로 의지하는 것이 당시 괴이하게 간주되었기 때문이다. 양주팔괴에는 정판교 외에도 왕사신(王士愼), 이선(李鱓), 김농(金農), 황신(黃愼), 고상(高翔), 이방응(李方膺), 나빙(羅聘) 등이 있었다.

정판섭은 가난을 무릅쓰고 열심히 공부해 과거에 합격했다. 관직에 오른 그는 농민들을 성심껏 돕고 어려운 일을 잘 처리했다. 하지만 잘하는 것이 도리어 상관의 미움과 질시를 받았다. 그 뒤로 ‘병을 얻었다’며 벼슬길을 버리고 낙향해 시, 서, 화를 짓고 그리는 데 세월을 보냈다. 그 세월 속에서 지은 책이 『난득호도경』이다. 그는 이를 통해 “총명하기도 멍청하기도 어렵지만, 총명함에서 멍청함으로 바뀌기란 더욱 어렵다.”라는 유명한 말을 남겼다.

이와 관련하여 도스토옙스키가 한 말 가운데 이런 게 있다.

“내가 생각하기에 이 세상에서 가장 영리한 사람은, 적어도 한 달에 한 번씩 그 자신을 스스로 바보라고 부르는 사람이다.”

자신을 바보라고 여기는 사람 만큼 명민한 사람도 없다. 자신이 바보가 아니라고 생각하는 이들이 정말 바보다. 바보는 자신이 명민한 줄 알고 우쭐하면서 그것을 티 내는 데 급급하다. 하지만 우쭐하면서 자신을 1인자로 여기는 이들은 이용당하는 바보가 되기 쉽다.

인간관계에서만 아니라 치열한 전쟁터에서도 상대방의 우쭐대는 심리를 역이용하는 경우가 많다. 또한 일부러 멍청한 척해서 승리로 이끌기도 한다. 제2차 세계대전 중 미군 정보부는 일본 해군과 결전을 앞두고, 일본군의 암호 해독에 성공했다. 그런데 이를 알아낸 기자가 특종에 눈이 어두워 그 사실을 신문에 보도하고 말았다. 자, 어떻게 해야 하는가. 미국은 그러한 보도에 대해서 멍청한 태도로 일관했다. 보도하거나 말거나 그대로 둔 것이다. 그러자 일본의 정보기관은 미국이 정보를 알아내지 못했다고 여겼다. 그 결과는 엄청났다. 미국은 그때까지 해전에서 열세였는데, 그 암호 해독을 통해 미드웨이 해전에서 유리한 위치에 서게 되었고, 미드웨이 해전에서 패한 일본은 태평양의 해상 주도권을 미국에게 내주었다. 태평양 전쟁의 승리가 미국으로 넘어가는 순간이었다. 만약 미국이 신문기사에 대해 무언가 제스처를 취하며 똑똑한 척했다면 아마 태평양 전쟁에서 이기지 못했을지도 모른다.

영국 《BBC방송》이 '중국 지도자 성공 8계명'을 소개한 적이 있는데, 그 가운데 하나가 '따분해야 한다'는 것이었다. 이 말은 1인자가 되고 싶은 야망이 있다는 태도를 보이면 상관이 위협을 느끼고 제거한다는 것이다. 사실 1인자에 오르려고 하거나, 오른 사람들은 제거되기 쉽다. 손자는 '상대의 의도는 드러나게 해야 하지만 나의 의도는 안 보이게 해야 이긴다.'고 했다. 바보 처세술은 자신의 생존을 위해서 2인자 이하인 것으로 위장하고 죽음을 피하라는 것이다. 노자 역시 '기교가 뛰어나면 어리석어 보이고 훌륭한 말일수록 어눌하게 들린다.'

고 했다. 사람이 너무 능력 있어 보이고, 출중한 1인자인 것처럼 보이면 오히려 다른 사람들이 경계하고 질시하며 낙오시키려 들게 마련이다. 공자는 '군자는 덕이 성대해도 겉모습은 어리석은 자와 같다.'고 했다. 소동파도 '진정으로 용맹한 사람은 겁쟁이처럼 보이고, 진정으로 지혜로운 사람은 어리석어 보인다.'고 말했다. 만약 후진타오가 1인자처럼 굴었다면 일찍 제거되었을 것이다. 이러한 사고법은 현대에도 이어지고 있다.

원자바오 총리가 10년이 넘은 낡은 신발을 신고, 11년 된 점퍼를 입는가 하면 수해 현장에 직접 우산을 들고 등장해 서민적인 모습을 보이는 것도 호도의 관점에서 볼 수 있다. 하지만 서민처럼 보이는 것도 그렇게 쉬운 일은 아니다. 많은 이들이 그러한 방법을 사용하지만 진짜 그렇게 보이기는 정말 힘들기 때문이다. 과거 중국의 외교 전략은 '도광양회(韜光養晦 · 실력을 드러내지 않고 때를 기다린다)'로 요약되는데, 현재 후진타오와 원자바오 체제에서 중국의 대외전략은 '화평굴기(和平堀起 · 평화롭게 우뚝 일어선다)'를 지나 조화를 강조하는 '화해세계(和諧世界)'를 지향하고 있다. 굴기는 '산이 우뚝 솟은 모양'을 가리킨다. '굴기' 앞에 있는 '화평'은 평화적 조화와 연대를 의미한다. 도광양회와 화평굴기, 그리고 화해세계는 서로 별개가 아니라 밀접하게 연관되어 있는 개념이다. 실력을 드러내지 않고 때를 기다리는 것이 있어야 다른 사람들과 함께 조화를 이루면서 평화롭고 조화롭게 우뚝 설 수 있다. 여기에서 다시 한 번 강조되어야 할 것은 유아독존 식으로 혼자만 서기 위해서 실력을 숨기고 때를 기다리는 것이 아니다. 결국 이것도 2인자 정신에 충실한 것으로 볼 수 있다.

바보라고 자인하는 이가 더 이상 바보가 아니듯 2등이라고 자인하는 이들은 더 이상 2등이 아니다. 이런 예로 에이비스(AVIS) 렌터카를 들 수 있다. 이 기업은 자신들이 1등이 아니라 2등임을 알려 성공했다. 에이비스는 설립 이래 13년간이나 적자에 허덕였다. 그래서 광고회사와 논의 끝에 역발상의 광고 캠페인을 시작했다. "에이비스는 2등입니다. 그런데 왜 사람들은 에이비스를 이용할까요?" 이 광고로 에비스는 적자에서 벗어났을 뿐 아니라 어마어마한 순익을 남겼다. 약점을 솔직하게 인정하고 2등이기 때문에 더욱 노력하고 있다는 회사 이미지를 강조한 광고전략인 것이다. 부동의 1인자는 정체와 현상 유지라는 이미지를 주기 쉽다. 그러나 2인자는 무엇인가 끊임없이 시도한다는 이미지와 상징체계를 가질 수 있다. 에이비스는 부동의 1위와 노력하는 젊은 2인자를 이원화해 순식간에 대성공을 거두었다.

각박한 실패의 1인자, 즐거운 성공의 2인자

■ 만일 내게 유머감각이 없었다면 나는 오래전에 자살했을 것이다. **– 간디**

초나라 위왕이 장자의 명성을 듣고, 재상이 되어달라고 요청했다. 장자는 일언지하에 거절했다. 이유는 다른 게 아니었다.

"통통하게 살이 쪄 제삿날 희생양으로 쓰이는 소가 되느니, 진흙투성이로 자유롭게 뒹구는 편이 훨씬 좋소. 평생 벼슬 따위는 하지 않고 내 뜻대로 유쾌하게 살고 싶을 뿐이오."

사육되는 소는 일하지 않고 먹기만 하니 살은 찌겠지만 자유가 없으니 즐겁지 않다. 장자는 지적 탐구나 즐기면서 평생 뒷골목에서 보냈지만 자신이 좋아하고 즐기는 일을 한, 역사에 길이 남은 사람이 되었다. 아내가 죽었을 때조차도 악기를 타며 노래를 부른 사람이 장자였다. 아내가 죽었는데도 흥겹게 놀면서 사상적 화두를 남기는 노동을 한 것이다. 그는 즐기면서 일을 하고 명성을 쌓아간 선지자였다.

21세기 화두는 즐겁게 일하면서 생산력을 증대시키는 것이다. 놀면서 돈을 번다? 산업시대 가치관으로는 생각할 수 없는 일이다. 그런데 놀면서 돈을 번다는 것에는 엔터테이너처럼 놀면서 돈을 번다는 의미도 있지만, 여유롭고 즐겁게 자신의 일을 한다는 뜻도 있다. 물론 아무리 엔터테이너라고 해도 노는 행동이 일이 되면 즐겁다기보다는 중노동이 될 것이다. 그래서 인기를 한 몸에 받던 1인자 엔터테이너가 왕성히 활동하다가 돌연 휴식을 선언하는 경우가 있는 것이다. 그만큼 부담이 크다는 의미다. 하지만 2인자형 엔터테이너들은 쉬지 않는다. 그것이 가능한 이유는 2인자의 위치에서 나름대로 '여유롭게' 활동하기 때문이다. 대표적인 사례가 바로 유재석이나 강호동, 박명수, 신동엽 같은 이들이다. 이들은 적게는 4~5개, 많게는 7~8개의 프로그램을 진행하지만 중간에 휴식 기간을 갖겠다고 선언하지는 않는다.

리더십은 영향력이다. 따르는 사람이 많으면 영향력 있는 리더다. 중요한 것은 1인자인가 아닌가의 문제가 아니라 영향력이며, 따르는 사람들이 많은가 하는 점이다. 그러면 어떤 사람 주위로 사람들이 모이는가? 물이 너무 맑으면 고기가 모이지 않듯이, 사람도 너무 깐깐하면 주변에 사람이 없다. 사람을 편안하고 즐겁게 해주는 사람 곁에는 늘 사람이 모인다. 1인자의 딜레마는 바로 깐깐함에 빠지기 쉽다는 점에 있다. 사람들이 1인자보다 2인자를 더 따르는 이유가 여기에 있다. 1인자들만 모이면 단합이 잘 안 된다. 은연중에 1인자를 가리려는 의식이 지배하기 때문이다. 그러나 2인자들끼리 모이면 2인자 리더십이 형성될 수 있다. 2인자는 상대적으로 권위와 지위가 약하기 때문에 다른 이들과 조화를 이룰 여지가 많다. 단합과 화합은 즐거움을 유발하는 요소 가운데 하나다. 혼자 투쟁하는 삶의 방식은 재미가 없고, 사람을 스트레스의 일상에 가두어 버린다.

최고의 리더는 끊임없이 불안하고 고독한 사람이다. 1인자의 위치를 유지하면서도 자신의 위치에 상응하는 결과물을 내야 한다는 부담감에 시달린다. 그러한 부담감에서 벗어나 리더의 역할을 수행해 내는 것이 2인자 리더십이다. 즉 2인자 리더십은 불안과 부담감, 외로움을 떨친 상태에서 발휘되는 것이 장점이다.

1인자가 두려워하는 것은 배신이다. 항상 자신의 자리를 지키기 위해서 노심초사한다. 외부의 적과 내부의 적을 모두 생각해야 한다. 2인자는 상대적으로 평안하다. 더구나 1인자의 지위가 든든하다면 배신할 이유가 없다. 더 이상 바랄 것이 없기 때문이다. 또한 자기 위에 누군가가 있다는 사실 자체가 도전의욕을 불러일으키면서 삶의 열정을 유지하거나 발생하도록 만든다.

2인자는 2인자의 지위에 맞게 행동하기 때문에 1인자가 된다. 1인자를 흉내낼 때 2인자는 1인자가 아니다. 2인자는 상대를 세우면서 자신이 성장한다. 희생하면서 그 가치를 존중받으며 상승하는 것이다. 자신이 절대적으로 고귀한 인물이라 여기면 다른 이들을 위해서 희생할 수 없다. 자신이 절대적으로 뛰어나지 않다는 것을 인정하기 때문에 다른 이들을 존중하고, 그들의 장점을 보려 하며 그러한 점들을 살리려 한다. 상대방을 존중하기 때문에 그에게 헌신 혹은 희생하게 되는 것이다. 따라서 그는 멘토와 모멘텀이 된다.

많은 리더들은 완벽한 계획만을 추구한다. 워렌 리즈가 쓴 『나를 따르라』에서 패튼이 몽고메리 장군의 실패에 대해서 다음과 같이 지적한 내용이 이와 관련된다. 제2차 세계 대전 당시 미국이 시칠리아를 공격할 때 몽고메리 장군은 완벽한 계획과 완벽한 시점에 너무 집착한

나머지 유리한 고지 점령에 실패하고 말았다. 결과적으로 전투는 대패였다. 자신이 1인자라는 의식에 사로잡혀 있을수록 완벽한 계획을 가지고 큰 승리를 거두어야 한다는 강박감에 빠지기 쉽다. 그러다 보니 적절한 타이밍을 놓쳐서 대패하는 것이다. 그러한 강박과 부담 속에 즐거움과 행복이 있을 리 만무하다. 단번에 완벽한 성취물을 내려할수록 행복은 멀리 있다.

고흐는 "행복, 그것은 창조적인 노력의 두근거림 속에서 성취의 즐거움으로 나타난다."라고 했다. 예술가는 하루하루 창조적인 일을 하면서 그것에서 오는 성취감을 얻으며 1인자가 된다. 그럴듯한 무엇인가를 단번에 만들어내려 한다면, 결국 아무것도 남지 않는다. 고흐는 비록 살아생전에는 빛을 보지 못했지만 그림을 그리는 그 순간만큼은 누구보다 행복했다. 위대한 성과는 갑작스런 충동이 아니라, 느리지만 연속되는 여러 번의 작은 일들로 이루어진다. 무엇인가 성취하려는 리더들에게 의미가 있는 말이다.

1인자의 완벽주의는 즐거움을 앗아간다

어떻게 보면 어수룩해 보이는 2인자는 즐거움 속에서 인생의 묘미를 즐긴다. 하지만 이른바 똑똑하다는 1인자들은 완벽함만을 추구하다가 인생의 즐거움을 누리지 못하고 자기모순과 자학에 빠져들고 만다. 최고가 되거나 1인자이고 싶은 사람들은 세상을 이분법적으로 판단하는 경향이 있다. 최고와 최저, 완전과 불완전, 성공과 실패 등. 사람을 볼 때나 세상의 운영도 이와 같은 시각에서 본다. 물론 자신은 최고이고 완전하며, 성공만 해야 한다. 그렇지 않은 이들에 대해서는 취급할 가치가 없다고 여긴다. 따라서 자신이 최고가 아니면 매우 분노한다. 최고가 되지 않으면 거꾸로 패배감을 느끼기 때문에 상대방을 인정하는 것이 아니라 패배감을 준 사람에게 분노를 느끼거나 비난을 퍼붓는다. 상대방을 인정하면 자신이 무가치한 사람이 되기 때문이다. 자신이 혐오했던 존재가 바로 자신이 되는 것을 참지 못한다.

자신이 최고가 되려는 사람은 다른 사람이 최고가 되는 것을 견디지 못하기 때문에 다른 이들의 의견이나 성과를 받아들이지 않고 거부한다. 남의 견해에 트집을 잡기 때문에 토론이나 회의는 갈등의 악순환에 빠진다. 이러한 와중에는 서로 의견을 교환할 수 없기 때문에 좋은 성과를 내기도 힘들다. 만약 의사소통과 다양한 아이디어를 받아들이는 데 소극적인 1인자가 리더 역할을 한다면 그 조직은 새로운 것을 시도할 수 없으며 좋은 성과를 내기 힘들다.

1인자 리더십이 가진 단점의 핵심은 최고가 되고, 완벽해져야 한다는 강박증이다. 어떠한 성과를 올려도 만족하지 못하고 또한 휴식을 받아들이지 못한다. 끊임없이 일을 하게 되므로 일중독에 빠지고 만다. 자신의 목적을 완벽하게 성취하려면 할수록 자기중심적인 사고와 태도를 보이게 된다. 가족과 친구, 조직원들 사이의 관계도 멀어지기 때문에 영혼의 파산에 이르게 된다. 『코칭 바이블』에서 이언 맥더모트는 이렇게 말했다.

우리는 최고가 될 수는 없어도 최선을 다할 수는 있다. 최선을 다한다는 것은 완벽해지기 위해서 몸부림친다는 뜻이 아니다. 완벽주의는 자신과 타인에게 아량을 베풀지 못하는 경향이 있다. 완벽주의가 부추기는 비현실적인 기대는 최선을 다하는 것과 거리가 있다. 최선을 다하는 사람은 높은 기준을 가지고 있지만, 정직한 실수에 대해서는 자신과 타인을 너그러이 용서할 수 있는 그릇을 가지고 있다. ―『코칭 바이블』, 웅진 윙스, 2007

최고, 완벽을 추구하는 1인자들은 늘 남들이 도달하기 힘든 목표에 이르도록 스스로 강요한다. 그것을 실현해야 자신이 우월하다는 것을 증명하는 셈이기 때문이다. 그러나 현실은 호락호락하지 않다. 좌절과 그에 따른 스트레스에 시달리기 때문에 창조적인 아이디어가 나올 수 없고 업무효율은 저하된다. 따라서 분명 1인자인 사람은 자신이 이룬 성공에 만족하지 못한다. 때로는 비정상적인 정신 상태에 이르는 경우도 생긴다.

2인자는 완벽에 모든 것을 걸지 않는다. 설사 모든 것을 걸었다가 실패한다고 해서 다른 이들이 알아주지도 않는다. 그것을 바란다면 오히려 다른 이들에 대한 원망과 피해의식만 생길 뿐이다. 근본적으로 인간의 능력에는 한계가 있어 한 가지에 완벽을 기하려면 다른 일들은 잘 못하게 된다. 따라서 최적이 아니라 최선의 만족 대안을 적절하게 구사한다면, 조직 안에서 적어도 공공의 적은 되지 않는다. 성공하고 싶은 사람들, 1등 하고자 하는 이들은 제한된 가용자원을 가지고 업무에 전적으로 매달린다. 하지만 무엇에도 집착하지 않고, 두루두루 잘하는 것은 2인자의 위치에서만 구사할 수 있는 전략이다. 최고가 되려고 전적으로 매달린다고 해서 문제가 해결되기는 힘들다. 업무효율과 인간관계뿐만 아니라 자존감도 해칠 수 있다. 무엇보다 조직 분위기가 어둡고 침울하게 되며 웃음이 사라진다.

한편 조직에서 가장 인기 있는 사원이 된다는 것은 신나는 일이다. 하지만 그것도 잠시다. 인기에 비례해서 신나는 일만 있는 것은 아니다. 1위가 되는 일은 신나지만 그 1위를 지키기 위해 희생해야 할 것은 너무 많다. 더구나 1인자로서 남들에게 너무 기대를 갖게 하다 보면 그 기대감을 충족시키는 것도 어려울 뿐만 아니라 자신에게도 항상 부담감으로 작용할 것이다.

부풀려진 모습으로 지지를 얻으려는 것은 1인자 리더십의 한계 가운데 하나다. 1인자의 리더십은 강한 상승 지향의 출세 모델에 바탕을 둔다. 힘들게 올라가고, 그곳에서 통솔력을 발휘하는 그 리더에게 행복이 있는가? 1인자의 리더십은 멋있어 보이지만, 그 대가는 행복의 희생일 수 있다. 빌 게이츠는 원대한 야망을 향해 강하고 비타협적인 리더십을 보인다. 그러나 비판적으로 말하면 고지식하고 완고하다.

가득 참을 경계하는 계영배도 이러한 맥락 속에서 나온 것이 아닐까? 풀어보면 이렇다.

"적당히 채워라. 잔에 술을 따를 때 지나치게 따르면 넘치고 만다. 모든 불행은 스스로 만족함을 모르는 데서 나온다."

2인자의 리더십은 이러한 경지가 아닌가! 넘쳐 흘러내릴 수 있으니 너무 꽉꽉 채우려 하지 마라.

1인자는 한 명뿐이지만 2인자는 여러 명이며, 더 많은 사람들과 협의할 수 있다. 2인자는 덜 외롭다. 오히려 1인자보다 실수를 할 여지도 적다. 다양하게, 창조적으로 더 많이 실험하고 시도할 수 있다. 머리가 지나치게 좋은 사람 중에 성공하지 못하는 사람이 있다. 머리 좋은 것으로 따를 자가 없다고 여기므로 언제나 혼자 움직인다. 인간의 능력은 신의 경지가 아니기 때문에 다른 사람의 협조가 필요하다. 이러한 상황에서 한없이 목표만을 추구하는 리더는 스스로 파멸하고 만다. 그 자신만 파멸시키는 것이 아니라 다른 구성원들까지 돌이킬 수 없는 지경에 몰아넣는다.

머리가 좋고, 능력이 출중하다고 해서 꼭 성공하는 것은 아니다. 그 일을 즐겨야 결국 이긴다. 공자도 이러한 점을 일찍부터 간파하고 있었다.

"아는 사람도, 좋아하는 사람도 즐기는 사람을 이기지는 못한다."

공자는 이 말을 따르며 살았다. 그래서 자기가 좋아하는 일, 즐거운 일을 했고, 그렇기에 학문과 예술의 경지를 넘나들며 자유로울 수 있었다. 공자는 어린 시절 몹시 가난해서 일꾼처럼 닥치는 대로 일했다. 그는 190cm에 이르는 건장한 체격을 가졌지만 아버지와 같은 군인이 되지 않았다. 당시에 군인은 가장 각광받는 직업이었다. 공자는 궁술과 승마뿐만 아니라 서예, 수학, 음악, 예를 익혔다. 당시 잘나가던 무인의 길과 달랐다. 아마 아버지에게 모진 질타를 받았을 것이다. 특히 공자는 음악을 좋아했다. 현악기를 타면서 노래 부를 정도의 실력을 가지고 있던 그는, 주나라 수도 낙양에서 장님 가수들이 노래하는 걸 듣고, 너무나 감동한 나머지 석 달 동안 식사를 제대로 하지 못했다. 그 후 공자는 그들을 적극적으로 도와주었고, 그들이 보지 못하는데도 언제나 인사를 공손히 했다. 공자는 음악을 좋아했을 뿐만 아니라 귀하게 여겼다. 왜냐하면 음악이 개인의 심성뿐만 아니라 사회 전체에 많은 영향력을 미칠 수 있다고 생각했기 때문이다.

공자는 곡물 창고를 지키는 말단관리로 사회생활을 시작했다. 그 뒤 토지와 가축을 관리하는 감독자로 일하다가 노나라 정부에서 각종 사무를 맡아보는 관리직에 임명되었다. 그는 관리직에서 1인자가 되거나 출세하기 위해 애쓰지 않았다. 대신 시간이 나면 다른 사람들을 가르쳤다. 당시에 교육은 소수 사람들에게만 해당되는 특권 분야였다. 하지만 공자는 남녀노소 누구에게나, 신분에 구애됨 없이 가르쳤다. 가르치는 것은 그가 좋아하는 일이었다. 그 결과 그는 1인자를 꿈꾸었던 관리들보다 더 훌륭한 1인자가 되었다.

왜 높이 올라갈수록 즐거움이 없어질까?

알랭 드 보통은 자신의 책 『불안』에서 '현대인들은 사회적 지위에 대한 불안이 심하다.'고 말한다. 이는 지위의 상실로 인해 타인에게서 받던 존경이 상실될 것을 염려하기 때문이라는 것이다. 다시 말해 현대인에게 지위의 상실이란 인간 혹은 개인의 존엄 상실로 받아들여진다는 것이다. 그래서 기대에 부응하지 못할 때 그 불안은 심해지고 초조감이 증가한다고 보았다. 지위가 높을수록 그에 대한 기대감은 낮은 지위의 사람들보다 클 수밖에 없고, 그에 상응하는 불안 심리도 매우 클 수밖에 없다. 높은 지위에 올라갈수록 존경은 커지고 그에 따른 자기 존엄의 무게도 무거워진다. 무너짐의 강도는 다를 수밖에 없고, 그것은 심리적으로 많은 영향을 미치게 마련이다.

1인자의 반열에 올라갈수록 그와 반비례해 즐거움과 행복감이 사라지는 것은, 더욱 높이 올라갈수록 추락의 깊이가 더 커질 것에 대한 공포와 불안 심리에 휩싸여 지내기 때문이다. 폭스바겐 사장이었던 다니엘 괴드베르는 이렇게 말했다.

"기업의 리더들은 무엇보다 자신의 역할과 권력의 상실을 몹시 두려워한다. 그것에 자신의 존재기반이 있기 때문이다. 그것은 정체성의 상실을 의미한다."

이 때문에 정상에 있는 사람들은 권력에 집착한다. 그것을 계속 잡으려고 한다. 공격성을 발휘하고 권력 게임을 펼친다. 정작 그 가운데 즐거움을 느끼는 순간은 짧다. 세상에는 공짜가 없으니 서로 트레이드 오프하는 게 있기 마련이다. 중요한 것은 권력이나 높은 지위 자체가 아니다. 그러나 그것에 집착할수록 얻은 것은 한순간에 사라지고, 남는 것은 허명일 뿐이다.

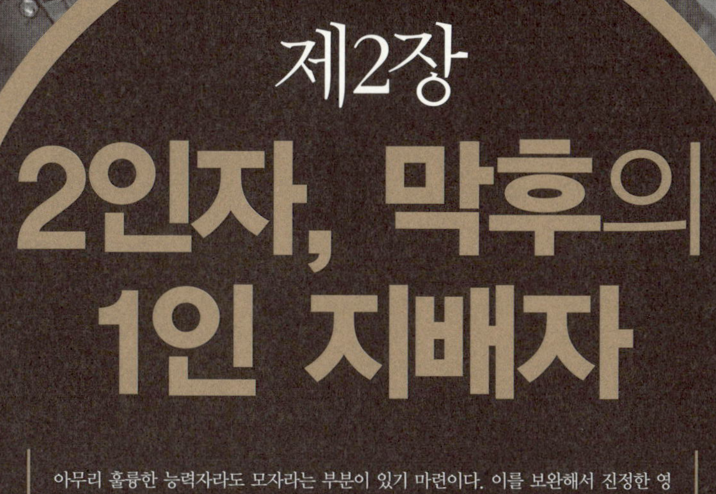

제2장

2인자, 막후의
1인 지배자

아무리 훌륭한 능력자라도 모자라는 부분이 있기 마련이다. 이를 보완해서 진정한 영웅, 1인자가 되는 것은 스스로가 아니라 유능하고 멋진 2인자들 덕분이다. 그들을 옆에 두지 않으면 1인자는 존재할 수 없다. 리더는 웃음을 머금은 승자라는 말이 있다.

LEADERSHIP

LEADERSHIP

드러내지 않고 세상을 움직이다

■ 만일 인간이 그 자신을 스스로 볼품없게 만든다면 그가 설령 유린당하고 짓밟힌다 해도 어떠한 불평도 하지 말아야 한다. **– 칸트**

어떤 독수리가 짝짓기에 성공해 암컷과 함께 둥지를 틀려고 숲을 찾았다. 마침 커다란 상수리나무가 있어 둥지를 만들었다. 그런데 갑자기 쥐가 찾아와 독수리에게 경고했다.

"이 나무는 안전하지 못하니 빨리 피하세요."

"뭐라고? 감히 나에게 충고를 하다니. 건방진 놈, 썩 꺼져!"

독수리는 쥐의 말에 귀를 기울이지 않았다. 호통을 쳐서 쥐를 쫓아내고는 둥지를 완성하고 귀여운 새끼들을 낳았다. 그러고는 며칠이 지났다. 독수리는 여느 날과 다름없이 암컷과 새끼들을 위해 부지런히 사냥을 하고 둥지로 돌아왔다. 하지만 상수리나무는 쓰러져 있었고, 암컷과 새끼들은 모두 땅바닥에 떨어져 죽어 있었다. 믿기지 않는 참상에 독수리는 망연자실할 수밖에 없었다. 쥐가 이를 보고 말했다.

"한번 생각해보세요. 나무 밑에 살고 있는 쥐보다 나무 상태를 더 잘

아는 동물이 있는지 말이에요.”

아무리 훌륭한 능력자라도 모자라는 부분이 있기 마련이다. 이를 보완해서 진정한 영웅, 1인자가 되는 것은 스스로가 아니라 유능하고 멋진 2인자들 덕분이다. 그들을 옆에 두지 않으면 1인자는 존재할 수 없다. 리더는 웃음을 머금은 승자라는 말이 있다. 막후 실력자는 권력의 배후에 있는 사람이다. 그저 간헐적으로 나타나는 것 같지만 모든 것을 자신의 뜻대로 움직인다는 인식을 준다. 이러한 인식을 준다면 천하무적이다. 사람들은 이런 막후 실력자의 동의를 얻으려고 분투한다. 막후 실력자야말로 2인자 리더십의 전형이다.

2인자 책사와 참모가 1인자를 만든다

대개 1인자와 2인자의 관계를 종속 관계로 보지만, 상당 부분 틀렸다. 헤겔의 ‘노예의 변증법’을 떠올려 보자. 노예의 소유자가 주인이어서 노예가 주인에게 종속된 것으로 보이지만, 노예의 노동 없이는 주인은 생존을 유지할 수 없다. 오히려 주인이 노예에 종속되는 경향으로 나아간다. 만약 훌륭한 1인자가 되고 싶다면 2인자의 도움은 절대적이다. 결과적으로 2인자는 1인자가 없어도 존재할 수 있지만, 1인자는 2인자 없이는 존재할 수 없다. 훌륭한 1인자 옆에는 탁월한 2인자가 있다. 2인자는 항상 있지만, 1인자는 바뀌기 쉽다. 2인자 리더십은 잘 드러나지 않기 때문에 공격당하거나 궤멸당하는 일이 적다. 1인자 리더는 항상 공격받고 쉽게 궤멸된다. 1인자의 생명주기는 짧지만 2인자의 생명주기는 1인자보다 더 긴 것이 일반적이다. 2인자 리더십은 애써 1인자를 누르지 않아도 1인자보다 더 강력한 영향력을 미친다. 무엇보다 강한 영향력을 오랫동안 미치는 것이 2인자 리더십이다.

두말할 필요도 없이 제왕의 성공에는 항상 훌륭한 책사와 참모가 있었다. 몇 가지 이야기를 통해 살펴보자.

초나라에 관상을 잘 보는 관상쟁이가 있었다. 장왕이 그를 불러 비결을 물었다.

"저는 고객의 관상만 보는 것이 아니라 고객의 친구도 봅니다. 훌륭한 벗을 둔 사람은 아무리 평범하다고 해도 시간이 갈수록 훌륭해집니다. 훌륭한 친구들을 둔 신하라면 갈수록 지위가 올라갈 것입니다. 군왕인 경우에는 신하들과 추종자들이 능력이 있고 현명한지 봅니다. 또한 앞다투어 간언을 하는지도 봅니다. 추종자들이 훌륭할수록 군왕은 점점 만인의 존경을 받게 될 것입니다."

장왕은 이 말을 듣고 깨달은 바가 있어 훌륭한 인재들을 부지런히 모았다. 그러고는 마침내 천하를 제패했다.

망국의 군주는 유아독존인 경우가 많다. 스스로 현명하며, 뛰어난 능력을 가지고 있기 때문에 다른 이들을 경시한다. 능력의 부족과 결핍을 느끼지 않거나 인정하지 않기 때문에 2인자들을 찾지도, 그들이 하는 말을 듣지도 않는다. 요임금은 제왕의 위엄과 지위에 연연해하지 않고, 선권(善券)을 찾아 가르침을 받았다. 덕행과 지략에서는 그가 뛰어났기 때문이다. 선권은 평민이었고, 요임금은 제왕이었다. 우임금은 밥을 먹다가도 몇 번씩 수저를 놓았다. 자신보다 능력이 뛰어난 인물을 맞이하거나 찾아가기 위해서였다. 제나라 환공은 직(稷)이라는 선비를 만나기 위해 하루에 세 번이나 찾아갔다. 어느 날 신하가 말했다.

"세 번이나 찾았으면 그것으로 충분합니다. 다시 찾을 필요가 있겠습니까?”

“직이 만나 주지 않는다고 하여 패왕이 되는 길을 마다하겠는가?”

이 말을 듣고 더 이상 환공을 말리는 이가 없었다. 마침내 직을 만난 환공은 그에게서 많은 도움을 얻어 패왕의 위업을 이루었다. 자신의 부족함을 깨닫고 2인자들을 곁에 둔 사람만이 번영과 발전을 이룰 수 있다. 천리마도 백락을 만나야 빛을 본다.

조조가 적벽대전에서 대패한 후 가장 안타까워했던 것은 자기를 위해서 진심으로 바른 말을 해주는 신하가 없다는 점이었다. 조조는 곽효봉이 있었다면 대패하지는 않았을 것이라고 혼잣말로 읊조렸다. 조조의 모사 곽효봉은 조조 곁에서 많은 공을 세웠고 원소를 몰아내는 데 혁혁한 공을 세운 인물이다. 그러나 그 잔당을 소탕하는 과정에서 풍토병에 걸려 불과 38세의 나이에 아깝게 죽었다.

어느 조직이든 리더는 자신의 역량이 부족하면 우수한 참모진이 민첩하게 움직이도록 해야 한다. 그렇지 못하면 혼란의 연속이고 매사 우왕좌왕한다. 어느 CEO가 대만의 한 고위직 인사의 집무실을 방문했을 때 액자에 이런 글이 걸려 있었다고 한다.

‘下君盡己之能(하군진기지능), 中君用人之力(중군용인지력), 上君盡人之智(상군진인지지)’

이를 풀어보면 대략 다음과 같은 뜻이다.

‘못난 지도자는 자신이 능력을 다해 일을 하고, 평범한 지도자는 사람들의 힘을 빌려 일하지만, 훌륭한 지도자는 사람들이 지혜를 다해 일을 하도록 만든다.’

사람들이 지혜를 다해 일하도록 만들 때 훌륭한 인재들이 옆에 있게 된다. 만약 유비가 제갈량이라는 훌륭한 인재를 무시하고 자신이 더 뛰어나다고 과신했다면 나라를 세우지 못했을 것이다. 드라마 「태조 왕건」에 나오는 태평군사는 훌륭한 책사, 참모형 2인자를 의미한다. 왕건은 비서 한 명 잘 둔 덕분에 없는 동남풍까지 빌려와 전쟁에서 이겼다. 드라마 「대조영」에서도 미모사라는 훌륭한 책사가 대조영 곁에 있었다. 드라마 「태왕사신기」에도 현고라는 책사가 있었다. 영웅 뒤에는 항상 그를 뒷받침하는 브레인이 있어야 한다. 오늘날의 비서 또한 책사이자 참모에 해당한다.

할리우드 영화나 드라마를 보면 비서들이 대부분 아줌마나 할머니들이다. 이와 달리 한국에서는 젊은 아가씨들이다. 이는 전문적인 역량보다는 외모를 중시하기 때문에 빚어지는 일이다. 실제로 미국에서 비서직은 '전문직'이다. 국가가 시행하는 비서 자격 시험도 있다. 4년제 학위 소지자는 2년, 단기대학 졸업자는 3년, 학위가 없는 사람은 4년 이상 실무경험이 있어야만 이 시험을 볼 수 있는 자격이 주어진다. 비서학에서는 비서를 '다기능 행정전문가'로 규정한다. 시험 과목도 경제학, 회계, 기업법은 물론 사무 기술 능력, 인사 관리, 조직 관리, 행동과학론까지 폭넓다. GE의 최고경영자 잭 웰치가 의사결정 마지막 순간에 논의하는 상대가 바로 자신의 비서라는 얘기도 있다. 비서는 '내 공(功)은 상사의 것이고, 상사의 과(過)는 내 탓으로 여길 줄 아는' 의식을 갖는 것이 중요하다. 든든한 버팀목과 울타리가 되어주고, 중요한 순간에 총대를 메어줄 2인자들인 것이다.

이 때문에 2인자들은 매우 소중한 보물들이다. 주나라 현왕 14년 때의 일이다. 제나라 위왕과 위나라 혜왕이 들에서 함께 사냥을 하고 있었다. 혜왕이 뜬금없이 제나라에도 보물이 있느냐고 물었다. 위왕이 없다고 하자, 혜왕은 이렇게 말했다.

"우리나라는 소국입니다. 하지만 직경이 한 치나 되어 수레 열두 대의 앞, 뒤를 비출 수 있는 구슬이 열 개나 있습니다. 어찌 제와 같이 큰 나라에 보물이 없겠습니까?"

그러자 위왕이 대답했다.

"그러고 보니 제나라에도 보물이 있습니다. 그런데 내 보물은 좀 다릅니다."

혜왕이 웃으며 물었다.

"구슬이 아니라 천하의 명검이라도 갖고 계신가 보군요."

위왕이 다시 대답했다.

"내가 보물이라고 여기는 것은 왕께서 생각하는 것과는 다른 듯 보입니다. 내 신하 중에는 단자(檀子)가 있는데 그에게 남성(南城)을 지키게 하면, 감히 초나라가 노략을 하지 못하고 사수(泗水)의 열두 제후가 모두 조공을 바칩니다. 또 내 신하 가운데에 반자(盻子)라고 하는 자가 있는데 그에게 고당(高唐)을 지키게 하면, 조나라 사람이 감히 동쪽으로 접근해 황하의 고기를 잡아가지 못합니다. 또 내 관리 가운데에 금부라는 이가 있는데 그에게 서주(徐州)를 지키게 하면, 연(燕)나라는 북문에 제사를 지내고 조나라는 서문에 제사를 지내서 복을 빕니다. 그리고 귀순하여 넘어오는 자가 70여 호에 이릅니다. 신하 가운데에 종수(種首)라는 이가 있는데 그를 포도대장으로 삼으면, 길가에 떨어져 있는 물건도 사람들이 자기 것이 아니라고 하면서 줍지 않습니다. 이 네 신하가 천리를 비추고 있으니 수레 열두 대를 비추는 것과는 좀 다르지요?"

혜왕은 이 말을 듣고 부끄러운 빛을 감추지 못했다고 한다. 사마광의 『자치통감』에 있는 이야기다. 책사와 참모가 무너지면 1인자도 무너진다. 도요토미 히데요시가 전국을 제패할 수 있었던 데는 아우인 히데나가의 역할이 컸다. 히데나가는 절대 두각을 나타내지 않는 인물이었다. 보통은 2인자 그룹에 들어가서 막판에 1인자로 치고 나가는데 히데나가는 달랐다. 그는 형 히데요시의 몸과 마음이 되자고 마음먹고는 수족처럼 움직였다. 든든한 지지자이면서도 신뢰할 수 있는 인물이었기에 그가 히데요시에게 거슬리는 말을 해도 히데요시는 화를 내지 않았다. 히데요시가 천하 1인자가 되어도 여전히 히데나가는 옆에 있었다. 그 히데나가가 죽자 히데요시는 폭거를 저지르기 시작했다. 자신의 정신적, 심리적 기반이 사라졌기 때문에 자신감을 잃은 것이다. 자신을 추켜세우기 보다 심리적으로 기댈 수 있도록 관계를 만드는 존재가 1인자의 책사와 참모다.

이를 살펴보기 위해 '부설지과(不說之過)'라는 이야기를 보자. 고료는 안영 밑에서 3년 동안 일하면서 언제나 성실하고 부지런히 안영을 따랐다. 안영의 말은 조금도 어기지 않았다. 그런데 어느 날 안영이 갑작스럽게 고료에게 떠나라고 말했다. 안영의 좌우에 있던 사람들은 매우 놀란 표정을 지었다.

"고료는 3년 동안 충실하게 일을 했고 한 번도 잘못을 저지르지 않았습니다. 그를 칭찬하기는커녕 사직을 시키시다니 이는 너무 지나친 것 아닌가요?"

안영이 이 말을 듣고 대답했다.

"나는 원래 보잘 것이 없어 먹줄을 대고, 도끼로 다듬고, 대패로 밀어야 쓸모 있는 목재가 될 수 있다. 예의와 염치로 나를 바로잡아주어야 사람 구실을 할 수 있다. 그러나 고료는 어떠한가? 내 곁에서 3년 동안이나 있었는데, 나의 잘못을 보고서도 여태 한 번도 말을 해주지 않았으니 나에게 무슨 도움이 되겠는가? 그래서 떠나라고 한 것이다.”

책사와 참모의 요건은 원칙의 고수와 직언성이다. 그러나 말은 쉬워 보이지만 1인자 앞에서 이러한 것을 지켜내기는 쉽지 않다. 오직 사심이 없을 경우에만 가능하다. 사심이 있는 이들은 자신의 평가와 인정에 연연하기 때문에 원칙을 고수하기 위해 직언을 하지 못하고 도리어 간언을 한다. 거꾸로 원칙을 고수하고 직언을 하는 올바른 참모와 책사를 알아주는 리더가 있으면, 그 주변에는 능력 있는 참모와 책사가 나타나 목표를 달성하게 해준다.

스톡데일 패러독스와 참모의 요건

■ 행복 없는 성공은 실패 가운데에서도 가장 나쁜 실패이다. **– 랍비 루이스 빈스토크**

2인자들은 현실론자들이고, 1인자 리더십을 발휘하는 사람들은 낭만주의자, 낙관주의자들이다. 낙관주의라고 하면 긍정의 의미로 읽힐 수 있다. 하지만 현실성이 없는 낙관은 관념적이며, 이 때문에 실패를 가져오기 십상이다. 참모에게 필요한 것은 객관적이며 냉철한 현실인식이다. 앞날에 대해 무조건 희망적이고 낙관적 견해만 지닌다고 과업이 성취되지는 않는다.

'스톡데일 패러독스'란 말이 있다. 이 말은 위기 때 어떤 사람이 살아남을 수 있는지와 리더에게 필요한 2인자의 자질을 알려준다. 스톡데일은 베트남전에서 포로가 된 미군 최고위 장군이었다. 그럼에도 월맹과의 협상을 최선의 상황으로 이끌어서 상당수의 포로들을 집으로 돌려보내 전쟁 영웅의 반열에 올랐다. 그가 풀려난 뒤 기자가 물었다.

"어떤 사람들이 끝까지 살아남을 수 있었나?"

“낙관주의자들은 다 죽고 현실주의자와 비관론자만 살아남았다.”

기자는 고개를 갸우뚱했다. 생각하기에는 낙관주의자들이 오래 살 것 같은데, 그 반대의 결과가 나왔기 때문이다. 그 이유는 근거 없는 낙관주의가 장기적으로는 오히려 해가 되었기 때문이다.

예를 들어 낙관주의자들은 크리스마스가 되면 우리는 나갈 수 있다고 믿는다. 주위에도 그렇게 말한다. 그러나 크리스마스가 지나도 나가지 못한다. 크리스마스가 지나면 부활절에 나갈 것이라고 스스로에게 희망을 불어넣지만 그때도 나가지 못한다. 그러면 다시 다음에, 다음에 하면서 계속 낙관적으로 생각한다. 그럼에도 결과는 마찬가지. 이러한 과정이 반복되면 점차 절망감이 깊어져 결국 생명을 단축시킨다. 반면에 현실주의자들은 전쟁이 오래갈 것이라는 것을 냉철하게 인식하고 있기 때문에 멀리 내다본다. 그리고 긴 시간 동안 어떻게 살아남을 것인지에 대해서 생각한다. 물론 자기는 죽지 않고 언젠가 고향으로 돌아갈 것이라 믿는다. 비관론자들도 전쟁이 장기적으로 진행될 것으로 예상한다. 결국 마지막까지 살아남은 사람들은 냉철한 현실 인식 위에 미래에 대한 믿음을 가졌던 이들이다. 냉철한 현실인식과 미래에 대한 믿음이 패러독스라 해서 ‘스톡데일 패러독스’ 라 한다.

어려운 상황을 헤쳐 나가려면 차가운 머리와 뜨거운 가슴을 가져야 한다. 뜨거운 머리, 사실에 바탕을 두지 않은 막연한 희망은 오래가지 않는다. 차가운 가슴에 믿음이 없고 열정도 없으면 제대로 극복하기 힘들다.

1인자 옆에 있는 2인자들은 객관적으로 현실을 인식한다. 차가운 이성에 바탕을 두고 뜨거운 열정을 가진 이들이다. 만약 2인자들이 객관적으로 현실을 인식하지 못하고 막연한 낙관주의로 일관하면 본인들은 물론 1인자들까지 오래가지 못한다. 1인자들에게 존재했던 책사, 참모형 2인자들은 바로 그러한 역할을 하는 사람들이다. 이런 2인자가 없다는 것은 1인자에게 매우 불행한 일이다. 있더라도 제 살 궁리만 한다면 더욱 불행한 일이다.

한국에서는 왜 미국의 실리콘밸리처럼 벤처 단지가 성공하지 못하는 것일까? 안철수 소장이 지적한 바 있듯이 1인자들을 뒷받침해주는 2인자들이 구축되어 있지 않기 때문이다. 앞에 나선 1인자에게는 전문성 있는 사람들이 뒷받침을 해주는 것이 필요하다. 2인자들은 이렇게 앞에 나서는 CEO들을 뒷받침하는 전문적인 인재들을 말한다. 이들이 없으면 아무리 혁신적인 아이디어를 가지고 의욕적으로 사업을 추진해도 성공하기 힘들다는 것을 안철수 소장은 설파한 바 있다.

조조는 자신을 능가하는 인재를 대범하게 기용하고, 적재적소에 활용하는 용인술에 능했다. 그래서 다른 군주 밑에서는 빛을 보지 못한 이들이 조조 밑에서는 날개를 달았다. 세종이 성군으로 추앙받는 이유 가운데 하나가 인재를 구하고 그들을 제대로 쓴 리더십을 발휘했기 때문이다.

비판적인 조언을 해도 1인자가 그것을 무시하는 경우가 있다. 그렇게 무시당하는 것까지 생각해서 자신의 길을 간 사람이 사마천이다. 그는 낙관주의자도, 낭만주의자도 아닌 치열한 현실주의자였기 때문에 역사서를 기술할 수 있었다.

사마천은 한무제 밑에서 천문 역법과 도서를 관리하는 태사령의 직책에 있었다. 그러던 어느 날 한 장수가 외적과 맞서 싸우다가 적에게 항복했다. 조정의 모든 대신들이 그 장수를 비난했고 한무제 역시 가족들을 모두 잡아 죽이라며 화를 냈다. 이때 사마천이 나서서 말했다.

"그는 5천의 군사로 8만의 적을 맞아 열흘이나 용감하게 싸웠지만, 힘에 부쳐 어쩔 수 없이 거짓 항복을 한 것입니다."

그러면서 오히려 열세의 전력으로 싸우게 한 처사가 부당하다고 지적했다. 이 말을 들은 한무제는 더욱 화를 내며 사마천을 궁형에 처하고 옥에 가두었다. 궁형이란 남자의 생식기를 자르는 형벌로 사형보다 더 치욕적인 것이었다. 그러나 사마천은 감옥에서 자신이 쓰던 역사서을 계속 쓰며, 친구에게 다음과 같이 적어 보냈다.

"사람은 누구나 죽는다. 그 죽음이 어떤 사람에게는 태산과 같이 무거울 것이고, 어떤 사람에게는 홍모와 같이 가벼울 것이네. 그런 차이는 그 쓰임새가 다르기 때문이지."

이 글에서 사마천은 자기가 사형을 택하지 않고 궁형을 택한 이유를 밝히고 있다. 궁형을 당해서 매우 수치스럽지만 그럼에도 할 일이 있다는 것이다. 그것은 역사서의 집필이었다. 사마천은 자신이 그러한 처지에 놓일 줄 뻔히 알면서도 한무제에게 직언을 고해 자기의 본분을 지켰고, 또 옥에 갇히더라도 자기가 해야 할 역사서 저술을 계속했던 것이다. 사마천은 결국 역사서 기술의 1인자로 평가받게 되었다. 2인자의 길이란 객관적이고 전체적인 현실 인식 속에서 이렇게 자신의 길을 가면서 결국에는 1인자가 되는 것이다. 사마천이 만약 낭만주의자였다면, 궁형보다는 사형을 선택했을지 모른다. 물론 감옥 안에서는 하루도 견딜 수 없었을 테고 사기 또한 탄생하지 못했을 것이다. 그러한 면에서 그는 철저하고 냉철한 현실주의자였다.

참모는 경영 수업이다

■ 아는 사람도, 좋아하는 사람도 즐기는 사람을 이기지는 못한다. **– 공자**

조직 속의 99%는 참모라는 말이 있다. 참모란 단순히 가신을 의미하는 것이 아니라 광범위하고 복잡한 문제들을 해결하기 위해 적절하게 책임과 권한을 나누어 맡은 사람들을 일컫는다. 전문 분야마다 보좌관 격인 참모를 두는 이유도 이 때문이다. 참모는 전문성과 충성스러움이 있어야 하지만 충성스러움 자체가 목적은 아니다. 중요한 것은 문제를 해결하기 위해 참모가 존재한다는 점이다. 리더가 가던 길에서 벗어날 때는 충고나 비판도 할 수 있어야 한다. 가신은 모든 것을 옳다며 충성스러움만 보이는 자들이지만 참모는 다르다. 이 때문에 가신들에게 참모의 역할을 맡기는 것은 옳지 않다.

만약 리더 주변에 가신형 참모들만 포진해 있다면 유능한 인재들이 모이지 않는 악순환이 벌어진다. 왜냐하면 분명 이 리더는 독불장군식 리더십을 발휘하는 유형이기 때문에 가신형 참모들이 아니고서는 자리 보존이 힘들기 때문이다. 독불장군식의 리더십은 유능한 참모들을 배양할 수 없는 황무지나 다름없다. 직언을 받아들이는 리더 밑에는 유능한 참모가 형성되고, 그 참모들을 통해 안팎으로 소통이 원활하게 이루어진다. 각각의 사안들이 참모들을 통해 리더에게 잘 전달되는 시스템이라면 조직의 위험 또한 신속하게 인지되고 그 대응법도 빨라진다.

『어린왕자』에 이런 내용이 있다.

"세상에서 가장 어려운 일이 뭔지 아니?"

"흠, 글쎄요. 돈 버는 일? 밥 먹는 일?"

"세상에서 가장 어려운 일은 사람이 사람의 마음을 얻는 일이란다. 각각의 얼굴만큼 다양한 각양각색의 마음을… 순간에도 수만 가지의 생각이 떠오르는데, 그 바람 같은 마음을 머물게 한다는 건 정말 어려운 거야."

훌륭한 인재를 얻기 위해서는 훌륭한 조직이나 리더가 다가가야 한다. 훌륭하지 않은 사람이 훌륭한 사람의 마음을 얻을 수는 없다. 훌륭한 인재가 없다고 한탄하기 전에 자신이나 조직이 얼마나 훌륭한지 먼저 자문해 보아야 한다. 훌륭한 참모진이 없다고 투덜댄다면 자신이 훌륭한 리더가 아닐 수 있다. 또한 자신이 훌륭한 참모를 알아보지 못하고 있는지도 모른다.

전국시대 제나라 위왕이 신하들에게 유능한 인재를 추천하라고 했다. 그러자 한 신하가 하루 사이에 무려 일곱 명이나 추천해 올렸다. 위왕이 놀라 물었다.

"천 리를 돌아다녀도 한 사람의 현자를 만나기 어렵고, 백 년을 찾아
도 한 사람의 현자를 구하기 어렵다. 그런데 어떻게 하루 만에 일곱 명
의 현자를 추천할 수가 있는가?"

그러자 신하가 대답했다.

"새들은 같은 종류끼리, 짐승들도 같은 무리끼리 삽니다. 좋은 약재
는 큰 산에 있는데 연못에서 찾는다면 평생 한 뿌리도 구하지 못할 것
이고, 큰 산에서 찾는다면 얼마든지 쉽게 찾을 수 있을 것입니다. 신은
늘 현자들과 생활하기 때문에 그들을 찾는 일은 매우 쉬운 일입니다."

그 신하는 순우곤(淳于髡)이었다. 은근히 자신을 자랑하는 그다. 그러
나 자랑할 만한 것을 자랑한다고 흉이 되지는 않는다. 그 사람의 주변
에 모여 있는 사람이 누구인지 알면 그 사람을 알 수 있고, 내 주위에
있는 사람을 알면 내가 누구인지 알 수 있다. 책사와 참모들을 보면 그
리더가 누구인지 알 수 있다.

참모라는 역할의 중요성은 김우중 대우 전 회장의 사례에서도 알 수
있다. 김우중 전 회장은 돌격대장식 리더십을 발휘했다. 그 앞에서 적
절한 조언을 하는 것은 상상도 할 수 없는 일이었다. 그러니 주변 참모
들은 듣기 좋은 말만 했다. 위기가 임박했을 때조차도 별 문제 없다는
식의 보고만 올라왔다. 대우의 결과는 우리가 다 알고 있는 것과 같다.
특히 자수성가한 리더들 중에 자신이 최고라고 여기는 이들은 자신의
판단과 경험에 의존할 뿐 주변의 유능한 인재의 통찰에는 관심을 기울
이지 않는 경우가 빈번하다. 대우그룹에 좋은 참모진이 있었더라면 사
태는 파국으로 치닫지 않았을 것이다. 좋은 인재들은 일찍부터 대우에
서 빠져나가고 있었다. 하지만 그 파국을 만든 것은 참모진들이 아니
라 김우중 전 회장 자신이었다.

삼성의 경우를 보자. 이병철 시대 참모조직인 '비서실' 규모는 15개 팀 250명에 이르렀다. 이건희 전 회장 때의 구조조정본부와 전략기획실도 100여 명의 인원을 계속 운영했다. 삼성그룹 30개 계열사 사장단의 47%가 비서실(구조조정본부) 출신이기도 했다. 2006년 30대 그룹 신임 사장 중에도 비서실 근무 경험자가 유난히 많았다. 그들은 최고 리더의 가려운 곳, 바라는 것을 꿰뚫어볼 줄 알았다. 그들은 최고 리더의 마음, 판단력을 자기 것으로 체화시켰다. 이것이 바로 경영 수업인 것이다. 무엇보다 그들은 최고 리더를 성공시키면서 자신도 성공시켜 나간다. 단순히 참모를 참모로 보는 것이 아니라 경영 수업을 받는 이로 생각한다면 경영자는 훌륭한 승계자를 얻게 된다.

정당이 다른 여러 대통령의 참모를 고루 지내 아예 직업이 '대통령 참모'인 사람이 있다. 바로 데이비드 거겐 하버드대 교수이다. 그는 미국 공화당의 닉슨, 포드, 레이건 행정부에서 공보 담당 참모를 지냈고, 민주당 클린턴을 위해서도 일했다. 그는 "과거에는 명령을 신속하게 수행하는 수직적 리더십이 효율 면에서 더 유용했지만 다양성과 유연성을 중시하는 인터넷 시대에는 소통과 조화를 중시하는 수평적 리더십이 대안이 될 수 있다"고 했다. 거겐 교수는 화살 한 개는 쉽게 부러뜨릴 수 있지만 화살 세 개를 동시에 부러뜨릴 수 없다는 예를 들면서 팀워크를 항상 강조했다. 이는 2인자 참모형 리더십을 말하는 것이다. 그가 오랫동안 참모를 할 수 있었던 비결이기도 하다.

2인자를 부하라고 여기면 제거당한다?

> ■ 실수를 하더라도 용감하게 도전하는 것이 겁을 먹고 조심하는 것보다는 좋다.
> **– 고흐**

2인자는 단순히 부하가 아니라 파트너다. 이는 2인자를 충실한 수족으로 부리며 언제나 교체 가능한 대상으로 여기는 태도와 다르다. 2인자를 부하로 여기는 리더는 갱단의 두목에 불과하다. 이런 관계로 맺어진 조직에서는 일을 처리할 때 부하들이 상급자의 입만 쳐다보고, 상급자의 반응에 따라서 행동한다. 그러나 파트너십으로 맺어진 관계라면 조직의 목적에 따라 사고하고 판단하며, 결정하고 행동한다. 자신의 일이나 행동거지를 스스로 알아서 정하기 때문에 무조건 복종하지 않으며 때로는 의견 충돌이 일어나기도 한다. 일희일비하지 않으며 좀 더 장기적인 시각에서 의사결정을 한다. 2인자들은 일방적인 지시에 휘둘리기보다는 대안을 찾고 그것을 관철시켜 실행에 옮기려고 노력한다.

참모를 부하로 여기는 1인자들은 우리가 했다고 하지 않고, 자신이

했다고 한다. 잘못되면 자신의 탓이 아니라 부하 탓이 된다. 세상은 자신을 중심으로만 돌아간다고 강조한다. 무조건 따르라고 하지, 왜 따라야 하는지 설명하지 않는다. 그들은 참모와 책사를 희생하여 자신의 살길을 먼저 찾는다. 그들은 자신의 1인자적 권위에 의존할 뿐 진정성에 의존하지 않는다. 그들은 복종을 요구하면서 오히려 존경을 해치고, 존경을 통해 복종을 이끌어내지 못한다. 부하로는 만들지만 지지자를 만들지는 못한다. 덕보다는 힘으로 밀어붙이는 것이다.

그들은 자신의 약점을 숨기고, 그 약점을 드러내지 않으려 한다. 부하에게 자신의 약점을 드러내는 것을 수치스러워하며, 자신의 권위가 훼손될까 봐 염려한다. 자신의 약점을 드러내고, 그것을 보완하기 위해서 참모와 책사의 능력을 활용하지 않으니 발전이 없고 정체된다. 참모를 믿지 않으니 신뢰 관계 또한 형성되지 않는다. 그렇기 때문에 대화를 거부하고 소통하지 않으며, 권위를 쌓는 데 더 골몰한다. 자신과 의견을 달리하는 참모들은 내쫓는다. 아니면 그들을 겁주거나 굴복시킨다. 참모를 부하로 취급하는 1인자들은 2인자들에게 일을 시켜 성과를 이루어내기만을 바라고 무거운 짐을 준다. 소통과 대화가 없으니 2인자들은 1인자들이 원하는 것이 무엇인지 잘 모른다. 그들의 능력과는 관계없이 시행착오가 생긴다. 하지만 1인자들은 과정을 중시하지 않고 결과만을 챙긴다. 과정에서 생긴 부작용에 대한 책임은 지지 않는다. 부하들은 언제든지 대체가능하다고 여기기 때문이다. 파트너이자 동반자라는 생각을 하지 못하기 때문에 2인자들을 매우 하찮게 여긴다. 참모들 위에 군림하고 자신을 위협하는 참모와 책사들의 재능을 잘라버린다. 결국 토사구팽을 당하지 않기 위해서 2인자들이 먼저 그를 제거하게 된다.

2인자 리더십은 멘토링 리더십

2인자들은 다른 사람들의 말을 귀 기울여 잘 듣는다. 경청, 열린 귀가 그들의 기본 자세인 것이다. 그들은 상대방이 누구라 해도 존중할 줄 안다. 스스로를 낮추고 다른 이들을 섬기는 것이다. 2인자 리더십을 보이는 이들은 다른 사람들에게 권한을 주면서도 책임은 항상 자기가 진다. 성과에 대한 보상 역시 다른 사람들과 나누지만 맡은 일의 책임은 자신이 진다.

멘토링 리더십은 다른 사람들을 키우고 지원하는 데 매우 적극적이다. 다른 사람들의 장점을 살려서 좋은 행동과 사고를 촉진하고, 일의 결과나 목표를 이루는 데 관심을 기울인다. 다른 사람들을 존중하고 그들의 활력을 살리는 데 중점을 둔다. 자신이 최고가 아니기 때문에 자신보다 뛰어난 사람을 발굴하고 육성하면서 1인자를 키우려고 노력한다. 그것은 2인자 개인뿐만 아니라 조직 전체에 도움이 되는 것임을 알기 때문이다.

2인자 리더십 가운데 멘토링 리더십은 사람을 키우려는 열정이 매우 높은 사람들에게서 공통적으로 나타난다. 윌리엄 그레이 컬럼비아대 교수는 이렇게 말했다.

"멘토링은 조직에 혁신적으로 공헌한다. 멘토링은 다양성, 창조성, 아이디어, 열정, 독창성을 발휘할 수 있도록 힘을 불어넣어주고, 삶의 경험을 전수하여 훌륭한 멘티를 육성하는 과정이다."

멘토링은 멘토와 멘티가 합의된 목표를 두고 서로를 존중하며 일정 기간 동안 멘티의 잠재능력을 개발해 핵심인재로 육성하는 체계적인 활동이다. 멘토는 2인자 리더십을 발휘하는 사람이다. 멘토링의 핵심은 사람과 사람이 동등한 입장에서 서로 존중하는 것이다. 2인자는 수많은 1인자를 멘토하면서 자신의 강점과 약점을 다시 볼 수 있다. 멘티에게서도 여러 가지 장점을 배우며, 자신의 단점 또한 인정하고 극복할 수 있게 된다. 또한 다양한 문제 해결능력을 갖출 수 있다. 1인자가 2인자를 믿고 의지할 경우 2인자는 책임감과 자부심이 강해지고, 이는 재학습을 통한 자기계발을 촉구한다. 스스로 발전계획이나 학습계획을 촉진시켜 보다 실력 있는 2인자로 거듭나는 것이다. 가르침을 통해 자신의 지식도 깊어지는 것이다.

한 가지 주의할 점은 2인자 멘토는 1인자의 부정적인 점만 찾아서는 안 된다는 것이다. 그렇게 되면 멘토링 관계는 지속될 수 없다. 자신뿐만 아니라 1인자에게도 도움이 되지 않는다. 2인자 멘토형 리더십은 상호 긍정적인 점을 더 우선하고 존중하면서 잠재능력을 개발하기 위한 관계를 구축하는 것이다. 덧붙여 2인자 리더십은 팔로십과 연결된다. 팔로십이란 "남을 따르는 방법을 모르는 사람은 결코 훌륭한 지도자가 되지 못한다."는 아리스토텔레스의 말과 부합한다. 카네기멜론대학교의 로버트 켈리 교수는 이렇게 말했다.

"1인자를 만드는 것은 2인자들이다. 1인자가 하는 일이 20%라면 2인자들이 하는 일은 80%다."

빙산의 본 모습은 물 아래 있다. 리더가 빛을 발휘하기 위해서는 2인자들의 역할이 매우 중요하다. 소도 비빌 언덕이 있어야 한다. 의지할 곳이 없으면 성공하지 못한다.

마키아벨리는 『군주론』에서 "군주(리더)의 지적 능력을 알기 위해서는 우선 그 주변 인물들을 살펴볼 필요가 있다. 만약 그들이 유능하고 충성스럽다면 군주는 현명하다. 반면 그들이 평범하고 불충분하다면

군주를 낮게 평가해도 실수할 가능성이 거의 없다."라고 했다. 그들의
비빌 언덕을 보라. 비빌 언덕은 그냥 가만있는 것이 아니라 세상을 바
꾸기 때문이다.

제3장

2인자의 매혹

2인자 리더십은 실수와 잘못을 인정한다. 완벽한 1인자는 없음을 인정한다. 그렇기에 2인자는 다른 이들에게 도움을 청한다. 실수를 허용하는 문화, 그러나 그것을 덮어두거나 전가하는 것이 아니라 본인이 책임지는 문화를 만든다. 그런 문화는 조직을 활성화시킨다.

LEADERSHIP

LEADERSHIP

1인자보다 2인자가 더 매력적인 이유

■ 먼저 된 이가 나중 되고, 나중 된 이가 먼저 될 자가 많으니라. – 성경(마태복음 19:30)

장진 감독의 영화 「킬러들의 수다」에 나오는 네 명의 남자는 잔인한 킬러들임에도 불구하고 매력적이다. 이들이 매력적으로 다가오는 이유는 정확하고 깔끔한, 단지 솜씨 좋은 킬러이기 때문이 아니라 그들의 '허점'에 있다.

일반적으로 킬러들은 철저하고 빈틈이 없을 것이라고 여긴다. 그러나 「킬러들의 수다」에 등장하는 네 명의 남자는 솜씨는 좋은 듯하지만, 철저하고 빈틈없는 킬러들과는 거리가 멀다. 오히려 허점이 많은 사람들이다. 여기에서 허점이란 실력의 허점이 아니라 인간으로서 가지는 허점이다. 그들이 사람을 죽이는 건 사람들의 애절한 소원을 들어주기 위해서다. 그뿐이다. 그들은 모여 살면서 밥을 어떻게 해먹을 것인가를 걱정하는가 하면 국 맛이 없다고 투덜거린다. 아침부터 텔레비전을 보며 좋아하는 예쁜 아나운서에게 넋을 놓고 있기 일쑤다. 어처구니없는 사랑에 빠지기도 하고 표적 대상이 임신한 여인임을 알고 실행에 옮기기를 주저한다. 고민과 번민으로 티격태격한다. 제목에서 말해 주듯이 킬러들은 조근조근, 소곤소곤 일상의 수다를 통해 우리들 일상과 다를 바 없는 그들의 생활을 전해준다. 그래서 매력적이다. 아무리 살인을 밥 먹듯이 하는 이들이지만, 이러한 점들 때문에 오히려 더 친근감이 간다.

이럴 때 우리가 생각할 수 있는 것이 '스톡홀름 신드롬'이다. 1973년 스웨덴 스톡홀름의 한 은행에 네 명의 무장강도가 침입해 은행 직원들을 인질로 잡고 엿새 동안 경찰과 대치했다. 처음에는 인질들도 범인들을 두려워했다. 그러나 시간이 흐르면서 인질들은 범인들을 오히려 동정하게 되고 경찰을 향해서 총을 쏘게 된다. 어떻게 이것이 가능했을까? 이유는 인질들이 범인들의 인간적인 면들을 보았기 때문이다. 극악무도한 사람들이라고 생각했는데 자신들과 같은 사람이라는 것에 공감하면서 오히려 무리하게 총격을 가하고 작전을 펴는 경찰들에게 더 적대적이 된 것이다.

마찬가지로 「킬러들의 수다」에서 경찰이 네 명의 킬러들을 죽이거나 무리하게 잡아넣었다면 관객들은 오히려 경찰에게 분노를 터뜨렸을 것이다.

우리는 일상생활에서 전혀 예상하지 못한 점들을 발견하면 그것에 주목하게 되고 그것에 관심을 가지게 되면서 매력을 느끼게 된다. 아저씨라고만 생각했던 선생님이 10대들이 좋아하는 노래를 수학여행에서 부르면 환호가 터진다. 엄하게만 보이던 어머니가 젊은 시절에 찍은 사진을 보면서 소녀처럼 좋아하면 그것보다 웃음을 짓게 하는 일은 없다. 호랑이 할아버지가 전해주는 따뜻한 말 한마디가 누구의 말보다 호감을 일으키기도 한다. 일종의 기대 심리에 따른 반전 효과가 일어나는 것이다. 기대한 것과 전혀 반대의 현상이 일어날 때 사람들은 호감을 갖는다.

드라마 「파리의 연인」에 등장하는 한기주(박신양 분)도 이런 인물이다. 극중의 그는 재벌 2세이며 엘리트에다 감정 절제를 잘한다. 경영전략을 세우는 면에서도 탁월하다. 그러나 그는 무엇 하나 가진 것 없고 보기에 따라서는 푼수같이 털털한 강태영(김정은 분)을 좋아한다. 여기에 "애기야, 가자."라는 한기주의 캐릭터에는 어울리지 않지만 드라마의 주시청자들에게 익숙한 말을 사용한다. 어떻게 보면 촌스러우면서도 구닥다리 같은 말이 매력적으로 느껴진다. 이런 대사로 인해 강하게만 보이던 재벌 2세 한기주는 시청자들에게 인간적인 고민과 감정을 지닌 존재, 어떻게 보면 강제되고 규율화한 시스템에서 울음을 억지로 참고 있는 존재처럼 보인다. 어떤 면에서는 희생양으로 보이기도 한다. 그래서 처음의 예상과는 다르게 한기주에 대한 호감도는 더 늘어난다. 이 때문에 신분의 벽은 부차적인 게 된다. 여주인공 강태영이 한기주의 그러한 '허점'을 알고 그 점에 살갑게 접근할수록 시청자들은 동일한 연민을 느낀다.

결국 강한 자나 약한 자나 같은 공감과 인식을 가지고 있다는 사실이 갈등과 문제를 해결할 실마리를 주는지도 모른다. 완벽함, 빈틈없음 뒤에 감추어져 있는 허점, 그 매력을 찾을수록 칡넝쿨 같은 세상일이 좀 더 쉬워질지도 모른다. 문제를 떠나 먼저 서로를 이해하고 친근해질 테니까 말이다. 그러나 한 가지 잊지 말아야 할 일이 있다. 킬러는 킬러고 인질범은 인질범이며 재벌 2세는 재벌 2세라는 점이다.

완벽한 리더는 인간적인 약점을 가진 사람보다 매력적이지 않다. 왜

냐하면 완벽한 리더가 되기란 불가능하기 때문이다. 또한 완벽의 추구
는 인간적인 매력을 떨어뜨리게 만든다.

아서왕은 자신의 약점을 보여주어 사람들의 관심과 배려를 끌어냈
다. 하지만 완벽한 1등을 추구하는 리더들은 위대한 이미지에 집착한
다. 자만심은 자신의 능력을 과대평가하게 만든다. 지나친 자기 확신
은 자신에 대한 연민만을 키울 뿐이다. 그럴수록 조직의 구성원들과는
괴리감이 생기고 결국에는 자기 자신의 존재 기반을 파괴하고 만다.
홀로 남게 된 리더는 결국 힘없이 쓰러진다.

2인자 리더십은 실수와 잘못을 인정한다. 완벽한 1인자는 없음을 인
정한다. 그렇기에 2인자는 다른 이들에게 도움을 청한다. 실수를 허용
하는 문화, 그러나 그것을 덮어두거나 전가하는 것이 아니라 본인이
책임지는 문화를 만든다. 그런 문화는 조직을 활성화시킨다. 친밀도도
높아지고 커뮤니케이션도 원활하다. 사람은 누구나 자신이 다른 이들
에게 도움을 줄 때 성취욕과 자아 존중감을 갖게 된다. 물론 1인자에
게 도움을 준다고 확신하면 이러한 심리적 만족감은 더욱 커질 것이다.

1인자는 사냥당하기 쉬운 호랑이?

■ 성공은 많은 사람들을 파멸시켜왔다. – 벤저민 프랭클린

다섯 개의 송곳 중에 가장 뾰족한 것이 반드시 먼저 꺾일 것이다. 다섯 자루의 칼 중에 가장 날카로운 것이 반드시 먼저 무디어질 것이다. 물맛이 좋은 샘이 먼저 마르고, 보기 좋은 나무가 먼저 잘리고, 신령스러운 거북이 먼저 불에 태워지며, 신령스러운 뱀이 먼저 햇볕에 말려진다. 이는 묵자(墨子) 가운데 '친사제일(親士第一)'의 내용이다. 비난은 번개와 같아 항상 높은 곳을 때린다. 1인자일수록 맨 앞에서 뭇매를 맞는다. 2인자는 벼락을 맞을 가능성이 더 적다. 청나라 말기의 정치가이자 학자이며 태평천국운동을 진압하고, 근대화 운동인 양무운동을 추진한 증국번(曾國藩 · 1811~1872)은 이렇게 말했다.

"높은 자리에서 큰 권력을 쥐고 있는 사람은 큰 이름과 함께 행복을 누리는 것 같지만 끝이 좋았던 사람이 몇 사람이나 있었는가?"

높은 지위에 있는 1인자들은 화려해보이지만 공격을 당하기 쉽고, 목숨을 잃기 쉽다. 목숨을 잃기 전이라 해도 자신이 갖고 있는 여러 가지 사소한 갈등과 문제들로 인해 세상의 화살을 맞기 쉽다.

한 가지 우화를 더 보자. 원숭이 사회의 1인자와 2인자의 역할을 비교하는 이야기다. 기업과 조직은 나뭇가지마다 원숭이들이 줄지어 앉아 있는 나무와 같다. 위로 오르려는 원숭이가 있는가 하면 위에서 아래를 내려다보는 원숭이도 있다. 위에 있는 원숭이가 아래를 보면 해시시 웃는 얼굴만 보인다. 하지만 아래에서 위를 보면 위에 앉은 원숭이들의 엉덩이만 보인다. 따라서 아래에 있는 원숭이가 위로 올라가려면 얼굴로 위쪽 원숭이들의 엉덩이를 비집고 올라가야 한다. 맨 위의 원숭이는 다른 원숭이의 엉덩이를 비빌 필요는 없다. 하지만 언젠가는 그 위치를 차지할 원숭이에게 엉덩이를 차이고 나가떨어질 것이다. 물론 그 위치를 차지한 원숭이도 곧 엉덩이를 차일 운명이다. 세상은 1인자를 칭송하고 선호하는 것처럼 보이지만 그것은 순간일 뿐이다. 기쁨도 잠시 찰나적 홀림은 영원한 고통을 안겨주기 쉽다.

한편으로 '모난 돌이 정 맞는다.' 는 말은 1인자라는 위치와 1인자의 심리가 자초하는 결과인 경우가 많다. 낭중지추(囊中之錐), 뛰어난 1인자는 주머니 속의 송곳처럼 쉽게 드러날 수 있을지 모르지만 지나치면 결국 자신조차 보존할 수 없다. 능력이 뛰어나건 그렇지 않건 간에 리더의 자리에 올라가면 무엇을 보여주어야 한다. 좀 더 특출난 업적을 성취하려고 하면 모난 돌이자 주머니속의 송곳이 된다. 모난 돌이 정을 맞은 것처럼 수많은 리더들이 자신을 드러내 보였다가 사라졌다. 루스벨트는 백악관에서 이런 말을 했다.

"난 그가 75% 정도 옳다면 최고의 경지에 오른 것으로 여긴다."

아무리 훌륭한 사람이라도 100% 다 훌륭할 수는 없다. 일본의 한 학자는 아들에게 "네가 다른 사람보다 현명하기를 원한다면, 절대 네가 그들보다 똑똑하다는 사실을 알려서는 안 된다."고 당부했다.

젊은 시절에는 내가 남보다 똑똑하다는 것을 드러내고 싶어 안달한다. 자기가 남보다 더 머리가 좋고 아는 게 많다고 자랑하며, 반대로 다른 사람들은 자기보다 머리가 나쁘고 생각이 없으며 무지하다고 은근히 비하한다. 그럴수록 화살이 자기에게 돌아옴을 뒤늦게나마 깨달으면 다행이다.

어떤 분야의 권위자나 전문가도 스스로를 낮추고 겸손할 때 진정한 가치를 인정받는다. 나만 뛰어나고 완벽하다고 주장할 것이 아니라 자신의 일을 묵묵히 할 때 의미가 있다. 과학자 스티븐슨은 북극권 일대에서 11년 동안 살면서 연구에 몰두했다. 6년 동안은 물과 고기 외에 다른 음식을 먹지 못했다. 그는 계속 '어떤 실험을 하는 중'이라고만 밝혔다. 어느 날 그를 방문한 사람이 '무엇을 증명하기 위한 실험이냐?'고 물었다. 그러자 스티븐슨은 과학자는 뭔가를 증명할 수 없으며 단지 사실을 탐구할 뿐이라고 대답했다.

과학자는 전문가이므로 최고라고 생각하는 경향이 있지만 사실 과학자만큼 불완전한 존재도 없다. 과학자들의 학설과 연구결과는 곧잘 뒤집어지곤 한다. 뉴턴의 과학은 아인슈타인의 과학으로 무너졌다. 아인슈타인의 상대성이론과 양자역학은 종래의 시간과 공간 개념을 완전히 바꾸어놓았다. 아인슈타인은 뉴턴의 이론과는 달리 시공간이 고정불변이 아니라 변한다고 주장했고, 이것은 옳았다. 이처럼 과학에도 절대적 1위는 없다.

소크라테스는 "어떤 사실을 안다는 것은 곧 아무것도 모르는 것"이라고 했다. 허버트 사이먼이나 하이에크의 주장대로 인간이 아무리 뛰어나더라도 결국 제한된 합리성을 가지고 있다는 사실을 인식하지 못하는 경우가 많다. 사이먼과 하이에크는 그 점을 밝혀냈기에 노벨상을 받았다. 제한된 합리성을 가졌음에도 우월한 의식에 빠진 1인자는 자신의 능력과 지식으로 다른 사람들 위에 서려고 한다. 그 순간 1인자는 다른 사람들에게 껄끄러운 존재가 된다. 그리고 다른 사람들의 존재감을 위협하는 존재가 되고 만다.

동물들은 호랑이를 보면 무서워하거나 도망친다. 인간들만 호랑이를 두려워하지 않고 되려 칼과 총으로 호랑이를 잡으려고 한다. 그것도 호랑이 고기를 먹으려는 것이 아니라 호랑이 가죽을 가지려는 것이다. 여기에서 호랑이 가죽이 의미하는 바를 생각해 볼 필요가 있다. 1인자가 권위를 세울수록 그 권위를 딛고 올라서려는 자들을 양산한다. 권위는 호랑이다. 가죽이 좋은 것이라 평가될수록 그것을 취해서 자기 것으로 만들려고 한다. 결국 1인자는 호랑이고, 희생자가 된다.

프랭클린은 자신의 삶을 회고하면서 다음과 같은 말을 남겼다.

"나는 강의도 잘 못 하고 말재간도 없으며 글도 잘 못 쓰지만, 내가 진술한 견해의 대부분이 많은 사람들의 찬성을 받은 것은 온화한 대화법 때문이다. 나의 의견만을 고집하지 않고 '당연히, 의심할 여지없이' 같은 확정적인 말 대신 '추측하자면, 예측해 보면, 생각에 따르면'이라는 말로 바꾸었다. 나의 의견만을 고집하지 않았기에 대화는 활기를 띠었고 사람들하고의 관계는 돈독해졌다. 내가 남을 인정할수록 사람들은 나를 신뢰했고 결국 내 의견을 받아들이게 되었다."

자신이 최고이며 완벽한 견해를 지닌 존재라는 생각을 버리는 순간 상대방을 인정할 수 있으며, 이는 대화법에 그대로 드러나게 된다. 단순히 상대방을 인정하거나 상대방의 의견을 반영하는 수준이 아니라 자신이 1인자라는 생각에서 멀어질수록 온화한 대화가 이루어진다. 이렇게 되면 자연스럽게 신뢰가 생겨서 강요하지 않아도 사람들이 자신의 견해를 인정하고 사람들 사이에서 1인자가 된다. 노자는 다음과 같이 말했다.

"不自見故明 不自是故彰(불자견고명 불자시고창), 不自伐故有功 不自矜故長(불자벌고유공, 불자긍고장)"

스스로 드러내지 아니하니 밝고, 스스로 옳다 하지 않으니 빛난다. 스스로 드러내지 아니하니 공이 있고, 스스로 자만하지 아니하니 으뜸이 된다."

세계적인 지휘자 레너드 번스타인은 기자 간담회에서 오케스트라의 수많은 악기 중에 가장 지휘하기 힘든 악기가 무엇인가라는 질문을 받았다.

"저는 세컨드 바이올린 연주자를 지휘하기가 가장 어렵습니다. 퍼스트 바이올린을 잘 연주하는 사람은 많습니다. 하지만 퍼스트 바이올린과 같은 열정과 관심을 가지고 세컨드 바이올린을 연주하는 사람은 드물어요. 세컨드 바이올린은 퍼스트 바이올린의 음에 화음을 입히는 역할을 하죠. 만약 아무도 세컨드 연주자가 되기를 원하지 않는다면 제 아무리 훌륭한 작곡가나 지휘자라고 해도 아름다운 음악을 만들어내지 못할 것입니다."

다른 이들이 하지 않으려 할수록 그의 역할은 더욱 중요하고 빛난다. 하지만 그가 우월해진 자신을 인식한 순간 그는 더 이상 2인자가 아니라 1인자다. 세컨드 바이올린 또한 2인자에 충실할 때 1인자다. 세컨드 바이올린이 그 나름의 위치에서 충실하지 않고 퍼스트 바이올린을 하려는 순간 그 즉시 그는 1인자가 아니게 된다.

많은 약자들의 지지를 받으며 성공한 사람들은 자칫 우월주의, 그중에서도 특히 도덕적 우월주의에 빠지는 경향이 있다. 이러한 경향은 독선주의와 다름없다. 그러나 2인자는 자신이 전적으로 우월하다고 여기지 않으며, 도덕적 우월주의에도 빠지지 않는다. 겸손하게 숙고할 뿐이다. 도덕적 우월주의를 강조하는 1인자는 현실을 인정하지 않고 고매한 도덕 원칙, 근본적인 원리를 강조하는 경향이 있다. 그럴 경우 그는 현실을 인정하지도 않고 제대로 직시하지도 못한다. 현실적인 여건을 외면하니 지지자들이 없거나 있어도 떠나간다. 그래서 결국 실패하게 되고, 사냥당하기 쉬운 존재가 되고 만다.

부족함으로
1인자가 되는 2인자

■ 승리에 우연이란 없다. 천 일의 연습을 '단'이라 하고 만 일의 연습을 '련'이라 한다. 이 단련이
있고서야 승리를 기대할 수 있는 것이다. **- 최배달(최영의)**

약간 부족한 것이 행복을 만든다. 모든 것을 손에 넣으면 희망이 없어져 버린다. 고대 그리스를 이끌던 일곱 명의 현인 가운데 한 명이었던 피타쿠스는 완성보다 미완이 더욱 소중하다는 것을 알았기 때문에 전체보다 절반이 위대하다고 했다. 모든 목표가 달성되면 나태와 두려움의 시간이 시작된다. 그것은 행복의 최대 적이다. 2인자는 희망을 갖고 끊임없이 전진한다. 약간의 충족되지 않은 무엇인가가 있기 때문이다. 다른 말로 하면 동경을 품을 대상이 있을수록 앞으로 나아갈 수 있다. 약간의 부족을 채워갈 때 1인자보다 더 실력 있는 사람이 된다.

남명 조식(曹植, 1501~1572)은 시와 문장이 훌륭해 후대에 많은 영향을 미쳤다. 그럼에도 그는 자기가 최고라는 생각은 한 번도 하지 않았다. 조식은 자기 글을 평해주는 사람을 고마워했으며, 한 글자만 고쳐주어

도 선생이라는 호칭을 붙였다. 항상 자신이 부족하다고 느꼈으며 남들에게 배우기를 좋아했다. 끊임없이 책을 읽었을 뿐만 아니라 하나라도 더 배우려고 주변 사람들을 열심히 찾아다녔다. 항간에 떠도는 이야기는 물론 군영에서 부르는 노래, 필부들의 생각에도 귀를 기울였다. 만약 조식이 이러한 자세를 갖지 않았다면 문학적으로 성공하지 못했을 것이다. 스스로 최고라고 자만하는 사람에게 발전적인 미래가 있을 수는 없다.

2인자는 완벽한 1등이 아니라 약간 부족한 사람이다. 스스로를 부족하다고 느낄 때 다른 사람들을 인정하게 된다. 사람들과 좋은 관계를 유지하려면 자신이 정상에 있는 사람이라는 생각을 버려야 한다. 리더는 구성원들과 조직 안의 공통 과제를 해결해야 한다. 이때 자기 능력이 뛰어나다고 해서 문제를 혼자 해결하려고 해서는 안 된다. 반드시 다른 이들의 도움이 필요하며, 모르는 것은 모른다고 해야 한다. 도와달라고 구성원들에게 손을 내밀어야 한다. 도와달라는 리더의 요청이 오히려 구성원들을 즐겁게 만든다. 왜냐하면 그로 인해 자신들의 존재 가치를 느끼게 되기 때문이다. 뛰어난 1인자 리더십의 이미지는 사람들에게 가까이하기 힘든 존재, 고독한 존재, 강력한 존재로만 느껴지기 쉽다. 그래서 다른 사람의 도움이 절실히 필요할 때조차도 구성원들은 1인자에게 도움이 필요치 않을 것으로 여긴다.

상대적으로 2인자는 자신의 약점을 쉽게 인정하기 때문에 다른 사람들에게도 편하게 도움을 청할 수 있다. 공동의 문제를 해결하는 데 오히려 스스럼이 없을 수 있다. 사람들과 더 친밀해지고 인간적 관계를 유지할 수 있다. 2인자는 고독하고 강력한 존재로만 느껴지지 않는다. 언제나 사람들 사이에 있는 사람이다.

결함은 부끄러운 것이 아니다. 2인자는 자신의 약점과 결함을 극복하기 위해 다른 사람들과 도움을 주고받는다. 그 협력의 대상이 여러 명일수록 그 결실은 더 알찰 것이다. 인간이 언제나 창조적일 수 있었던 것은 바로 수많은 결함을 지니고 있었기 때문이다. 그러므로 리더가 스스로 2인자의 심리를 갖는다면, 혹은 그러한 위치에 있으려고 한다면 꿈을 이룰 수 있다. 집단적인 지혜를 동원하여 조직을 승리로 이끌 수 있다. 개인이 아니라 조직 구성원 전체와 결속될 때 성공의 열쇠를 찾기란 더 쉽다.

1인자의 슈퍼맨 리더십, 2인자의 배트맨 리더십

'영웅 리더십'은 혼자만 존재한다. 1인자 리더십은 영웅 리더십에 가깝다. 이제 승자는 혼자만이 아니다. '상생 리더십'은 '2인자 리더십'과 연결된다. 영웅 리더십은 슈퍼맨을 지향한다. 슈퍼맨은 외계인이다. '상생 리더십'은 '배트맨 리더십'이다. 배트맨은 인간이다. 현실적으로 인간은 슈퍼맨이 될 수 없는 불완전한 존재다. 반면 배트맨은 인간이다.

슈퍼맨처럼 등장한 수많은 CEO들은 한순간에 역사의 저편으로 사라져갔다. 마가레테 비어세 캘리포니아대 교수가 1997년 1998년까지 1년간 500대 기업을 연구했는데, 연구를 마치기도 전에 이미 83개 기업의 CEO가 사퇴했다. 이들 중 71%는 강제로 해고당하거나 조기 사퇴했다. 기업들은 다시 유명한 CEO, 즉 영웅으로 대접받는 경영자들을 영입했다. 이들은 과연 어떤 결과를 보여주었을까? 2002년 12월

《하버드 비즈니스 리뷰》에 실린 마가레테 비어세 교수의 글에서는 교체 이후 뚜렷한 영업이익이나 주가 상승을 보여주지 못했다고 한다. 오히려 그들은 의욕에 차서 일만 벌리고 구성원들에게 부담만 주었다. 그들은 영웅이었고 그것에 부응해서 활동했지만, 결과는 만족스럽지 않았다. 영웅 리더십은 리더에게는 과중한 부담을 주고, 리더의 휘하에 있는 이들에게는 업무 마비를 일으킨다.

우임금은 선권에게 가르침을 청하며 제왕의 위엄과 신분을 버렸다. 자신의 덕행과 지혜가 선권만 못하다는 것을 알았기 때문에 존경의 예를 다했다. 머리를 감다가도, 심지어 식사를 하다가도 수저를 놓고 마중을 나왔다. 지위고하를 막론했기 때문에 비판적인 이야기까지 편히 할 수 있었다. 문왕의 아들이며, 무왕의 동생인 주공 단은 빈민굴을 다니면서 만난 현자가 70여 명에 이르렀다. 그가 그렇게 한 이유는 어린 조카인 성왕을 보위하기 위해서였다. 자산이 정나라 재상이었을 때 호구자림이라는 명사를 찾아갔다. 호구자림은 자신의 제자를 나이에 따라 순서대로 앉혔기 때문에 자산은 재상이라는 존귀한 신분에 걸맞지 않게 한쪽 귀퉁이에 앉았다. 그러나 자산은 이를 불쾌하게 여기지 않았다. 구석에 앉아서 대화를 나누었으며, 그 뒤 18년 동안 정나라를 다스리면서 혁혁한 공을 세웠다. 그들은 혼자 뛰어난 슈퍼맨이 아니라 언제 다른 이들과 같이 문제를 해결하려 했던 배트맨이었다.

1인자 리더십을 자임하는 군주는 나라를 패망의 길로 이끈다. 유아독존의 태도를 갖고 스스로 가장 현명하다고 여기기에 다른 사람들을 경시한다. 현자들의 이야기도 귀담아듣지 않는다. 그 앞에서는 아무도 하고 싶은 말을 하지 못한다. 결국 그는 아무런 도움을 받을 수 없게 된다.

자신이 1인자라고 여기면 순간은 편안할지 몰라도 자신의 가능성을 땅에 묻어버리는 것이 되고, 자신이 경쟁해야 할 이들도 보지 못하게 된다. 안철수의 말대로 당장에는 편안해보이지만 결국에는 불편한 일이 곧 닥치게 된다. 공부를 하다 보면 똑똑한 사람들이 세상에 얼마나 많은지, 그들이 얼마나 열심히 하는지 알게 되고, 또 세상이 얼마나 빨리 변하는지도 알게 된다. 공부를 통해 스스로가 부족하다는 것을 느끼게 되고, 이것이 자극이 되어 부단히 노력한다면 결국 스스로를 성장시키고 발전시키는 결과를 낳는다. '세상에는 똑똑한 사람이 너무 많고 노력하는 사람들도 많다.' 라고 인정할 수 있다면 아무리 성공해도 마음만은 항상 2인자의 자리에 머물러 있다. 2인자는 2인자라는 인식이 있기 때문에 항상 노력한다. 1인자라고 생각하는 이들은 2인자보다는 노력을 덜한다. 안철수는 자신은 머리가 나쁘기 때문에 다른 사람보다 두 배는 노력했다고 겸손하게 말했다. 자기가 성공했다고, 최고가 되었다고 생각하고 자신의 단점보다 다른 사람의 단점이 더 크게 보이기 시작할 때가 내리막길의 시작이라 보면 된다.

이렇듯 다른 사람보다 자신의 단점을 파악하고 인정하며, 그것을 보완하고 극복하기 위해 노력하는 것이 2인자의 본성이다. 이 세상에 계속되는 즐거움이 없는 것처럼 계속되는 슬픔도 없다. 늘 부족한 상태로 있는 것은 없으며, 가득 찬 것도 언젠가는 비워지게 마련이다. 부족한 점은 언제든 채워질 것이며, 고난의 시간은 수확의 시간으로 다가올 것이다. 채워지지 않음이 영원한 만족이며, 부족함이 충만함이다. 다만 2인자는 꾸준히 지속적으로 앞으로 갈 뿐이다.

실패와 한계를 성공으로 이끄는 2인자

■ 천재와 바보 사이에 차이점이 있다면 천재는 그 자신의 한계를 안다는 것이다. 일단 우리가 우리의 한계를 인정한다면 우리는 한계를 뛰어넘을 수 있다. **— 아인슈타인**

어느 분야에서든 이미 선두주자는 있다. 이때 후발주자는 어떻게 해야 할까? 선두주자와 직접 맞부딪혀 싸워야 할까? 가장 좋은 전략은 자신이 2위라는 점을 십분 발휘하는 것이다. 정치인들이 선거전에 돌입했을 때를 그 예로 보자. 아무리 상대 후보가 대세론을 이어간다 해도 그 정치인을 비방하거나 깎아내려서는 유권자의 지지가 자신에게 오지 않는다. 오히려 그나마 있던 좋은 이미지마저 나빠져 지지도가 더 떨어진다. 이때는 자기 인식에 집중할 필요가 있다. 비록 2위지만 어떠한 장점이 있는지 부각시키고, 자신의 특화된 영역을 강조하는 것이 낫다. 예컨대 펩시코는 자신의 한계와 실패를 인정하고 자신이 잘할 수 있는 영역을 기반으로 다시 시작해 코카콜라사를 따라잡았다. 비록 2등이지만 당당하게 자신의 길을 밝히는 게 필요하다. 더구나 정직하고 성실하게 꿈을 이루려는 사람들에게 한국인들은 동정적이고 긍정적이다. 진솔하게 자신을 밝히고, 장점을 표현하는 것이 진정성을 보여준다. 비록 능력이 부족해도 속이지 않고, 다른 이들을 위해 더욱 애쓰겠다고 하는 사람들에게 더 많은 지지를 보내주는 것이다. 무엇보다 필요한 것은 철저한 자기 인식이다. 자기 인식은 자기의 능력이나 한계뿐만 아니라 자기가 처한 환경이나 조건에 대한 객관적 분석도 해당된다. 자신이 왜 지금의 상태에 있는지조차 파악하지 못하다가 실패의 나락으로 떨어지는 경우도 많다. 제나라 민왕은 망명 생활을 하는데도, 자신이 왜 망명 생활을 하는지 그 이유를 몰랐다. 하루는 민왕이 공옥단에게 그 이유를 물었다. 공옥단이 놀라며 말했다.

"신은 주군이 그 이유를 알고 계신 줄 알았습니다. 주군이 망명 생활을 하시는 이유는 너무나 현명하시기 때문입니다. 너무나 뛰어나기 때문에 능력 없는 왕들이 결탁하여 주군을 공격했던 것입니다. 그것이 주군이 망명하게 된 이유입니다."

민왕은 이 말을 듣고 이렇게 한탄했다.

"뛰어난 군주는 늘 이런 고통을 받는구나."

뛰어난 군주는 항상 공격에 노출되어 있다. 민왕이 망명을 하게 된 이유가 바로 이것이다. 그는 원인도 모른 채 망명 생활을 하다가 곧 암살당했다. 결과적으로 그는 진정으로 뛰어난 군주는 아니었다. 자신의 한계와 장점을 모르고 있었기 때문이다.

자열자가 화살로 과녁을 명중시키고는 관윤자에게 자랑했다. 그러자 관윤자가 자열자에게 과녁을 명중시킬 수 있었던 이유를 아느냐고 물었다. 자열자는 모른다고 했다. 관윤자가 말하길 그 이유를 모른다면 과녁을 명중시킨 게 아니라고 했다. 그 후 자열자는 3년 동안 활쏘기를 반복한 뒤에야 드디어 깨달음을 얻었다.

"활을 쏠 때 마음을 평온히 하고 몸을 단정하게 한 뒤에야 비로소 목표를 맞출 수 있다는 것을 깨달았습니다."

위대한 이들이 보통 사람들보다 뛰어날 수 있었던 것은 바로 원인을 자세히 살피고 이해해서 자기 것으로 만들었기 때문이다. 2인자가 위대하게 되는 이유도 마찬가지다. 나아가 성공과 실패를 면밀하게 살피는 기회를 1인자의 사례에서 더 얻을 수 있다. 우리가 주의해서 보아야 할 것은 실패만이 아니라 성공에 따른 실패의 가능성이다. 1인자는 자신의 성공에 취해 실패를 불러일으키고 만다. 이는 관성(inertia) 또는 경로의존성(Path-Dependency)으로 설명할 수도 있다. 사람은 자신의 성공 이력으로 모든 판단 기준을 통합시키는 경향도 보인다. 흔히 '실패'가 사람의 발목을 잡는다는 말을 하지만 '성공' 또한 사람의 발목을 잡는다. '성공'이란 그동안 잘해왔다는 것을 의미하고, 그동안 치열하게 살아왔다는 것을 말해줄 수는 있지만, 그것이 앞으로도 잘할 수 있을 것이라고 보장하는 것은 아니다. 1인자들은 자신이 성공한 방식을 전적으로 믿는 경향이 있다. 하지만 성공에 대한 이러한 맹신은 다변하는 현실의 상황을 간과하게 만들 가능성이 많다. 승리하면 조금 배울 수 있고, 패배하면 모든 것을 배울 수 있다. 실패에서 얻는 바가 많다는 점을 강조한 말이다. 1인자가 승리하면 2인자는 그것에서 조금 배울 수 있지만, 1인자의 실패에서는 얻는 바가 크다.

1인자의 성공과 실패는 2인자들에게는 반면교사가 되어 진로와 방향성을 잡는 데 중요한 역할을 한다. 이것에는 두 가지 유형이 있다. 하나는 직접적인 경쟁관계의 1인자와 직접 관계는 없지만 1인자가 놓치고 있던 부분을 인식하고 이에 집중하여 성공한 이들이다.

구글은 검색 시장의 절대 강자인 야후를 어떻게 꺾을 수 있었을까? 그것은 바로 야후가 이용자들이 느끼는 문제점에 대해서 정확하게 파악하지 못하고 있다는 사실을 구글이 간파했기 때문이다. 사람들이 인터넷 검색에서 느끼던 문제점, 즉 결핍은 무엇이었을까? 쓸데없는 검색에 시간을 빼앗기고 있다는 것이다. 소비자 불만이 여기에 있는데도 야후는 이 점을 간과하고 업계 1위라는 점에 만족하고 있었다. 구글은 이용자의 결핍을 정확하게 포착하고 해결했기 때문에 야후를 제치고 검색시장을 석권할 수 있었다.

지금은 네이버가 포털업계의 1위지만 초기 야후와 다음이 1위 다툼을 벌이던 때가 있었다. 1위였던 야후는 페이지뷰를 중요하게 여겼다. "우리 사이트는 방문자가 제일 많다. 페이지뷰를 보면 알 수 있지 않는가." 그러나 다음은 회원을 강조했다. "회원이 더 중요하다. 회원이 토대가 되어야 사이트에 애착을 가질 것이고, 그것이 지름길이 되어 충성 고객이 증가할 것이다."라고 맞섰다.

결과는 다음이 야후를 넘어 국내에서 1위에 올랐다. 수세식 변기, 게스 청바지, 폴라로이드 카메라, 토즈 등도 기존 1위 제품의 결핍을 해결해 성공한 사례다. 몇 가지 사례만 간단하게 살펴보도록 하겠다.

미샤는 저가 화장품 개척자로 부동의 1위를 자랑했다. 하지만 더페이스샵은 자연주의와 고급화를 통해 미샤의 아성을 무너뜨렸다. 창립 2년 만인 2005년, 더페이스샵은 매출 1501억 원으로 단번에 국내 화장품업계 3위에 올랐고, 2007년에는 매출 2000억 원을 달성했다. 더구나 더페이스샵은 지하철역 점포를 중심으로 영업망을 확장했다. 지하철역 점포는 재임대되므로 대형화장품 업체나 미샤 같은 코스닥 등록 업체는 쉽게 접근할 수 없는 전략이었다.

닌텐도의 전략은 거꾸로였다. 소니는 첨단 기술력을 바탕으로 게임 사업을 펼쳤지만, 닌텐도는 자기들이 가진 기술력으로는 소니를 이길 수 없다는 점을 알았다. 그래서 기술력으로 이길 수 없을 바에야 차라리 저가 대중화 전략으로 대응하자고 방향을 선회했다. 그래서 소니가 플레이스테이션3(PS3)를 출시해 마니아층을 겨냥할 때 닌텐도는 단순한 게임과 저가형 게임기인 '닌텐도DS'를 판매했다. 결과는 닌텐도 DS가 소니의 PS3를 크게 앞질렀다는 것이다. 소니의 PS3는 닌텐도 DS의 3분의 1에 해당하는 판매고를 올렸을 뿐이다. 닌텐도는 2005년 시가총액이 2조엔 정도였는데, 이는 소니의 3분의 1에서 절반 수준에 불과한 것이었다. 2007년 6월 들어 주식시가총액 기준으로 닌텐도는 소니를 앞질러 10월 말에는 소니의 2배에 다다랐다. 만약 닌텐도가 소니의 기술력을 갖고자 부단하게 노력했다면 실패할 수밖에 없었을 것이다.

고 이병철 삼성그룹 회장이 뜻대로 달성하지 못한 세 가지가 있다. 골프와 자식 농사와 조미료 미원이었다. 삼성은 미풍을 개발해 미원을 앞지르려고 부단히 노력했다. 고 이병철 회장이 미원을 이기기 위해 들인 노력은 가히 상상을 초월한다는 후일담이 전해진다. 그러나 이미 시장을 점유하고 있던 미원에 비해 뒤늦게 시작한 미풍은 소비자들에게 짝퉁이라는 느낌을 주었다. 둘 다 화학조미료였지만 미풍은 소비자의 인식에서 이미 미원을 대적할 수 없었다. 그러나 미원의 약점 역시 화학조미료라는 점이었다. 그래서 삼성은 천연조미료를 개발했다. 다시다를 필두로 삼성이 개발한 천연조미료는 시장에서 대성공을 거두었고, 이에 미원도 청정원이라는 이름으로 개명하기에 이르렀다.

　100년 동안이나 코카콜라의 뒤를 쫓던 펩시콜라가 마침내 코카콜라를 제쳤다. 2004년에는 매출(292억 달러>219억 달러)로 앞서고, 2006년에는 순익(56억 달러>50억달러)에서 앞섰다. 펩시코 전 CEO 스티븐 레인먼드는 이렇게 말했다.

　"너무나 강력한 경쟁자의 존재가 우리를 강하게 만들었다."

　강력한 1위 코카콜라가 만년 2위인 펩시를 강하게 만든 것이다. 펩시는 영원한 1위인 코카콜라가 있었기 때문에 2인자의 위치에서 역량을 강화해 부단히 노력한 결과 내실을 다질 수 있었다. 1인자 코카콜라가 콜라 등의 탄산음료에 치중하고 있을 때 펩시는 스낵, 과일주스, 생수, 이온 음료 등을 생산하는 종합식품회사로 세계적인 브랜드 네이밍을 확보할 수 있었다. 1인자는 자신의 것을 지키려고 노력하지만 2인자는 1인자를 넘기 위해 다양한 방법을 모색하는 가운데 기존의 1인자보다 더 깊고 튼튼한 기반을 구축하게 된다.

　기업들은 1인자 기업들을 끊임없이 벤치마킹한다. 그러나 같은 기업만 벤치마킹하는 것은 타당하지 않을 수 있다. 구텐베르크는 올리브 기름을 짜는 기계를 보고 인쇄기를 만들었다. 수입 자동차 판매회사인 SK 네트웍스는 가전제품 유통업체 하이마트를 벤치마킹해서 성공했다. 자동차 회사가 벤치마킹해야 할 것은 자동차 회사가 아니라, 놀이공원, 테마파크, 대형할인점, 백화점, 패스트푸드점이 더 나을 수 있다. 1위의 장점만을 취한다면 차별성이 없어지기 때문이다. 더페이스샵에 화장품을 납품하던 업체 라팔레트는 더페이스샵처럼 저렴한 가격에 고품격 이미지를 내세워 실패했다. 자신만의 차별성과 개성이 없었기 때문에 소비자들은 이미 선점한 더페이스샵을 선호했다. 만약 2위 자동차 회사가 1위 자동차 회사의 장점만을 취한다면 그 장점을 취하는 사이 1위 기업은 다시금 저 멀리 달아나 버린다. 다음다이렉트 보험은 업계 최초로 '30분 출동' 서비스를 선보여 성공했다. 이 서비스는 자동차 보험자가 사고 발생 사고를 접수하고, 30분 안에 보험사 직원이 현장에 출동하지 않으면 지연된 시간만큼 상품권을 지급하겠다는 내용을 담고 있었다. 이는 대형할인점의 '최저가격 보장제'나 '피자헛의 30분내 배달시스템'을 벤치마킹한 것이었다.

무엇보다 2인자는 수많은 실패를 경험한다. 2인자이기 때문에 가능한 일이다. 그러나 2인자이기 때문에 다양한 실험을 할 수 있다. 다양한 실험은 한 분야에서만이 아니다. 2인자는 1인자보다 더 다양한 것들을 접합시킬 수 있다. 위험에 대한 리스크가 1인자보다 적기 때문이다. 이미 1인자는 자신의 길에서 돌이킬 수 없는 지경에 이르는 경우가 많다. 물론 다양한 실험은 그에 따른 실패를 낳을 것이다. 그것은 탐색비용이다. 이러한 실패의 경험을 통해서 수많은 지식과 혜안을 얻을 수 있다. 실패했다고 아무것도 성취하지 못하는 것은 아니다. 실패는 무엇인가 새로 배웠음을 의미한다. 실패는 부채가 아니라 자산이 된다. 실패는 틀렸다는 것을 의미하는 것이 아니라 새롭게 시도해야 한다는 것을 알려준다. 실패를 경험하지 못한 사람은 큰일을 할 수 없다. 윈스턴 처칠도 "배울 수 있는 실수들을 가능하면 일찍 저질러 보는 것이 커다란 이득이 된다."라고 했다.

1인자들의 공헌은 2인자일 때 공헌이다. 2인자일 때의 노력의 산물이다. 그 공헌은 기존의 1인자들이 가지고 있었던 약점을 강점으로 만들어 가능한 것이었다.

단계를 밟아야
약점이 강점이 된다

■ 삶이 너무나 짧기 때문에 우리들은 매우 천천히 움직여야 한다. **– 탈무드**

대부분의 낚시꾼들은 낚싯대를 메고 여기저기 돌아다니며 온종일 시간을 보낸다. 날마다 고기를 잡지만 작은 고기들이다. 그들은 매일 그 작은 고기를 낚기 위해 열심이고 그 재미에 취한다. 그러나 진정한 낚시꾼은 다르다. 그는 작은 고기 따위에는 신경을 쓰지 않는다. 웅덩이가 아니라 바닷가 절벽에서 큰 고기를 낚기 위해 오랜 세월 풍상설우를 겪는다. 그렇게 10년이 지나도 고기를 잡지 못하는 그를 보고 사람들은 비웃는다. 하지만 그는 마침내 큰 바닷고기를 낚는다. 그 고기는 나라 안의 사람들이 먹고도 남을 양이다. 좋은 결과를 위해서는 그만큼 노력이 필요하다.

현자 발타자르 그리시안은 이런 말을 했다.

"시간을 두고 힘을 길러라. 이제 막 알을 깨고 나온 어린 새는 아무리 날개를 퍼덕거려도 날 수가 없다. 보송보송한 솜털이 달린 날개로는 회오리바람조차 견딜 수가 없는 것이다. 그대 역시 자주 단숨에 세상으로 달려 나와서는 거인을 쓰러뜨리기 위해 주먹을 휘두른다. 팔은 아기처럼 가냘픈 주제에.”

'자고 일어나 보니 스타가 되어 있더라' 는 말이 있다. 이런 스타들의 성공은 하나하나 계단을 밟아 이뤄지지 않는 경향이 있다. 무명 인사에서 어느 날 갑자기 스타덤에 오른 이들일수록 쉽게 사라진다. 자신이 왜 인기가 있는지 파악할 시간조차 없기 때문이다. 하지만 국민 MC라 불리는 유재석에게는 그러한 말이 통하지 않는다. 2008년 6월, 유재석이 진행하는 KBS-2TV '해피투게더' 에 예전의 쓰리랑 부부 멤버인 김미화와 출연한 김한국은 이렇게 말했다.

“안 될 줄 알았는데 됐어. 참 신기해.”

유재석은 아주 오래전에 방송에 데뷔했지만 대중적 인기를 얻지 못했다. 1991년 '대학 개그제' 를 통해 데뷔한 그는 김국진·김용만·박수홍·김수용으로 뭉친 '감자꼴 4인방' 과 남희석, 양원경 등과 동기였다. 그들은 유재석보다 빨리 대중적인 주목을 받았다. 유재석이 스타가 되기 전에 그와 함께 손발을 맞추던 MC들이 그를 앞질러 스타덤에 올랐다. 강호동이나 이휘재가 대표적이다. 유재석은 초기에 '콩트는 되는데 토크는 안 된다.' 는 평가를 들었다. 아이디어는 많은데 토크가 안 되니 정말 치명적인 한계였다. 하지만 어느 날 갑자기 출연한 '서세원쇼' 의 토크박스에서 그의 개그는 일취월장해 있었다. 그간 엄청난 노력을 기울였다는 사실을 알 수 있었다.

이러한 과정을 거쳤기 때문에 오히려 여섯 명의 '무한도전' 팀원들에게서 각기 다른 개성을 뽑아내 모두 스타로 만들 수 있었는지 모른다. 그는 당장의 인기가 중요한 것이 아니라 각기 어떠한 재능이 있는지 살피고 그것을 적절하게 이끌어내는 2인자의 역할이 얼마나 중요한지 그 긴 무명의 기간 동안 차근차근 단계를 밟아오면서 뼈저리게 알게 되었다.

또한 '토크 울렁증', 즉 대본대로 하는 콩트는 되는데 오락 프로그램에서 애드리브가 안 되는 상태를 많이 겪어 보았기 때문에 토크쇼에 출연한 이들을 편안하게 해줄 수 있었다. '나도 입에서 말이 안 떨어져 고생했다.'는 말을 들으면 나만 그런 것이 아니구나 하면서 심리적 안정감을 얻을 수 있게 된다. 만약 유재석이 그런 과정을 거치지 않았더라면 출연자들을 그렇게 편안하게 해주지는 못할 것이다.

그런데 대부분의 사람들은 스타덤에 오르면 갑자기 무게를 잡으면서 대접을 받으려 하거나 자신이 중심에 서야 한다는 몸짓을 보인다. 그러나 유재석은 촌스러운 복장이나 가발 착용 등 망가지는 것을 두려워하지 않고, 여전히 몸으로 부딪치는 가운데 타인을 배려하는 진행을 고수하고 있다.

이제는 경영 일선에서 물러난 빌 게이츠. 그가 어느 날 갑자기 컴퓨터 황제가 되었을까? 사람들은 그가 워낙 천재였기에 뭐든지 잘했을 거라고 생각하지만 실상은 그렇지 않았다. 더구나 그는 기술보다 경영에서 더 뛰어난 재능을 보였다.

1968년, 13살이었던 빌 게이츠는 처음 컴퓨터를 접하게 된다. 당시 빌 게이츠는 시애틀 명문사립 레이크사이드스쿨에 다니고 있었는데 어머니회에서 일정한 기금을 들여 제너럴일렉트릭의 메인 컴퓨터를 학교 컴퓨터와 연결해 사용할 수 있도록 해주었다. 게이츠와 그의 친구 앨런은 컴퓨터 언어와 계산 프로그램을 배우며 컴퓨터에 빠져 살았다. 얼마 후 어머니회의 기금 고갈로 더 이상 컴퓨터를 사용하지 못하게 되자, 둘은 그동안 닦은 실력으로 어느 컴퓨터 회사의 프로그램을 조사하는 일을 하며 컴퓨터를 계속 이용했다. 그러다가 1972년에 벤처 회사를 세우고 교통량 조사 프로그램을 만든다. 하지만 경영진이 10대라는 이유로 매출액은 급감하고 결국 회사 문을 닫아야 했다. 게이츠는 잠시 하버드대학에도 다녔는데, 그때 앨런이 찾아와 '200달러밖에 안 되는 프로그램이 나오는 세상이므로 빨리 이 분야에 뛰어들어야 한다.'고 제안했다. 1975년, 둘은 마침내 마이크로소프트사(MS)를 창립한다.

마이크로소프트사가 본격적으로 업계에 두각을 나타내기 시작한 것은 1980년이었다. 바로 IBM 16비트 운영체제(OS)를 만들면서부터다. 이때 MS는 자기의 OS가 없었다. 그래서 다른 회사의 Q-DOS를 사들여 문제점을 보완한 후 IBM에 넘겼다. MS-DOS의 탄생이었다. 이것을 IBM이 공식 채택하게 되면서 MS는 1981년 한 해에만 1000만 달러를 벌어들이는 커다란 성공을 거두게 된다. 빌 게이츠는 다른 강자들의 결과물에 부족한 부분을 보완 강화하여 훨씬 더 좋은 제품을 만들어낸 것이다. 만약 어느 날 갑자기 벤처를 만들어 프로그램을 만드는 데만 열중했다면, 이러한 경영에 대해서 생각할 수 없었을 것이고, 오늘날의 MS는 존재하지 못했을 것이다.

괴테의 말을 떠올려보자.

"모든 사람들은 훌륭한 사람이 되기를 원한다. 그러나 어느 누구도 훌륭한 사람이 되기 위해서 성장하는 것은 원치 않는다. 훌륭한 사람이 되고자 한다면 자신의 현재 모습을 극복해야 한다. 현재는 훌륭한 사람이 아니기 때문이다. 그것은 지금 약점이 많다는 것을 의미한다. 그 약점을 극복하고 강점으로 만들어 훌륭해지려면 그에 상응하는 과정이 필요하다."

다산 선생은 '일찍 핀 꽃은 일찍 진다.' 며 일찍 성공하기만을 바라는 아들에게 글을 남겼다. 꾸준히 성장하기만을 바라지 않고 한순간에 청운의 뜻을 이루려는 젊은이들에게 전해주는 가르침이다.

요컨대 아침볕을 받는 곳은 저녁그늘이 먼저 들고, 일찍 피는 꽃이 빨리 진다는 것을 알아야 한다. 바람은 이리저리 옮겨 불어 한시도 멈추는 법이 없다.
(이 세상에 뜻을 둔 사람은 한때의 좌절로 청운의 뜻을 꺾어서는 안 된다. 사나이의 가슴속에는 언제나 한 마리 가을매가 하늘로 박차 오르는 기상이 있어야 한다. 눈은 건곤을 작게 보고 손바닥은 우주를 가볍게 보아야 한다.)

－학유가 떠날 때 노자 삼아 준 가계 진학유가계, 다산청상어록

어떤 이는 질량보존의 법칙에 빗대어 말하기도 한다. 편하게 산 사람은 위기에 대비하지 못하고, 한곳에 머물러 있던 사람은 그곳을 벗어나 생활하는 데 고통을 겪고, 너무 일찍 주목받은 사람은 너무도 일찍 그 주목에서 벗어나고 만다.

제4장

2인자 생존법

진정으로 뛰어난 자는 일부러 자신을 드러내지 않아도, 또 전면에 나서지 않아도 사람들이 알아보게 마련이다. 2인자의 숨은 영향력은 움직이지 않아도 세상을 움직이는 데 있다. 스스로 찾아오도록 만드는 경지가 바로 2인자의 기본 정신이다.

LEADERSHIP

LEADERSHIP

자신의 길을 가다

> ■ 만일 네가 진리에 대해 묘사하려고 한다면, 그럴듯하게 보이려는 고상함에서 떠나면 된다.
> – 아인슈타인

헤라클레이토스는 "가장 훌륭한 사람은 모든 것을 버리고, 그중에서 단 하나를 선택한다."고 했다. 성공하려면 자신이 잘할 수 있는 것을 선택해야 한다. 잘할 수 있는 것은 어쩌면 사랑하는 것일 수 있다. 자신이 잘하는 것은 사랑하는 것이다. 사랑에는 책임이 뒤따른다. 사랑하면 끝까지 그 일에 책임을 지게 되고 그럼으로써 살아남는다.

2인자가 2인자인 이유는 자신만의 길을 간다는 기본명제에서 시작한다. 자신의 길이 없는 2인자들은 2인자라고 불리지 않는다. 또한 1인자가 될 가능성도 없으며, 진정한 1인자라고 부를 이유도 없다.

미국의 작가 조지프 루는 "나는 내가 갖지 못한 것 때문에 불행하다고 생각하지만 남들은 내가 가진 것을 보고 나를 행복한 사람이라고 한다."라고 했다. 대개 사람들은 남이 가진 것을 부러워하지만, 정작 자신의 것이 얼마나 소중한지는 모른다. 한단지보(邯鄲之步)의 사람처럼 다른 이의 발걸음을 흉내 내다가 자기의 걸음걸이를 잊어버린다. 휴렛패커드의 전 CEO인 칼리 피오리나는 UCLA 법대에서 낙제했지만, 휴렛패커드의 점원으로 일하면서 자신의 길을 개척했다. 그리고 그녀는 세계적인 여성 CEO가 되었다. 해리포터의 작가인 조앤 K.롤링은 비서직에 취업을 했지만 항상 무엇인가를 끄적거리며 공상하는 바람에 해고되었다. 하지만 그녀는 세계적으로 전무후무한 작가가 되어 명예와 부를 거머쥐었다. 톰 피터스는 멋진 실패에 상을 주고 평범한 성공에 벌을 주라고 했다. 멋진 실패라는 말이 역설적이지만, 자신의 길을 가다가 실패한 것이야말로 아름다운 실패이며 성공에 한발 더 다가서는 것이다.

창고에서 시작한 구글 신화

스탠퍼드대 박사과정에 있던 래리 페이지와 세르게이 브린은 논문 자료를 인터넷 검색하다가 무질서하게 리스트를 쏟아내는 검색엔진에 강한 불만을 품게 되었다. 그래서 이를 직접 해결하기 위해 '페이지 순위(Page Rank)'라는 특유의 검색 방법을 생각해낸다. 그들은 이 검색 방법으로 사업을 해보고자 했다. 하지만 당시 이 분야에는 야후, 알타비스타, 라이코스 등 강자들이 즐비했다.

우선 그들은 스탠포드 기술특허 사무실에 페이지 링크 기술을 등록했고, 그것의 개념을 알리는 데 힘을 쏟았다. 그러고는 인터넷 기업들과 접촉을 시도했다. 그러나 이 기술을 눈여겨보는 곳은 단 한 곳도 없었다. 당시에 야후와도 접촉을 했지만, 야후는 그들과 만나는 것 자체를 원하지 않았다.

당시 잘나가던 회사들은 이미 포화상태라고만 판단했지 검색 서비스 기술을 혁신시키는 데는 관심이 없었다. 어쩔 수 없이 페이지와 브린은 자신들이 직접 회사를 차려 구상을 발전시키기로 했다. 1998년 9월 초, 그들은 대학 근처 멘로파크의 한 주택 창고에 개인용 컴퓨터를 쌓아놓고 '구글'을 창업했다. 당시 페이지는 25세, 브린은 24세였고 창고는 여자 친구 집에 붙어 있는 작은 것이었다.

구글(Google)은 10의 100제곱을 뜻하는 수학적 용어인 '구골(googol)'의 오타로 아무 뜻도 없다. 투자가 앤디 베흐톨스하임이 급하게 투자를 하면서 수표에 구골이 아니라 구글로 잘못 쓴 데서 비롯됐다. 대개 거창한 의미를 부여하는 비즈니스와는 다른 것이었다. 오히려 내실이 없으면서 겉으로만 거창하게 꾸미는 것과 결별했다고 볼 수 있다. 다만 '구글'이라는 용어에는 인터넷에 있는 광대한 정보를 담겠다는 구글의 의지가 담겨 있다. 구글의 전신은 검색엔진 이름을 따서 '백럽(BackRub)'이었다.

구글이 이렇게까지 성공하리라고는 당사자들도 예측하지 못했다. 그도 그럴 것이 구글은 2년 동안 일반인에게 알려지지도 않았고 인터넷 창업 붐이 한창일 때인데도 투자자들의 주목을 받지 못했다. 심지어 포털사이트 인포시크의 설립자 스티브 커시는 페이지와 브린의 구글 서비스 시연을 보고는 "당장 꺼져!"라고 말했을 정도였다.

그럼에도 불구하고 페이지와 브린은 경쟁업체들이 꺼리는 검색영역을 집중적으로 개발하기 시작했다. 페이지 링크 방식이란 검색어와의 연관성이 높고 낮음을 기준으로 배열해서 인터넷 검색 서비스를 제공하는 것이다. 따라서 이 방식은 사람들이 많이 검색하거나 링크시켜놓은 사이트, 정보페이지에 자동적으로 연결된다. 얼핏 보면 너무 간단하고 조악하며, 별 노력을 들이지 않는 서비스로 보인다. 하지만 언제나 본질은 간단하고 단순하다. 너무 단순한 것이라 무시당했던 이 원리는 곧 인터넷 혁명을 일으킨다. 구글이 성공할 수 있었던 요인은 자신이 아니라 다른 사람, 즉 고객과 이용자의 편의를 먼저 생각했다는 점이다. 다른 업체들이 1인자가 되기 위해서 더 많은 것을 가지려 했다면, 구글은 오히려 많은 것을 버리며 약간 거리를 두고 물러나 앉아 있었다.

당시 다른 1위 기업들은 어떻게 해서든 이용자를 사이트에 붙잡아 두려고 했다. 최대한 많은 사람들이 자사의 사이트에 오래 머물러 있는 것이 수익에 도움이 된다고 판단했기 때문이다. 그러나 이는 이용자들의 에너지와 시간을 빼앗는 것이었다. 구글의 페이지와 브린은 이용자의 편에서 생각했다. 이용자들에게 쓸데없이 시간과 힘을 낭비하도록 하는 것은 악덕 기업이나 하는 짓이라고 여겼다. 그래서 이용자들이 원하는 정보를 검색하고 빨리 자신들이 원하는 사이트로 빠져나가도록 만들었다. 이는 이용자들에게 정말 편리한 시스템이었다. 정보 검색을 원하는 이용자들은 당연히 구글에 몰려들 수밖에 없었다. 큰 것을 버렸기 때문에 오히려 사람들을 얻었던 것이다.

역발상의 용기, 매화를 피우다

세태를 따르지 않고 거슬러 올라가는 것, 구글은 마치 마차를 거꾸로 몰아가는 모양새였다. 포털 사이트도 아니고, 첫 페이지도 무료한

흰색 바탕에다 가운데에 작은 직사각형 창만 덩그러니 있었다. 신문 기사 제목도 없고, 티켓 광고도 없었다. 이메일 접속창조차 찾아볼 수 없었다.

다른 업체들이 화려한 플래시 광고로 무장한 홈페이지를 내세우며 한번에 500만 달러나 하는 마케팅 광고를 띄우고 있을 때 구글은 홈페이지는 단순하게 꾸며야 한다는 역발상을 발휘했던 것이다. 더구나 엄청나게 들어가는 자사 마케팅 광고를 하지 않고 사람들의 입소문에 의존해 승부를 걸었다. 이는 경쟁적으로 혹은 강박적으로 당연시되었던 마케팅 광고를 무색하게 만들었다. 또 구글은 이중 주식 제도를 만들어 두 가지 주식을 발행했다. 하나는 외부 투자가에게 공개 발행하는 것으로 의결권이 한 표밖에 없었다. 다른 주식 유형은 주당 10표의 의결권을 가진 내부용이었다. 이는 수익을 노리는 외부 투자가를 견제하기 위한 제도로, 이로써 외부의 투자가보다는 내부 경영자들의 의결권이 더욱 강화되었다. 구글은 이러한 제도를 통해 창업 윤리인 '악해지지 말자'는 원칙을 지켜나갈 수 있었다. 외부 수익 투자가들의 입김에 좌지우지된다면 수익에만 집중해야 하는 악덕 기업이 될 수 있으므로 창업정신을 제도적으로 뒷받침한 것이다. 따라서 단기 수익 프로젝트가 아니라 장기 프로젝트에 집중할 수 있었다.

무엇보다 구글은 초기부터 오로지 한 영역, 즉 검색만을 주력했기 때문에 경영이 용이했다. 그 점이 성공 포인트였다. 알타비스타, 라이코스, 익사이트 같은 업체들이 포털화하면서 실패한 전철을 밟지 않았다. 구글은 정보가 늘어날수록 그 정보를 일목요연하게 정리하고 제공해주는 검색이 중요해진다는 사실을 놓치지 않았다.

뼈를 깎는 추위를 겪지 않고서는 매화향 가득한 봄을 맞이할 수 없다. 구글은 어려운 환경에서 2인자로 출발했지만, 그 2인자적 특징이 구글을 1인자로 만들어준 것이다.

'더 빠른 검색, 그리고 정직한 검색 결과' 라는 모토에 따라 구글은 10년 만에 1,000억 파운드(약198조원) 이상의 가치로 성장했다. 미국 대학생들이 가장 일하고 싶은 기업이 되었으며 가로 10cm, 세로 1cm에 불과한 검색창에 하루 2억 5천만 명을 모으기에 이르렀다. 구글은 2008년 4~6월에만 57억 달러의 매출액과 12억 5천 달러의 순수익을 올렸다. 2007년 말 기준 16,800명의 직원을 두고, 매주 약 100명을 신규 채용할 정도로 거대한 규모의 조직으로 성장했다. 윈도우 같은 개별 컴퓨터 운영체제(OS)와 MS 오피스 등의 패키지 소프트웨어 중심으로 성장한 MS를 능가할 기업으로 성장하기에 이른 것이다.

그들은 MS CEO 기자회견에서 '전 세계화가 구글화되고 있다.' 는 발언을 남기기도 했다. 여기에서 기억할 점은 구글은 검색 영역을 특화시켰을 뿐 종합 포털은 아니라는 점이다. 부분으로 특화한 것이 전체를 아우르는 것보다 그 가치가 높아졌다. 무엇보다 구글의 사례는 이러한 말을 다시금 되새기게 만든다.

"만능이 되지 마라, 당신의 역할을 분명히 하라!"

소니의 1인자 리더십과 마쓰시타의 2인자 리더십

1970년대 말 소니와 마쓰시타는 VCR 녹화 방식을 두고 치열한 경쟁을 벌이고 있었다. 막대한 경제적 이윤이 달려 있던 이 경쟁에서 승패를 가른 것은 기술력이 아니라 리더십의 차이였다. 소니는 기술과 디자인에서 자신이 항상 최고이며 업계를 선도해야 한다고 생각했다. 이는 1인자 리더십과 같다. 그러나 마쓰시타는 사회적 기여와 동반자적 의식을 강조했다. 이는 창업자인 마쓰시타 고노스케의 지론이기도 했다. 요컨대 소니는 베타 방식의 표준화를 주장했고 마쓰시타는 VHS 방식을 주장했다.

그런데 당시 가정용 홈비디오를 가장 먼저 만든 것은 소니나 마쓰시타가 아니라 산요였다. 뒤이어 도시바와 산요가 1시간 이상 녹화 재생할 수 있는 비디오를 만들면서 대중적인 양산화에 들어간다. 하지만 소니는 이 앞서가는 두 업체에게 자신들의 방식인 베타 방식으로 통일할 것을 요구했다. 당시 업계 1위였던 소니의 말을 거절하지 못한 이들 업체는 베타 방식을 따랐고, 이들 세 업체가 시장을 장악했다. 그런데 소니의 안하무인적인 태도가 상황을 변화시켰다. 소니는 히타치가 소니에 베타 방식을 따르게 해달라고 요청한 것을 일언지하에 거절했다. 화가 난 히타치 대표는 마쓰시타의 VHS 방식을 도입했다. 이후 협력 회사들은 소니보다는 마쓰시타 쪽으로 점차 기울었다.

마쓰시타는 소프트웨어 기술 개발을 적극적인 기술 이전 등으로 활성화시키고, 공동개발 프로젝트 등으로 협력 회사를 늘려갔다. 일본만이 아니라 미국의 영상업체 그리고 할리우드 영화사들과 공동사업을 추진하면서 더욱 영향력을 넓혀가기에 이르렀다.

그러나 소니는 최고라 자부하는 기술력만 과신하고 있었다. 협력자를 늘리기보다 고압적인 자세로 시장 지배력을 유지하는 데 골몰했다. 뒤늦게 상황을 직시하고 여러 방안을 모색했지만 오히려 도시바 등 자신들의 세력이었던 기업들이 마쓰시타로 넘어갔다. 85%의 시장 지배력을 보였던 소니의 베타 방식 비디오는 2년이 못 되어 시장에서 사라졌다. 1988년 소니는 마침내 패배를 인정했다. 그러고는 VHS 방식을 생산하기 시작했다. 하지만 소비자들은 소니 제품을 사지 않았다. 소니는 베타 방식이라는 인식이 강하게 남아 있었기 때문이다.

소니가 패배한 것은 항상 시장을 선도한다는 1인자 리더의 역할에 충실하려 했기 때문이다. 하지만 마쓰시타는 상대를 인정하고 존중하는 가운데서 자신의 입지를 구축하려는 동반자적 파트너십을 중요하게 여겼다. 그것은 상대를 섬기면 상대도 상호성의 원리에 따라 자신들을 섬기게 되는 2인자 원칙이었다.

실패작의 화려한 비상

사무실 책상, 수첩 사이에 흔히 붙어 있는 포스트잇이 성공한 발명품이라는 데에는 누구도 이견이 없을 것이다. 그러나 포스트잇이 처음 발명되었을 때 이 새로운 접착 시스템은 실패작이라는 불명예스러운 딱지를 달고 다녔다. 그 누구도 전 세계를 누비게 되리라고는 상상하지 못한 것이다.

3M사의 중앙연구소에 근무하던 스펜서 실버에게 새로운 중합체에 대한 정보는 귀를 솔깃하게 하는 것이었다. 마침 접착성 중합체에 대한 연구에 한참 골몰하던 그는 이 물질이 새로운 결과를 몰고 올지도 모른다는 기대를 안고 새 실험에 도전하기로 했다.

"이 물질을 아주 대량으로 반응 혼합물 속에 넣으면 어떻게 될까?"

그는 상식적인 한계를 넘어선 실험을 계획하고 있었다. 즉 보통 실험에서 취급하는 양을 훨씬 초과하여 실험에 이용하기로 한 것이다.

그런 실험을 해본 적이 없기 때문에 결과는 누구도 예측할 수 없었다.

막상 그 결과가 나왔을 때, 당사자는 물론 관계자들도 깜짝 놀랐다. 종전의 접착제와는 아주 판이하게 다른 물질이 나왔기 때문이다. 결과물은 접착제이건만 적극적인 접착성이 없었던 것이다. 즉 다른 분자에 들러붙기보다 제 분자끼리 응집하는 성질이 강했다. 접착제라는 이름을 붙이기가 이상했다.

분석이 끝나자 3M사는 논란에 빠졌다. 도대체 이 접착제답지 않은 접착물질을 어떻게 써야 할지 대책이 서지 않았던 것이다.

"한 번 붙었다가 곧바로 떨어져 버리는 접착제를 도대체 어디다 쓴단 말인가."

3M사의 고민은 5년 동안이나 계속되었다. 아주 새로운 신물질 합성에 성공한 것임에는 틀림이 없지만, 사용할 용도를 발견할 수 없었다. 급기야 이 신물질은 폐기처분의 위기에까지 몰리게 되었다. 그러던 1974년 어느 날, 실패작으로 몰려 있던 새로운 접착물질에 대해 새로운 가능성이 제기되었다. 3M의 커머셜 테이프 제품 사업부의 아서 프라이가 색다른 제안을 했다.

"예배를 보던 도중인데, 찬송가에 끼워 두었던 쪽지들이 갑자기 우르르 떨어졌죠. 늘 있는 일이라 그냥 넘어 갈 수도 있었지만 그날은 왠지 아주 불편해서 투덜거리며 종이 쪽지들을 주웠습니다. 그때 갑자기 생각이 떠오른 겁니다. 이 종이 쪽지들에 그 접착제를 붙이면 어떨까 하고요."

고정관념이 깨지는 순간이었다. 접착제는 절대 떨어지지 않아야 한다는 굳은 생각 말이다. 사람들은 뗐다 붙였다 할 수 있는 메모지를 원하고 있었다.

"임시로 붙였다가 깨끗하게 떼어지는 접착제는 매력적이지 않습니까? 필요한 경우가 수없이 많을 겁니다."

이러한 제안에 동의를 하지 않은 경영진은 없었다. 업무를 보는 동안에 수도 없이 그런 경우를 당했기 때문이다. 이렇게 해서 새로운 접착물질은 '포스트잇' 이라는 이름을 달고 세상에 나왔다. 개발된 지 5년 만이었다. 잘 알려져 있듯이, 3M사가 이 포스트잇으로 얻은 이익은 가히 천문학적 숫자에 달한다. 쓸모없는 아이디어로 푸대접받던 것이 하루아침에 일등공신으로 변한 것이다.

게임의 편견을 따돌리다

카트라이더는 2004년 6월 서비스를 시작한 지 한 달 만에 가입 회원 수 94만 명을 기록하더니 6개월 만인 2005년 1월에는 동시 접속자 수 16만 명이라는 경이적인 기록을 세웠다. 8개월 만에 회원 1000만 명을 넘어섰고, 동시 접속자 수는 22만 명을 돌파했다. 누구도 예상치 못한 대박이었다. 인기는 국내에만 한정되지 않았다. 세계 회원 수 총 1억 6천만 명, 국내 회원 수 1500만 명을 달성하며 폭발적인 인기를 끈 넥슨 '카트라이더' 의 월 최고 매출은 50억 원 선이다. 전 국민의 4분의 1이 이 게임을 즐기는 것으로 잠정 집계되기도 했다.

넥슨은 '게임은 어려운 것, 게임 마니아들만 하는 것' 이라는 편견을 깨고 누구나 쉽게 즐길 수 있는 게임을 만들었다. 대개 어려운 게임을 만들어야 도전 의식을 불러일으키고, 그 게임에 계속 매달리게 된다는 생각을 뒤집은 것이다. 당시까지만 해도 게임 프로그래머들은 쉬운 게임은 게임 마니아들에게 외면받는다는 불안의식을 은연중에 갖고 있었다.

이런 상황에서 넥슨은 게임은 젊은 남성만 하는 것이 아니라 여성, 주부, 노인들까지 즐길 수 있다고 기존의 발상을 뒤엎었다. 더구나 게임을 그만하라며 아이들에게 잔소리를 하던 학부모들까지도 아이들과 함께 즐길 수 있도록 프로그램을 개발했다. 특히 게임에 무관심한 10~20대 여성들과 중장년층까지 끌어들이는 데 성공했다. 여성 회원의 비율이 35%에 이르렀다.

카트라이더는 간단한 키 조작과 쉬운 맵 구성이 특징이다. 또한 너무 쉬운 게임이라는 인상을 없애기 위해 각 테마별로 구성된 수십 가지의 트랙이 있다. 이로 인해 신규 이용객들은 여전히 늘어나고, 오래전에 가입한 이용자들도 질리지 않고 게임을 즐길 수 있다.

덕분에 카트라이더는 한국 e스포츠협회 공식종목으로까지 채택됐고, 많은 프로 게이머들을 탄생시켰다. 게임 내용도 단순한 레이싱이기 때문에 스타크래프트와 같이 전략 시뮬레이션의 원리를 모르면 즐길 수 없는 것과는 대조적이다.

그 외에도 몇 가지 편견을 깼다. 예컨대 성공하는 게임은 따로 정해져 있다는 생각이다. 국내 온라인게임 제작 관행은 '리니지' 등 롤플레잉게임(RPG)이나 고스톱, 포커 등만 성공한다는 관행에 젖어 있었다. 그렇지만 카트라이더는 '아이들이나 하는 게임'인 캐주얼 게임도 성공할 수 있다는 것을 보여주었다.

또한 게임 하나에 최소 100억 원을 투자해야 한다는 대작 위주의 고정관념이 지배하고 있던 온라인게임계에 10억에도 훨씬 못 미치는 게임 개발비를 들여 성공할 수 있다는 것도 보여주었다. 주목할 점은 넥슨은 게임프로그램을 판매해서 수익을 올리지 않고, 다른 방안을 모색했다는 것이다. 바로 아이템 판매였다. 카트라이더는 아이템 판매를 통해 30억 원의 수입을 올렸다. 이는 인터넷 게임이 전반적으로 무료라는 데 근거하면서도 부분적으로만 유료화시켜 성공한 좋은 사례였다.

넥슨의 전략은 상생의 전략이기도 했다. 그 예로 PC방에서 게임을 하면 사이버머니 루찌를 2배나 더 주었다. 이 때문에 PC방을 찾으면 게임방도 살고, 넥슨도 수익을 올리며, 이용자들의 즐거움은 배가되는 것이다.

물론 넥슨이 탄탄대로만 걸었던 것은 아니다. 넥슨은 1995년 세계 최초로 그래픽 다중접속롤플레잉(MMORPG) 게임인 '바람의 나라'를 출시하며 게임업계에 등장한 국내 게임업체 중에서 고참이다. 하지만 자신만의 특징이 없는 기업이었다.

엔씨소프트의 '리니지'나 웹젠의 '뮤'처럼 빅히트 브랜드가 없었다. 또 한게임이나 넷마블처럼 게임포털로 전환하지도 못했다. 넥슨 경영진은 창립 10주년을 맞이해서 "지난 10년 동안은 게임으로 그저 그럭저럭 벌어먹는 회사를 경영해왔다."라고 반성하면서 변화를 모색하기 시작했다. 당시 온라인게임의 대세였던 MMORPG로 변화를 시도할 것인지 말 것인지도 고민이 되는 문제였다.

넥슨이 캐주얼 레이싱 게임인 '카트라이더'를 내세운 것은 결국 자신이 잘할 수 있는 것이 무엇인지를 깊이 고민한 결과였다. 지금까지 걸어온 길과 어떻게 매치시킬 것인지가 고민의 초점이었다. 캐주얼 게임이나 아케이드 게임 부문에서 넥슨의 개발 능력은 최고였다. 회사의 강점을 살리는 데는 온라인 레이싱 게임이면서도 아기자기한 아이템과 캐릭터의 매력을 최대한 살린 '카트라이더'가 제격이었다. '카트라이더’는 지난 10년간 넥슨이 갈고닦은 능력을 통해서만 탄생할 수 있는 게임이었다. 결국 ‘카트라이더’는 자기가 가장 잘할 수 있는 것에 집중한 ‘선택과 집중’의 산물이었다.

쓰레기 위에 핀 검은 꽃

1859년 어느 날 펜실베이니아의 타이터스빌에서 미국 최초로 석유가 발견되었다. 타이터스빌 거리는 금세 일확천금을 노리고 세계 각지에서 흘러든 사람들로 북적거리기 시작했다. 뉴욕의 브루클린에서 온 화학자 로버트 체스브로도 그중 한 사람이었다. 그는 굴착기에서 제거되는 검은 석유 찌꺼기를 보면서 그것을 통해 만들어낼 물질이 없을지 고민하기 시작했다. 사실상 쓰레기에서 광맥을 캐는 것과 다름없었다. 연구를 거듭한 끝에 체스브로는 검은 찌꺼기를 하얀색의 촉촉한 젤리로 변형시켜냈다. 이 특이한 물질은 희한하게도 상처와 화상 치료에 큰 효과가 있었다. 체스브로는 물을 뜻하는 독일어 ‘바세르(Wasser)’와 올리브유를 뜻하는 그리스어 ‘에라인’을 합성해 ‘바셀린(Vaseline)’이라고 이름 붙였다.

하지만 사람들은 바셀린의 효능을 믿지 않았다. 더구나 의사와 약사들까지 바셀린에 저항했다. 이에 체스브로는 직접 거리로 나섰다. 뉴욕 거리를 다니면서 샘플을 나누어 주고, 자기 몸에 직접 상처를 내거나 화상을 입혀 바셀린의 효과를 보여주는 것도 마다하지 않았다. 그러는 사이 바셀린은 영국의 유명한 의학 출판물 「란셋」에서 호평을 받았고 1878년에는 파리 박람회에도 출품되었다. 드디어 의사들도 가벼운 화상이나 찰과상에는 바셀린을 처방하기에 이르렀다. 바셀린은 기침 감기에 바르던 겨자 고약을 대신했고, 코의 출혈을 완화시키는 데도 쓰였다. 영화배우들은 눈 밑에 바셀린을 가볍게 발라 눈물이 나오도록 자극하기도 했다. 심지어 인도에서는 빵에다 발라먹기도 했다. 또 피부나 입술이 틀 때 바르는 약으로도 사용되는 등 세계적으로 대박을 터뜨렸다.

체스브로는 50대 중반에 거의 치료가 불가능할 정도로 심한 늑막염을 앓았는데 바셀린을 머리부터 발끝까지 발라 회복되었고 96세까지 장수했다. 1933년, 생을 마감할 때 그는 자신이 건강하게 장수한 비결은 바셀린 덕분이며, 몇 년 동안 매일 한 숟가락씩 바셀린을 복용해왔다고 고백했다. 어쨌든 그와 그의 기업은 바셀린 덕분에 100여 년간 세계를 호령했다.

한국판 '피리 부는 사나이'

만약 라면에서 벌레가 발견된다면 어디에 의뢰를 해야 할까? 국립수사과학연구소? 아니다. 세스코에 하면 된다. 세스코는 해충 방역 전문 업체다. 라면 회사의 해충 방역은 바로 이런 전문 업체에서 담당하고 있다.

최근 식품 위생에 대한 소비자들의 의식이 예전에 비해 크게 높아진 데다가, 식품 속에 이물질이 있다면서 다짜고짜 돈을 요구하는 식파라치들까지 극성을 부리는 통에 기업들은 골머리를 앓고 있다. 해충 방역 업체가 각광을 받게 된 것도 그 때문이다.

몇십 년 전까지만 해도 쥐 다음에는 바퀴벌레, 그다음에는 개미의 습격이 있을 것이며, 이에 대해서 방제 준비를 해야 한다고 인식한 사람은 거의 없었다. 더구나 겉보기에는 안전한 곤충처럼 보이는 개미가 각종 전염병과 피부병 등을 유발할 수 있는 위험한 해충이라는 사실을 알고 기업을 구상한다는 것은 쉽지 않은 일이었다.

세스코의 전순표 회장은 1963년 영국으로 유학을 갔다. 그가 유학을 통해서 배우려고 한 것은 효과적으로 쥐를 잡는 방법이었다. 1973년, 전순표 회장은 국내 1호 '쥐 박사' 학위를 취득하고, 그 다음해에 세스코의 전신인 전우방제를 설립했다. 그 뒤 본격적으로 방제사업에 뛰어들었다.

세스코는 28년간 한 우물을 파는 동안 1000여 명의 임직원과 38개 영업소를 갖춘 국내 최대 방역 전문 업체로 성장했다. 하지만 우여곡절이 많았다. 처음 회사 문을 열었을 때 자본금 300만 원에 직원은 본인과 아내, 그리고 고용직 한 사람뿐이었다. 사업도 결코 순탄치 않았다. 창업 후 수개월 동안은 영업 현장에서 문전박대를 당했다. 돈을 내고 쥐를 잡아야 한다는 생각이 없던 시절이었다. 근근이 버티다가 1995년, 63빌딩에 나타난 '쥐 소동' 때 세스코는 일약 유명해졌다. 빌딩 내부는 물론 2만여 평에 달하는 둔치의 쥐를 박멸시키는 작업에 3개월간 4000만 원을 투입한 방제 노력은 사람들의 뇌리에 깊은 인상을 남겼다. 이로써 사람들의 마음이 움직이기 시작했다. 이것이 10만 개의 회원사를 거느리는 바탕이 되었다. 청와대 등 정부기관과 호텔, 대형빌딩, 식품업체 등에서 앞다퉈 방제를 요청해왔다. 골치 아픈 문제는 구조적으로 다른 데 있었다.

현장 직원들이 쥐나 바퀴벌레를 잡는 일을 창피하게 생각했고, 대중적인 인식도 그와 같았다. 이러한 구조적인 문제가 있는 한 최상의 서비스를 기대하기란 어려웠다. 전 회장은 특단의 조치를 내렸다. 장비와 차량을 최고급으로 바꾸고, 특히 작업복을 아주 세련되게 만들어 직원들의 자긍심을 높였다. 이는 고객들에게 전문가의 이미지를 심어주기 위한 것이었다. 그 결과 직원과 고객들의 생각이 달라지기 시작했다.

전 회장의 아들인 전찬혁 부사장은 대학 시절부터 아버지를 도왔는데, 그가 한 일은 쥐를 잡으러 다니는 것이었다. 그 뒤 전 부사장은 오너의 아들이라는 사실을 숨기고 입사한 후 본격적으로 쥐와 해충을 잡으러 다녔다. 그 기간 동안 그는 중간 관리자들의 욕설과 인격적 모멸을 무던히도 견뎌야 했다. 회사 내부에서는 벌레와 쥐를 잡으러 다니는 직원들에게 대우가 좋지 않았다. 심지어 백정보다 못한 사람으로 생각하는 경우도 있었다. 고객들 역시 전문가가 아닌, 쥐를 잡으러 다니는 사람 취급했다. 산업계조차 과연 해충 방역 업체를 기업으로 볼 수 있는지 의문을 갖기도 했다. 전 부사장은 현장에서 겪은 일들을 일기장에 꼼꼼하게 기록하기 시작했다. 그리고 문제점을 정리하고 그 대안을 모색하기 시작했다. 그리고 10년 안에 세스코를 국내의 내로라하는 전문기업으로 만들겠다고 다짐했다. 그 꿈은 결국 이루어졌다. 만약 전 부사장이 밑바닥부터 그러한 경험을 하지 않았더라면 회사를 지금과 같은 모습으로 발전시키지 못했을 것이다.

첨단 해충 방제 업체 세스코는 먼지다듬이는 물론 쥐, 바퀴벌레, 개미 등 해충별 방역 방제 서비스라는 차별화 전략을 통해 인기를 얻었다. 2004년 6월 말에는 중국으로 진출해 1000여 곳의 기업 고객을 확보했다. 해충 방제 회사가 상하이에만 200개가 넘을 정도로 경쟁이 치열하지만 세스코의 해충 박멸 기술이 인체에 해를 주지 않으면서도 해충을 말끔하게 없애준다는 사실이 알려지면서 반응이 급속도로 늘고 있다. 세스코 상하이 법인은 식당, 호텔, 사무실 등의 한국 회사 250개, 중국 회사 150여 개를 고객으로 두고 있다.

세스코는 남들이 어떻게 생각하든 그것에 연연하지 않았고 오히려 그러한 인식을 바꾸려고 노력했다. 무엇보다 생활습관과 소득 수준의 변화가 만들어내는 새로운 시장 트렌드를 읽어내고 그 속에서 기회를 창출했다.

철면피는 나쁜가?

"다른 사람을 대할 때 상대방의 기분을 의식하지 않는 것이 좋다. 그대의 신념을 머릿속에 담아두고 떳떳하게 대하라. 그대의 신념에 비추어 모든 일을 판단하고 결정하라. 주관이 흔들리면 그대가 흔들리고, 그대가 흔들리면 세상이 흔들린다는 사실을 기억하라."

사실 2인자의 길은 철면피의 길이다. 방해와 장애가 많음에도 불구하고 자기의 길을 가야 하기 때문이다. 그 길에 다른 사람이 무엇이라 해도 철판을 깔고 대응할 용기가 있어야 한다. 유비가 촉나라 왕에 오를 수 있었던 것은 얼굴이 두꺼웠기 때문이다. 그는 군사력도 정치적 경험도 없었다. 가진 것이라고는 오직 한나라 왕실의 종친이라는 사실뿐이었다. 그러나 유비는 그것 하나를 내세워 조조와 여포, 손권, 원소를 찾아다니며 의탁했다.

그는 영웅 이미지보다 울보 이미지가 더 강하다. 자신에 대한 지지나 동정을 이끌어내기 위해서 울고, 위기를 모면하거나 자신의 생명을 지키기 위해 울었다. 사내 아니 리더가 운다고 하면 창피하고 자질이 없는 것으로 여길 수 있겠지만 그것이 유비를 한나라의 왕으로 만들어준 철판 전략이었다. 반면 항우는 훌륭한 재능을 가지고 있었음에도 불구하고 천하를 얻지 못했다. 그 이유가 얼굴이 두껍지 않아서였다는 지적이 있다. 해하의 패배로 항우가 유방의 손에 죽을 위기에 처했을 때다. 그를 따르던 이들은 오강을 건너 후일을 도모할 것을 권했다. 그러나 그는 사람들을 대할 면목이 없다며 그 자리에서 자살해버린다. 그리하여 항우는 1인자가 아니라 2인자로 역사의 무대에서 사라져버렸다.

송사(宋史)에는 지위고하를 막론하고 부정을 적발해 처벌하는 사람을 '철면어사'라고 했다. 이때 '철면(鐵面)'이란 부끄러움을 모르는 뻔뻔한 사람이라는 뜻 외에도 강직하고 준엄한 사람이라는 의미도 가지고 있다. 살아남는 자가 이기는 자라는 말이 있다. 2인자에게 맞아떨어지는 말이다.

2인자는 독종이다. 경쟁에서 이기는 사람이 끝까지 살아남는다. 이들은 목표를 향해서 포기하지 않고 질주한다. 단기간에 뜻을 이루려고 하기보다 역경이나 장애에도 불구하고 지속적인 노력을 펼친다. 그들은 비록 2인자의 위치에 있지만, 끝까지 살아남아 마침내 목적을 이룬다. 공룡과 바퀴벌레는 동시대에 살았지만 지금에 와서는 공룡은 멸종하고 바퀴벌레는 살아남았다. 바퀴벌레는 어떠한 환경에서도 내성을 가지고 살아남는다.

이러한 사람들은 다른 사람들의 분위기에 휩쓸리지 않고 오로지 자신의 목적과 길을 가기 때문에 감정의 동요가 얼굴에 드러나지 않는다. 남을 의식하지 않으면 뻔뻔하다거나 후안무치라는 평을 들을 수 있다. 그렇지만 우리가 잊지 말아야 할 것은 자신의 길을 꿋꿋이 가고, 끊임없이 자신의 일을 하는 것이 먼저라는 사실이다.

고흐는 이렇게 말했다.

"시간이 지나면 그림이 팔리기를 희망한다. 지금 내가 선택할 수 있는 최선의 방법은 끊임없이 그림을 그리는 것이다. 쓸모없는 일들이 되려 하는 지금 이 순간의 그림 작업들은 사람들에게 목숨을 건 역작으로 평가될 것이다."

우리가 하는 일이 하찮은 것이라 해도 그것을 끊임없이 할 수만 있다면, 그것이야말로 최고가 되는 길이다.

2인자,
절제와 겸손으로 기다린다

■ 현인은 위인이 되기 위해 애쓰지 않는다. 그러므로 위인이 되는 것이다. **– 노자**

솔개는 자신의 목적을 위해서 닭보다 낮게 난다. 하지만 이것만 보고 닭이 솔개보다 용맹하다고 하지는 않는다. 다시 삼국지로 돌아가 보자. 조조는 왜 유비에게 경계심을 갖지 않게 되었는가? 유비는 어떻게 해서 조조를 방심하게 만들었는가? 유비는 조조에게 이렇게 말했다.

"천둥소리가 얼마나 큰지 무서워서 젓가락을 떨어뜨렸습니다."

어떠한 수모와 굴욕에도 인내한 이하응은 어떤가? 이하응은 초상집의 개라는 말을 들으면서 적대 세력의 눈초리를 피해 갔다. 물론 그는 대원군으로 화려하게 등극하여 무소불위의 권력을 장악한다. 이는 2인자의 생존과 영위를 압축적으로 나타내는 사례일 수 있다.

공자는 "진정한 지식은 자신의 무지를 아는 것이다."라고 했다. 진정한 1인자는 자신이 1인자가 아니라는 사실을 아는 데서 출발한다.

스스로 드러낼 줄은 아나 재능을 감출 줄 모르는 이는 결코 성공할 수 없다. 겸손은 아무나 할 수 있는 것이 아니라 진정한 실력자, 최고만이 할 수 있다. 조조가 양수를 죽인 이유는 양수가 재능을 감출 줄 몰랐기 때문이다. 양수의 첫 등장은 정원이다. 조조가 정원을 거닌 후 '활(闊)' 자를 쓰고 가자 모두가 그 뜻을 몰라서 우왕좌왕했다. 그러자 양수 혼자 뜻을 파악하고 말했다.

"정원이 너무 넓어 거슬린다는 뜻이니 좀 작게 만들어라."

나중에 아담하게 바꿔놓은 정원을 보고 조조는 깜짝 놀랐고, 이때부터 양수를 눈여겨보기 시작했다. 어느 날 변방에서 타락죽을 진상해 왔다. 조조가 타락죽을 담은 '합(盒)' 위에 밑도 끝도 없이 '一合'이라 쓴 뒤 책상머리에 놓아두었다. 아무도 그 의미를 몰랐는데, 양수가 들어와서 보고는, 숟가락을 가져오게 하여 여럿이서 함께 나누어 먹었다. 조조가 이를 듣고서 양수를 불러다 물었다.

"그대는 왜 먹었는가?"

이에 양수가 대답했다.

"합(盒) 위에 '一人一口'라 뚜렷이 씌어 있으니 한 사람이 한 입씩 타락죽을 먹으라는 뜻이 아닙니까? 감히 승상의 뜻을 어길 수 없기에 모두가 나누어 먹었습니다."

놀라운 일이었다. 이 일까지만 해도 조조는 양수에 대해서 긍정적으로 생각하고 있었다. 하지만 조조의 이런 생각이 바뀌게 된 사건이 있었다. 양수는 『답교』라는 책을 지어 조조의 아들 조식을 가르쳤다. 조조가 조식에게 물을 만한 질문과 답을 적은 것이었다. 하루는 조조가 조비와 조식을 궁으로 부르고는 병사를 시켜 이들을 가로막게 했다. 어떻게 하는지 시험한 것이다. 조비는 그냥 돌아갔지만, 조식은 병사를 죽이고 들어왔다. 조조가 놀라서 이유를 묻자 조식이 이렇게 말했다.

"왕명은 무엇보다 중요합니다. 일개 병졸이 어찌 그것을 막는단 말입니까?"

너무나 똑 부러지는 말이라 조조는 깜짝 놀랐다. 조식에게 이러한 면이 있었던가 할 정도로 대담하고 현명한 대답이었다. 알아봤더니 그 모두가 양수의 가르침 덕이었다. 양수는 조식의 오른팔임을 자임했다. 그는 조식을 조조의 후계자로 만들고 자신의 출세를 조식에게 걸고 있었다. 하지만 조조는 후계자 문제에 양수가 나대는 것을 못마땅하게 여겼고, 그를 제거하는 것이 공정한 경쟁에 도움이 된다고 생각했다.

그뒤 조조가 유비의 한중의 땅을 두고 고민에 빠졌을 때다. 배가 고파 닭을 먹게 되었는데, 갈비라 먹을 만한 것이 없었다. 그렇다고 버리기에도 아까웠다. 이른바 계륵(鷄肋)이었던 것이다. 조조는 지나는 말로 '우리 상태와 비슷하지 않은가.' 라고 내뱉었다. 그러자 양수가 곧바로 군대를 후퇴시켰다. 사실 내색은 안 했지만 조조는 마음속으로 군대를 후퇴시키려고 마음을 먹고 있었다. 조조는 양수의 그 같은 지력을 보고 놀라서 도리어 그의 목을 치고 말았다. 양수가 조금만 겸손히 자신의 능력을 숨겼더라면 사마중달이나 제갈공명보다도 더 뛰어난 2인자가 되었을 것이다.

풍도(馮道, 882~954)라는 인물도 뛰어난 2인자의 생명력이 무엇인지 잘 보여주었다. 그는 양수와는 다른 태도를 보였기 때문에 오랫동안 살아남았다. 풍도는 당나라 말기부터 오대에 이르기까지 승승장구했고, 이 때문에 그는 난세를 살아가는 처세의 달인으로 두고두고 회자된다. 다만 그가 궁극적으로 지향한 목적이 무엇이었는지 기억해야 한다. 그가 오랫동안 살아남은 것은 지조와 절개가 없어서라기보다는 다른 목적을 위해 현실적인 처세를 선택했기 때문이다. 풍도는 황소의 난이 중원 대륙을 휩쓸던 882년에 허베이에서 태어났다. 그는 20대 후반에 유주 절도사 유수광의 휘하에 들어가면서 관리 생활을 시작했다. 그리고 환관 장승업의 추천으로 진왕 이존욱의 휘하로 들어가 관리로 재등용되면서 출세가도를 달렸다. 후당의 장종이 즉위하자 그는 한림학사에 임명되었고, 명종 때에는 재상으로 발탁되었다. 그 뒤 5왕조(후당·후진·요·후한·후주) 11천자를 섬기며 30년 동안 고관을 지냈고, 재상을 지낸 것만 20년이 넘었다. 그는 47세인 929년, 후당의 재상이 된 이래 정확히 23년간 자리를 지켰다. 그가 그렇게 오랫동안 고관과 재상의 자리에 남을 수 있었던 비결은 무엇이었을까?

그가 남긴 시를 보면 이를 짐작할 수 있다.

입은 화를 불러들이는 문이요,

혀는 몸을 베는 칼이로다.

입을 닫고 혀를 깊이 감추면,

가는 곳마다 몸이 편안하리라.

(口是禍之門 舌是斬身刀 閉口深藏舌 安身處處宇)

그의 비결은 '침묵'이었다. 입에서 모든 화근이 발생하고 자신을 베는 칼이 나온다. 말을 하지 않고 침묵을 지키면 가는 곳마다 자신에게 닥치는 화를 막을 수 있다. '묵언의 처세술'이었다. 이러한 깨달음의 경지에 이르기까지 어떤 결정적인 계기가 있었던 것일까? 군벌의 쿠데타가 생활화된 유주에서 겪은 하급관리 경험은 그의 입을 평생 다물게 했다. 아무리 훌륭한 재주라도 그것을 함부로 드러내고 발설하면 결국에는 자기에게 화살과 칼로 되돌아온다는 사실을 그는 일찍부터 알았던 것이다.

혹자는 그의 행동이 가볍고 불사이군의 원칙에 벗어난다고 비난할 수도 있다. 실제로 많은 지식인들이 후대에 그의 절개와 신의 없음을 비판하기도 했다. 하지만 그를 옹호하는 사람들도 있다. 그들의 논지로 보자면, 우선 왕조 교체 과정에서 백성들의 대참사가 적었던 것이 풍도가 절개를 중시하지 않았기 때문이라는 것이다.

명의 사상가 이탁오는 이렇게 말했다.

"임금이 백성을 편안하게 해주지 못하면 신하라도 백성을 편안하게 해주고 먹여 살려야 한다. 풍도는 신하가 해야 하는 책임을 완수했다. 백성들이 전란의 참화를 면할 수 있던 까닭은 풍도 덕분이다."

풍도가 끝까지 염두에 둔 것은 '백성'이었다. 이는 뒤에 살펴볼 저 우언라이의 철학과도 연결되는 논리다. 절개와 신의가 최종적으로 지향해야 할 근원적인 목적을 한 번 더 생각해야 한다.

침묵의 파워링과 겸손

침묵의 처세는 말을 하지 않는다는 단순한 논리를 대표하지는 않는다. 이는 '겸손의 파워링'을 의미한다. 뛰어난 사람은 말을 하지 않아도 자기가 가진 뛰어난 능력으로 조용하고도 확고하게 영향력을 미치게 마련이다. 가득 찬 그릇은 소리를 내지 않는다. 지혜로운 사람은 가만히 있어도 그 빛을 발한다. 사향을 담은 주머니는 열지 않아도 그 향기가 흘러나온다. 안개는 소리 없이 다가와서 세상을 뒤덮는다. 이렇듯 말을 하지 않으면서도 조용히 세상을 움직이는 것이 2인자들의 배후 지배력이다.

진정으로 뛰어난 자는 일부러 자신을 드러내지 않아도, 또 전면에 나서지 않아도 사람들이 알아보게 마련이다. 2인자의 숨은 영향력은 움직이지 않아도 세상을 움직이는 데 있다. 스스로 찾아오도록 만드는 경지가 바로 2인자의 기본 정신이다.

노자는 '화광동진(和光同塵)'이라는 말을 썼다. 자신의 재주가 뛰어나면 그것을 감추어서 드러나지 않게 하고, 다른 사람이 결점을 보이면 자신 또한 완벽하지 않은 존재임을 드러내며 보조를 맞추어야 한다. 다른 이들을 배려하지 않고, 자기 자신을 너무 내세우면 인맥을 만들기가 어렵다.

『주역』에 '겸겸군자(謙謙君子), 비이자목(卑以自牧)'이라는 말이 있다. "겸손한 군자는 자기를 낮추어 키운다."는 뜻이다. 자신이 1인자인 것처럼 행동하는 사람보다 약간 부족한 2인자처럼 행동하는 사람에게 사람들이 더 많이 모여든다. 2인자는 상대방을 동격으로 여기거나 1인자로 대우한다. 하지만 자신을 1인자로 여기는 사람은 상대방을 같은 1인자로 대접하거나 아니면 2인자로 하대한다. 자신이 1인자라고 생각하는 사람은 상대방을 경쟁자로 여긴다. 왜냐하면 2인자는 여러 명일 수 있지만, 1인자는 한 명이어야 하기 때문이다. 사람은 누구나 자신의 존재 가치를 상대방에게 인정받으려 한다. 그러나 1인자는 그러한 사람들의 심리를 놓치고 만다. 1인자는 다른 사람들의 존엄과 가치를 인정하지 않고 심한 경우에는 짓밟게 되어 마침내 스스로 사람들을 떠나가게 한다. 떠나는 사람을 보고도 다가가지 않는 게 1인자다. 1인자의 최고 경지만 생각하는 사람들은 결국 그 늪에서 헤어나지 못하고 혼자 쓸쓸히 퇴장한다. 그러한 생각에 집착할수록 그것이 여의치 않을 때는 자신을 자학하게 되고, 주변에 사람들도 모이지 않게 된다.

사람은 자신보다 앞서는 사람에게 질투심을 느끼게 마련이다. 출중한 능력은 분노를 일으키기도 한다. 반대로 그 뛰어난 사람이 잘난 능력과 역량으로 자신을 돕는다면 좋아할 것이다. 이 과정에서 중요한 것은 무조건 1인자를 돕는 것이 아니라 1인자에게 존재감을 부여해줘야 한다. 1인자가 없으면 알아주는 사람도, 제 뜻을 실현시킬 수 있는 사람도 없기 때문이다.

강해 보이기보다 약한 것처럼 보이는 것이 불만과 질투, 공격을 피하게 한다. 지위가 높은 사람, 정말 진정한 실력자일수록 지위가 낮은 사람, 실력이 없는 사람 앞에서 자신이 평범한 사람이라는 사실을 보여준다. 성공한 사람들은 자신이 얼마나 뛰어난지를 보여주는 것이 아니라 부족한 가운데서도 얼마나 각고의 노력 끝에 결과를 만들어냈는지 알리는 것이 중요하다. 즉 애초에 1인자가 아니라 무엇인가 결핍되어 있는 2인자임을 드러내는 것이다. 그렇게 하면 상대방에게 똑같은 처지의 인간이라는 동종 의식을 주게 된다. 왜냐하면 다른 사람들도 인간적인 한계나 결핍을 가진 이들이기 때문이다. 약하고 결점이 있는 사람을 향한 공격성은 그렇지 않은 경우에 비해 매우 떨어지는 편이다. 사람들의 공격성이 증가하는 것은 상대방이 강자이고 완벽한 존재라는 인식이 설 때이다. 1인자는 그러한 목표물이 될 가능성이 크다.

우리는 겸손을 쉽게 생각한다. 누구나 할 수 있다고 여긴다. 그러나 아무나 겸손할 수 없다. 진정한 실력자만이 겸손할 수 있다. 진정한 1인자만이 자신을 최대한 낮출 수 있다. 실력자가 아닌 사람이 겸손하면 그것은 비굴이나 가식이 된다. 능력이 부족한 사람은 절대 겸손하지 않다. 겸손한 것이 자신의 무능력을 인정하는 것이라 여기기 때문에 쉽지 않다. 진정한 1인자가 스스로 겸손해할 때 자타가 그것을 용인할 수 있다.

링컨 대통령은 남북전쟁 중 가장 치열했던 게티즈버그 전투에서 마이드 장군에게 다음과 같은 편지를 보냈다.

"존경하는 마이드 장군, 이 작전이 성공한다면 그것은 모두 당신의 공로입니다. 그러나 만약 실패한다면 그 책임은 내게 있으니 장군은 모든 것이 링컨 대통령의 명령이었다고 말하십시오. 그리고 이 편지를 모두에게 공개하십시오."

책임은 자신이 지고 공적은 부하에게 돌리는 겸손한 태도였다. 이것이 2인자 리더십이다. 2인자 리더십은 결코 2인자의 위치에서만 사용하는 것이 아니다.

침묵은 단지 말을 하지 않는 것이 아니라 겸손과 책임을 뜻한다. 겸손과 책임은 실력에서 나온다. 침묵은 결국 진정한 실력자일 때 더욱 빛을 발한다. 침묵하지 않는 사람은 실력이 없는 사람일 수 있다. 빈 수레가 요란하기 때문이다. 진정한 실력자는 앞에 나서지 않고 뒤에 조용히 있어도 영향력을 미친다. 겸손한 모습을 보이며 자신의 실력으로 책임을 질 역량을 가지고 있다. 그런 실력자의 침묵은 비겁한 행동으로 비춰지지 않는다. 사람들은 말하지 않고 있는 실력자에게 말없이 믿고 의지한다. 그것이 침묵의 파워링이다. 오히려 실력자가 말이 많아지면 사람들은 혼란을 느끼고 불안해한다. 비트켄슈타인은 전쟁터에서 『논리철학논고』를 마무리하면서 "말할 수 없는 것에 관해서는 침묵해야 한다."라고 썼다. 쓸데없는 말은 오히려 진실을 번잡스럽게 해 사람들을 혼란스럽게 만드는 법이다. 그래서 노자는 『도덕경』에서 "도를 도라 말하면 영원한 도가 아니며, 이름을 이름이라 하면 영원한 이름이 아니다.(道可道 非常道, 名可名 非常名)"라고 했는지 모른다.

이런 초연한 태도와 함께 침묵의 파워링이 효과를 보려면 인내해야 한다. 장기적으로 천천히 때를 보며 침묵의 효과가 나타나기를 초연하게 기다릴 것인가, 아니면 당장에 자신의 감정을 드러내어 단기적인 효과는 보지만 장기적으로 일을 그르칠 것인가? 침묵의 파워링은 자연과 우주가 침묵 가운데 거대한 조화와 변화를 만들어내는 이치와 같다.

희생하는 2인자, 서번트 리더십

■ 익명성이야말로 내가 명성을 구하는 방법이다. – **프레드 스틀러**

희생과 헌신은 2인자들의 가장 주요한 특징 가운데 하나다. 희생은 사전적으로 다른 사람이나 어떤 목적을 위해 자신의 목숨, 재산, 명예, 이익 등을 바치거나 버리는 것을 말한다. 헌신은 몸과 마음을 바쳐 있는 힘을 다하는 것이다.

지그 지글러는 다음과 같이 말했다.

"당신이 다른 사람의 소망을 성취하도록 충분히 도와준다면 당신도 당신 인생에서 소망하는 것을 모두 성취할 수 있을 것이다. 당신이 다른 사람에게 주면 줄수록 당신에게 더 많은 것이 돌아온다."

이러한 태도는 보상적 희생, 혹은 보상적 선행이라고 볼 수 있다. 다른 사람에게 좋은 일을 하면 다른 사람도 나에게 좋은 일을 해준다는 상호성의 원칙에 따라 이해할 수도 있을 것이다. 대부분의 좌절과 고통은 다른 사람과의 관계에서 비롯된다. 행복과 행복 사이에는 많은 사람들이 있고 그 사이에 징검다리를 놓아야 한다. 그것이 호의와 상호성의 원칙이다. 다만 돌아올 것을 계산하는, 단순히 '기브 앤 테이크' 관점에서 이를 이해하는 것은 2인자의 리더십과는 거리가 멀다.

『채근담』에서는 이렇게 적고 있다.

"쥐를 위하여 밥 덩어리를 남겨 두고, 나방을 불쌍히 여겨 등불을 켜지 않는다. 옛 사람의 이런 생각은 곧 우리 인생의 태어나고 자라게 하는 한 가지 작용이다. 만약 이것이 없다면 이른바 흙이나 나무와 같은 형체일 따름이다."

이는 당장에 어떤 보상이나 결과가 있기 때문이 아니라 믿음을 바탕으로 공존하고 공생하려는 행동이다. 사람이면 당연히 해야 하는 일이지만, 자신에게 돌아올 어떠한 대가를 바라고 하는 것은 아니다. 행위 자체가 만족을 준다.

2인자의 희생과 헌신의 사고는 자신의 행동이 직접적으로 자기한테 유리하게 작용하지 않더라도 다 함께 잘사는 것을 지향한다. 논밭을 일구기는 하지만 그곳에서 나오는 수확에는 관심이 없는 '초연의 철학'이다. 희생과 헌신에는 성(誠)이 담겨 있다. 성심, 성의, 성실에는 모두 이와 같은 '성의 정신'이 담겨 있다. 성은 마음을 비우고, 시야를 여유롭고 넓게 가지며, 사심이나 잡념을 없앤다. 성의 마음을 지닐 때 진실하게 사람을 사귈 수 있고, 사람들을 하나로 일치시키며, 큰 뜻을 모을 수 있다. 2인자의 희생과 헌신에는 사람의 선량한 본성이 작용하고 있다. 위선과 거짓을 싫어하고 진실과 정성을 중요하게 생각하는 것이 선량한 본성이다.

2인자는 자기에게 돌아오는 불이익이나 손해를 감수하고서라도 다른 이들을 위해 행동한다. 이는 자신을 무조건 희생시키는 것과는 다르다. 자발적인 참여를 통해 조직 전체의 발전을 함께 모색하는 것이다. 따라서 무조건 희생양이 되지는 않는다. 물론 가장 최적의 대안일 때는 자청해서 희생양이 된다. 이로써 영원히 기억되는 1인자가 된다. 당장에는 하찮게 희생되는 것 같지만, 가장 위대한 존재가 되는 것이다. 희생하고 헌신하는 리더의 진정성이 전해질 때 부하들 간의 의사소통은 원활해지고, 심적 거리감이 좁혀지면서 개인과 조직의 목적을 더 효과적으로 달성할 수 있다.

자기희생을 하지 못하는 리더는 자기 파괴적이 된다. 자기희생을 통해 다른 이들과 조직 공동체를 위해 애쓰지 않는 리더는 이기적인 존재로만 보인다. 사람들은 멸사봉공하지 않는 이러한 리더를 신뢰하지 않는다. 믿고 따르는 이가 없다면 리더의 존재 의미는 없다.

희생은 믿음과 신뢰를 준다. 조직을 이끌 수 있는 권리와 권위를 한층 강화시켜주며, 나아가 도덕적 정당성을 강화할 수 있고, 비판을 줄여주며, 경멸과 혐오를 피할 수 있다. 희생할 수 있을 때 희생하지 않으면 진짜 희생양이 되어 영원히 추방된다. 희생에는 목표가 있어야 한다. 목표 없는 희생은 낭비다.

간디는 판사에게 이렇게 말했다.

"내게 최고형을 내리십시오. 내가 사람들에게 법을 어기도록 부추겼습니다. 그러니 당신의 벌을 받아 마땅합니다."

간디는 판사의 이성에 호소했고, 판사는 자신의 주도권을 인정받았다. 판사는 간디에게 가벼운 형량을 내렸다. 간디는 금식하고, 기도하고, 가난한 사람들에게 옷과 양식을 나누어 주는 등 대가 없이 희생했다. 따라서 판사가 그에게 중형을 내리는 것은 가혹한 일이 된다. 희생정신을 발휘하여 사람들에게 이바지하고, 법정의 권위, 판사의 역할과 존재 가치를 인정한 간디의 행동은 서번트 리더십, 즉 섬기는 리더십과 밀접하게 연결되어 있다. 만약 간디가 자신은 뛰어난 지도자이기 때문에 법정의 판결을 거부하고자 했다면 그에 대한 존경심은 감쇄되었을 것이다. 보통 사람이라면 희생하고 있는 자신에게 형을 내리려는 법관을 향해 분노를 쏟아냈을 것이다. 하지만 간디는 진정한 1인자였기 때문에 자신이 최고라는 자만과 우월감에 따른 유아독존의 태도를 보이지 않았다. 무엇보다 그는 모든 가난한 사람들, 인도인들이 잘살고 나아가 그들을 지배하고 있는 영국인들도 같이 잘사는 것을 목표로 삼았기 때문에 희생할 줄 알았다.

화장실을 손수 청소했던 것에도 그의 정신이 담겨 있다. 간디는 언제나 손수 화장실을 청소했다. 전시행정처럼 일시적인 것이 아니라 지속적이었다. 이 같은 행동을 오랫동안 묵묵히 행했기에 날이 갈수록 지지 세력이 모여들었다. 그는 현란한 말이 아니라 자그마한 행동 하나하나로 사람들의 마음을 움직여 나갔다. 그 지속성의 원천은 전략적 사고가 아니라 마음이었다. 2인자 리더십은 혼자 잘 먹고 잘살고자 하는 것이 아니라 다른 이들이 더 많은 것을 성취하고 꿈을 이룰 수 있도록 돕는 것이며, 그 가운데에서 존재의 기쁨을 찾는 것이다. 또한 영성적·심성적 리더십이다. 마음의 진정성을 통해서 사람을 움직이는 리더십이 바로 2인자 리더십의 핵심이다.

헤르만 헤세의 『동방순례』를 보면 기운을 북돋우는 쾌활한 하인인 레오가 등장한다. 그는 길고 험난한 여정에 오른 여행자들을 보좌하고, 굳건한 정신으로 여행자들의 목적을 뚜렷하게 유지시키고 사기를 드높이는 데 일조한 사람이다. 사실 레오는 당시 영적 교단의 이름 있는 지도자였다. 하지만 그는 여행자들을 가르치려 하지 않고, 섬기고 헌신하여 그들이 살아남을수록 있도록 인도했다. 그는 여행자들 뒤에서 그들이 목적지까지 살아나갈 수 있도록 도와준 다음에 아무런 대가나 보상 없이 조용히 사라졌다. 그럴수록 그는 더욱 존경과 높은 평가를 받기에 이른다. 2인자처럼 행동했지만 그는 1인자였던 것이다. 2인자의 행동이 그를 다시 1인자로 만들어준 것이다. 헌신과 섬김의 리더십은 아무나 시도하는 것이 아니라 진정한 2인자적 1인자들만이 할 수 있다.

헌신과 희생을 올바르게 알아볼 수 있는 조직 구성원을 키우는 것도 중요하다. 다음과 같은 일화를 보면 더욱 그렇다는 것을 알 수 있다. 『사기(史記)』'손자오기열전(孫子吳起列傳)'에 나오는 잘 알려진 이야기다.

전쟁터에서 다리에 종기가 나 고생을 하던 병사가 있었다. 군대를 지휘하던 장군이 이 말을 들었다. 장군은 그 병사의 종기에 든 고름을 자기 입으로 빨아내고, 약을 발라 치료해 주었다. 물론 병사의 상처는 깨끗이 나았다. 그런데 그 소식을 전해들은 병사의 어머니가 대성 통곡을 했다. 이상한 일이었다. 아들이 장군의 헌신적인 치료로 나았는데 왜 우는 것일까? 이웃 사람들이 이유를 묻자 그 어머니는 이렇게 대답했다.

"예전에도 그 장군이 내 남편의 종기를 빨아주었지요. 내 남편은 그 일에 감격해 전쟁터에서 물러서지 않고 싸우다가 죽고 말았어요. 이제 내 아들도 언제 죽을지 모르게 생겼지 뭐요."

그 어머니 말은 틀리지 않았다. 만약 그 아들이 장군의 행동을 별스럽게 생각하지 않았다면 목숨을 바쳐 용맹하게 싸우지 않았을 것이다. 그러나 똑같은 행위를 했어도 평소 어떤 리더였는가에 따라 결과는 달라진다. 평소 리더가 희생과 헌신을 보였다면 효과는 매우 클 것이다.

그렇지만 장군이 헌신한다고 해서 병사들이 무조건 목숨을 내놓고 싸울 것이라는 기계적인 계산을 해서는 안 된다. 이는 결코 바람직하지 않다. 비록 위 고사에서 아들이 죽기는 했지만, 장군이 그의 죽음을 바란 것은 아닐 것이다. 전쟁의 승리를 위해 인위적으로 목숨을 희생시키는 전략은 바람직하지 않다. 그렇게 되면 희생과 헌신을 알아보고 고마워하는 병사들은 죽고, 그렇지 않은 이들은 자기 살길만을 찾을 것이다. 이기적인 병사만 남는다면, 결국에 가서는 희생하는 리더와 그 군대는 모두 궤멸될 것이다. 희생과 헌신은 서로 상생하려는 생태학적 윤리의 차원에서 확립된 진리다. 결국 희생하고 헌신하는 리더 밑에 그런 부하가 모일 것이며, 희생하고 헌신하는 2인자들 위에 그런 1인자가 있을 것이다.

1인자의 그늘은
2인자의 양지

■ 너무나 뜨겁게 네 적을 용광로에 태우지 마라. 그가 뜨거움으로 네 털을 태워 없앨지니.
－ 윌리엄 셰익스피어

중국 노나라의 좌구명이 쓴 『춘추좌씨전』(春秋左氏傳)에서 대숙(大叔)이 이렇게 말했다.

"낮은 언덕에는 송백이 없다."

이는 좁은 곳에는 큰 것이 살지 못한다. 작은 사회에서는 큰 인물이 성장하지 못함을 비유한 말이다. 1인자의 그늘 아래서 탄탄한 입지를 구축하는 것이 2인자의 생존법이다. 그러나 그 1인자가 어떤 인물이냐에 따라서 2인자의 입지도 달라진다. 1인자의 그릇이 작다면 크게 될 2인자가 오히려 숨이 막힌다.

그늘이 깊고 넓으면 강한 햇볕을 막아주고, 굵은 가지로 지은 오두막은 바람에 흔들리지 않는다. 맹수를 피해 큰 나무에 오르면 멀리 볼 수 있다. 1인자의 어깨가 높을수록 2인자는 그 어깨에 올라 멀리 바라볼 수 있다. 멀리 바라볼 수 있다는 것은 전체를 볼 수 있다는 말도 된다. 동한 말년 군웅호걸들이 천하제패의 꿈을 저마다 갖고 있을 때 조조도 같은 뜻을 품고 있었다. 이때 순욱(荀彧)이 말했다.

"지난 역사를 보면, 진나라 문제가 주나라 양왕을 받들자 수많은 제후가 그에게 의지했습니다. 한 고조 역시 의제를 받들고 동쪽을 정벌하여 민심을 얻어낼 수 있었습니다. 지금 천자가 낙양에 닿으셨으니 지금이 승상이 대업을 이룰 때입니다. 천자를 허도로 모신다면 백성의 마음을 얻고, 천자를 보좌하니 제후들이 몰려들게 할 수 있으며, 여기에 의를 숭상하는 것이니 영웅들을 모을 수 있습니다."

이 말을 들은 조조는 크게 기뻐하며 헌제를 허도로 영접했다. 조조는 헌제를 위에 두고, 영웅호걸들을 위에서 호령했다. 이러한 구도는 그 뒤 그의 성장에서 매우 중요한 발판이 되었다. 일본의 막부제도라는 것도 결국에는 2인자 리더십의 제도적 확립이라고 볼 수 있다. 천황이라는 존재를 받드는 가운데 2인자인 막부가 모든 권한을 좌지우지하는 체제이기 때문이다.

1인자들 사이에서 2인자의 활로는?

인디라 간디의 전략은 2인자 전략의 유용성을 일깨운다. 2인자가 어디에 위치해야 살아남을 뿐만 아니라 자신의 입지를 구축할 수 있는지 알려주기 때문이다. 1966년 1월, 샤스트리 인도 총리가 갑자기 사망했다. 인도의 각 정파들은 총리 자리를 두고 경쟁을 벌였다.

인도 국민회의파의 데사이와 총리 대행을 맡은 난다가 강력한 후보로 부상했다. 상대적으로 인디라 간디는 그들의 경쟁자가 될 수 없었다. 그럼에도 불구하고 그녀는 막료들에게 자신이 총리 경쟁에 뛰어들 겠다고 말했다. 그녀가 총리에 임명될 가능성은 거의 없어 보였고, 그녀 또한 경쟁에는 관심이 없는 듯한 태도를 보였다.

하지만 그녀는 상황의 변화를 예의주시하면서 두 강호가 서로 다투는 모습을 지켜보았다. 독선적인 데사이는 다른 당내의 세력과 권력을 나누지 않겠다고 말했다. 그러자 당내에서 새로운 인물을 총리로 임명하려는 움직임이 일었다. 총리 대행이었던 난다도 정식 총리가 되기 위해 각축을 벌였다. 각 계파는 치열한 난투전을 계속했다.

여전히 인디라 간디는 한쪽에서 조용히 지켜보고만 있었다. 강력한 후보가 아니었던 그녀를 그 누구도 정적으로 여기지 않았다. 그러는 사이 사람들은 인디라 간디를 겸손하고 온화한 지도자로 인식하기 시작했다. 상황이 어느 정도 무르익어 대중의 관심이 상대적으로 자신에게 모아지자, 인디라 간디는 행동하기 시작했다. 데사이의 집권을 반대하는 이들을 자신의 편으로 만들고, 데사이가 속한 국민회의파를 자신의 세력으로 끌어들이기 시작한 것이다.

승산이 없다고 판단한 난다는 경쟁에서 물러났다. 하지만 데사이는 물러나지 않고 인디라 간디를 집요하게 공격했다. 그러한 비방과 공격에도 불구하고 인디라 간디는 여전히 그에 상응하는 행동을 하지 않고 겸손한 태도를 보였다. 선거 결과는 인디라 간디의 압승이었다. 인디라 간디가 불리한 상황에서 총리가 될 수 있었던 것은 자신의 힘이 약하다는 사실을 잘 알고 그에 걸맞은 2인자 전략을 사용했기 때문이다.

2인자가 자주 활용하는, 1인자들이 이루어놓은 결과물에 대한 '창조적 모방'과 '관망 후의 공격'은 상호 밀접하게 연결되어 있다. 이를 기업에 적용시켜보자.

앞서서 나온 제품들의 장점을 모두 수합해서 고객의 요구에 부합하는 더 좋은 제품을 만들어내는 것, 경영학자 피터 드러커는 일본의 핫토리 컴퍼니가 이러한 전략으로 세계 시장을 장악했다고 말했다. '창조적 모방'은 하나의 경영기법으로도 인정받고 있는 것이다. 좀 더 자세히 살펴보면 이런 내용이다. 스위스의 한 제조업체가 디지털 시대에 맞게 수정을 이용해 디지털시계를 만들었다. 하지만 이미 스위스 시계가 세계를 지배하고 있었으므로 고급화만 추구했다. 하지만 일본의 핫토리 컴퍼니는 세이코 시계를 통해 재빨리 디지털시계의 표준화를 이루어냈다. 스위스 제조 업체는 한발 늦었다는 것을 뒤늦게 깨달았다. 결국 스위스의 시계 업체들은 시장에서 내몰리고 말았다. 2인자들이 1인자의 그늘에서 힘을 키워 1인자들을 물리친 것이다.

한편, 2인자들은 1인자 뒤에서 일관성을 보인다. 2인자들이 안정되게 일관성을 갖는 이유는 1인자 뒤에서 잃기 쉬운 기본 원칙이나 원리를 다시금 정리할 수 있기 때문이다. 이후에 만약 1인자의 위치에서 진두지휘하게 된다면 이러한 경험이 있었던 사람이 어느 날 갑자기 1인자의 반열에 오른 사람보다 훨씬 이로운 점을 많이 갖게 되는 셈이다.

다음과 같은 점은 마지막으로 기억하고 넘어가도록 하자. 거인은 멀리 전체적으로는 내다 볼 수 있지만 자세히는 보지 못한다. 자세히 보는 이들은 난쟁이들이다. 난쟁이와 거인들의 중간에서 멀리 전체적으로 보면서도 자세히 볼 수 있는 이들이 바로 2인자들인 것이다.

1인자도 2인자처럼 해야 살아남는다

■ 인간은 운명의 포로가 아니라 단지 자기 마음의 포로일 뿐이다.
– 프랭클린 루스벨트

2인자 리더십은 비단 2인자들만이 아니라 1인자의 위치에 오른 이들도 구사해야 하는 전략이다. 최고의 지위에 올랐더라도 2인자 같은 태도가 1인자의 직무를 해내는 데 도움이 된다.

2006년 3월, 미국 부통령 체니가 사냥을 하다가 친구인 억만장자 변호사를 실수로 쏘고 말았다. 이 사고는 가뜩이나 지지율이 바닥이었던 부시 대통령에게 매우 치명적이었다. 그러나 체니 부통령과 부시 대통령은 그 곤란한 지경에서 단 일주일 만에 벗어날 수 있었다. 만찬장에서 한, 말 덕분이었다.

"체니 부통령, 내 지지율이 얼마인지나 아시오? 38%, 바닥이오. 다들 나를 싫어한다는 증거요. 그런데 당신은 이 나라에서 나를 좋아하는 유일한 변호사를 쏘아버렸군."

이 농담에 참석자들은 배꼽을 잡고 웃었다. 이어서 부시 대통령은 말했다.

"세간에 미국의 실세는 대통령인 내가 아니라는 말이 있습니다. 체니 부통령이나 칼로브 백악관 비서실 부실장이라는 말이겠지요. 하지만 다 틀렸습니다. 실제 1인자는 따로 있기 때문입니다."

그는 사람들의 궁금증을 불러일으키느라 약간 뜸을 들이다가 이렇게 말했다.

"이 나라의 진짜 실세는 체니의 아내 린입니다."

미국 대통령은 세계 최고의 권력자다. 스스로 자신을 깔아뭉개면서 한 발언에 적의를 품고 있던 숙적들도 웃을 수밖에 없었다.

미국 건국의 아버지 벤저민 프랭클린의 고민은 정적들과의 관계였다. 고민끝에 프랭클린은 그 정적들을 친구로 만들어버리기로 결심했다. 그는 기꺼이 정적에게 도움을 주고 도움을 받는 방법을 택했다. 먼저 다가가서 협조의 의사를 나타내면서 도움을 요청하여 그의 능력을 인정하는 것, 그것이 2인자 리더십의 한 유형이다. 스스로 잘났다고 여기는 1인자들은 상대의 능력을 인정하지 않고 협조를 구하지도 않는다.

실력 있는 의사들이 소송을 더 당하는 이유

병원에서는 의료사고가 심심치 않게 일어난다. 제 아무리 훌륭한 의사라고 해도 인간이기 때문에 의료사고를 일으킬 수 있다. 환자들은 의료사고를 당하면 강력하게 항의한다. 그러나 환자들의 항의가 반드시 의료소송으로 연결되지는 않는다. 그런데 유독 의료소송을 당하는 의사들이 있다.

한 조사결과에 따르면, 의료사고를 일으키고도 소송을 당하지 않는 이들은 실력 있는 1인자들이 아니라 실력이 없어도 인간적인 의사들이었다. 미국의 밴더빌트 의과대학 연구진들이 내과의사 645명을 추적했더니 친절하고 자상한 의사들은 그다지 소송을 당하지 않는 것으로 나타났다. 이 의사들 가운데 37%는 6년간 한 번도 소송을 당하지 않았다. 그들의 공통점은 항상 겸손했고, 환자를 불편하게 했을 경우 그 점에 대해 반드시 사과하고, 설명했다는 것이다. 반면 소송을 잘 당하는 의사들은 환자들에게 불친절하고, 환자를 무시하는 듯한 태도를 지닌 의사들이었다. 즉 자신이 1인자라고 생각해 환자들을 배려하지 않았던 것이다.

2인자는 항상 겸손하고 절제하며 다른 사람들을 배려하는 가운데 자신의 정체성을 찾게 마련이기에 소송에 덜 휘말린다. 이는 정치가나 기업 경영인도 마찬가지다. 자신이 남들 위에 서서 1인자로 군림하려는 사람들은 절대 지지를 받을 수 없다.

나폴레옹의 겁쟁이 전략

나폴레옹이 이런 말을 했다.

"작전을 세울 때 나는 세상에서 둘도 없는 겁쟁이가 된다. 나는 상상할 수 있는 모든 위험과 불리한 조건을 과장한다."

이러한 겁쟁이 전략은 진정한 겁쟁이가 쓰는 전략이 아니다. 겁이 많을수록 수만 가지 상황을 염두에 두고 작전을 짜기 때문에 오히려 성공할 가능성이 크다. 즉 모든 위험 상황에 대한 면밀한 파악이 중요한 것이다. 그렇기 때문에 나폴레옹은 비겁하지 않았다. 다만 소심했을 뿐이었다. 소심함은 '조심성이 많다'는 의미이기도 하다. 1인자와 2인자의 차이는 보잘것없고 세세한 것에까지 신경을 쓰는가, 아닌가에 달려 있는 경우도 있다. 겁이 많은 사람, 소심한 사람은 세세한 것까지 다 챙기기 때문에 일을 좀 더 완벽하게 할 수 있을 뿐만 아니라 다른 사람들을 배려할 수 있게 된다.

다만 '분석마비증(analysis paralysis)'에 걸리지 않게 주의해야 한다. 보통은 필요한 정보의 60~80%를 확보한 다음에 프로젝트를 진행하는 것이 타당하다. 정보를 100% 얻은 다음에 행동하려는 것은 타당하지 않다. 100% 정보를 구하는 것은 현실적으로나 능력상으로 불가능한데, 이에 집착하다가는 적절한 타이밍을 놓칠 수 있는 것이다. 콜린 파월 전 국무장관 등 몇몇 전문가들은 정보의 40~70%만 있어도 일을 진행하는데 문제가 없다고 밝히기도 한다. 위험 분석에 시간을 너무 많이 들이면 그것 자체가 위험요인이 되는 것이다. 나폴레옹도 지나친 신중함에서 오는 위험이 실제 위험보다 크다고 했다.

벤저민 프랭클린 효과

흔히 1인자는 최고의 실력자이기 때문에 다른 이들에게 도움을 주어서 자기 사람으로 만들려는 경향이 있다. 그러나 엄밀히 따지면 이런 도움이 정작 도움을 받는 당사자에게 만족감을 주지 않을 때가 많다. 사람들은 도움만 받기보다 다른 사람에게 도움을 주면서 자신의 존재감을 확인하고, 만족감을 느끼는 경향이 있기 때문이다. 벤저민 프랭클린은 정적을 친구로 만든 이야기를 다음과 같이 털어놓았다.

"내가 그 앞에서 굴복하듯이 허리를 굽힐 수는 없었다. 그러던 중 나는 그가 귀한 책을 소장한 것을 알게 되었고, 그 책을 좀 빌려달라고 정중한 편지를 써 보냈다. 그러고는 다시 정중한 편지와 함께 책을 되돌려 보냈다. 얼마 뒤 국회의사당에서 그 정적을 만났을 때 그는 매우 친절하게 말을 걸어왔다. 그 뒤 우리는 절친한 친구가 되었다."

물론 이러한 일련의 과정에서는 인지부조화의 경감이라는 심리법칙이 작용했다. 정적은 책을 빌려준 자신의 행동이 야기하는 부조화를 경감하기 위해 프랭클린과 부드러운 관계를 유지하기로 마음먹은 것이다. 소중한 책까지 빌려준 사이인데 단번에 모른 체할 수는 없는 일이다. 그렇게 한다면 냉혹한 인간이 되어버리므로 윤리적인 갈등을 겪게 된다. 사람은 누구나 자기가 윤리적인 존재이기를 원한다. 즉 자신의 행동과 사고가 의미 있는 것이라고 여기거나 그러한 방향성을 추구하는 경향이 있는 것이다. 껄끄러운 관계로 스트레스를 계속 받기보다는 털어버리는 것이 오히려 나은 법이다.

이와 관련되는 것으로 '테레사 수녀 효과'라는 것이 있다. 남들에게 우정, 사랑, 연민 등의 긍정적인 감정을 느낄 때마다 우리 몸의 면역 능력이 높아진다는 것이다. 캘리포니아 주 마린카운티 주민들을 상대로 조사한 결과, 봉사활동을 하는 사람들의 사망률은 그렇지 않은 사람보다 63% 낮았다. 진정한 1인자들만이 이러한 긍정적인 감정을 포용한다. 2인자들은 시기와 질투, 혐오와 분노 속에서도 자신을 적절히 다스리면서 꿈을 향해 나아간다.

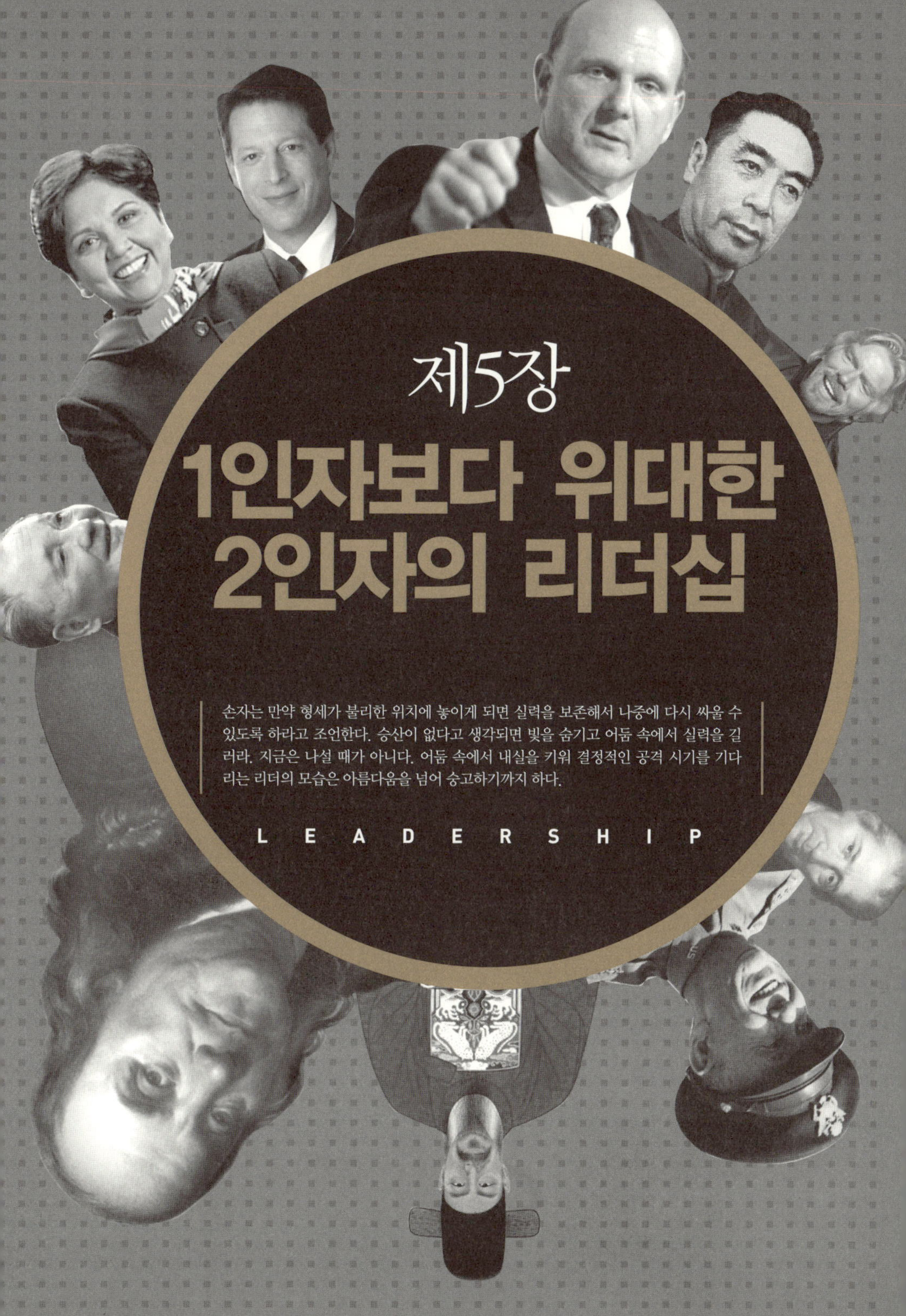

제5장

1인자보다 위대한 2인자의 리더십

손자는 만약 형세가 불리한 위치에 놓이게 되면 실력을 보존해서 나중에 다시 싸울 수 있도록 하라고 조언한다. 승산이 없다고 생각되면 빛을 숨기고 어둠 속에서 실력을 길러라. 지금은 나설 때가 아니다. 어둠 속에서 내실을 키워 결정적인 공격 시기를 기다리는 리더의 모습은 아름다움을 넘어 숭고하기까지 하다.

LEADERSHIP

LEADERSHIP

자발적 2인자로 영원한 1인자가 되다 - 저우언라이

■ 사람들을 진정으로 이끌고 싶다면 단지 군중의 뒤를 따르면 된다.
– 오스카 와일드

저우언라이를 보면 부드러움으로 강함을 이긴 리더에 대해 생각하게 만든다. 우선 하나의 이야기를 대입시켜 볼수 있을 것이다.

상용(商容)은 은(殷), 상(商) 왕조 시대에 살았던 학식이 높은 현자다. 그가 노환으로 누워 있을 때 하루는 제자인 노자가 찾아왔다.

"스승님, 저에게 또 남겨주실 말씀이 없으십니까?"

상용이 이 말을 듣고 입을 벌려 제자에게 보여주며 말했다.

"내 혀가 아직도 남아 있느냐?"

노자는 스승의 질문이 이해가 되지 않았다. 당연히 혀가 있으니 말을 이상 없이 하는 것 아닌가.

"당연히 있습니다."

"그럼 내 이는 남아 있느냐?"

"모두 빠져 남아 있지 않습니다."

상용은 이 말을 듣고 노자를 바라보며 이렇게 말했다.

"이것이 무슨 이치인 줄 아느냐?"

노자는 한참 생각했다. 그러고는 마침내 말했다.

"제 소견으로는 지나치게 강하면 부러지고, 오히려 부드러운 것이 오래갈 수 있다는 가르침 같습니다."

이 말을 들은 상용은 고개를 끄떡이며 말했다.

"세상의 이치가 모두 여기에 담겨 있다."

저우언라이를 둘러싸고 수많은 강자들이 지나갔지만 결국 남은 것은 저우언라이였다. 저우언라이는 중국 공산혁명에 대한 공헌과 행정부 구성에서 항상 마오쩌둥에 이어 두 번째라는 평가를 받았다. 더구나 그는 마오의 후계자로 여겨지지도 않았다. 2인자의 자리에서 1인자의 자리에 올라가지도 않은 것이다. 그럼에도 불구하고 수많은 사람들에게 존경을 받았다. 그는 타고난 카리스마를 지녔던 노련한 행정가이자 성공적인 중재자였으며 뛰어난 기획가이기도 했다. 한편 탁월한 분쟁해결자이면서 온화한 조정자인 것처럼 보이지만, 때로는 무자비하고 엄격했다. 원칙을 지키는 불굴의 의지를 가지고 있는 반면 환경에 유연하게 대응하고, 빈틈이 없었다. 그는 복잡하고 혼란스러운 정치적 상황 속에서 자신의 입장을 분명하게 취하지 않았다. 때로는 모호하고 수수께끼 같은 모습을 보였다.

그는 혼자 우뚝 서 있는 것이 아니라 늘 사람들과 관계를 맺고 있었다. 그는 인간적인 매력을 발산하며 재치와 세련된 매너를 보였다. 헨리 키신저는 저우언라이를 자신이 만났던 정치가 중에 가장 인상 깊었던 사람 중에 하나라고 했다. 그는 철학과 기억력, 역사적 분석력, 용병술, 임기응변술 등 모든 면에서 뛰어났다. 중국 정부도 저우언라이를 중국의 초석을 다진 사람으로 현실적이며, 희생적인 지도자라 평가하고 있다.

자발적으로 선택한 2인자의 길

1930년대 초, 저우언라이는 중국 공산당의 주요 당직을 맡으며 주목을 받고 있었고, 마오쩌둥은 그의 출세를 지켜볼 뿐이었다. 1928년 중국 공산당 제6차 전국대표대회 직후에 이미 정치국 상무위원 겸 중앙상무위원회 비서장, 중앙조직부장, 중앙군사부장, 중앙군사위원회 서기로 선출된 저우언라이는 최고 지도자의 일원이었다. 당시 농촌을 근거지로 활동한 마오쩌둥보다 서열상 한참 위였다.

1935년 준의회의 직후 국민당과 전투를 벌이기 위해 구성된 3인 군사지도소조에서도 책임자는 저우언라이였다. 이때까지도 저우언라이의 지위는 마오쩌둥보다 훨씬 높았다. 하지만 1934년, 대장정을 계기로 저우언라이는 자신에게는 없는 지도자적 자질이 마오쩌둥에게 있음을 알게 된다. 그후 저우언라이는 '농촌으로 도시를 포위한다.'는 마오의 전략에 동의하고, 그의 정치적 권력 장악을 적극 지원함으로써 2인자의 길로 들어섰다. 그 해 군위원회에서 저우언라이는 이름 없는 부하에 불과했던 마오를 홍군 사령관으로 추천하는 과감한 결정을 내렸고, 이후 자청해서 2인자의 길을 걸었다.

마오는 이 대장정의 기간에 당을 장악하고 저우언라이는 충실하게 그를 보좌했다. 1936년 겨울 장제스가 서안에서 장학량에 의해 연금되자, 장제스의 목숨을 살려주도록 한 것도 저우언라이였다. 그는 반란을 일으킨 장군들에게 장제스를 살해하지 말도록 설득하고, 그 대가로 국민당과 공산당의 항일통일전선을 성립시킴으로써 항일전의 승리는 물론 그 뒤 중국 통일의 기초를 닦았다.

저우언라이는 방광암으로 죽어가던 초읽기의 시간 동안에도 혁명의 시기보다 더욱 치열한 삶을 살았다. 1972년에서 1976년까지 그는 미국, 일본과의 수교 작업, 월남전의 마무리, 문화대혁명의 폐허 속에서 국가경제를 재건하는 문제, 그리고 마오쩌둥의 사후에 대비한 권력의 재편성(추방당한 덩샤오핑의 재기용과 문화혁명 4인방의 거세 준비 작업)과 국가노선을 개방·실용 쪽으로 전환하는 과제에 몰두하였다.

중국 공산당의 역사는 살인적인 권력투쟁의 역사다. 그는 그 살벌한 전쟁 속에서 살아남았고 끝까지 권력의 중심에 있었다. 그의 마지막 10년은 문화대혁명의 기간이었다. 이 기간에 마오는 누구도 감싸주지 않았다. 불충하다고 의심되는 이들을 사정없이 숙청했고 저우언라이의 정치적 지위도 여러 차례 심각한 위기에 직면했다. 하지만 그는 숙청당하지 않고 지도적 인물들 중에서 유일하게 실각하지 않았다.

겸손과 겸애의 리더

1949년 5월, 저우언라이는 지도부와 함께 샹산에서 베이징으로 거주지와 사무실을 옮겼다. 새로 옮긴 건물은 낡고 황폐했다. 비 오는 날에는 습기가 더해져 퀴퀴한 곰팡이 냄새가 났고 목재는 갈라져 가고 있었다. 그러나 저우언라이는 그 낡은 건물을 수리하는 데 반대했다. 한정된 국가 자원은 생산의 목적을 위해 사용되어야지 간부들의 생활

여건을 개선하는 데 쓰여서는 안 된다는 것이었다. 그가 기거하던 곳이 수리된 것은 그로부터 10년 뒤였다. 그마저도 그가 베이징을 비운 두 달 사이였다. 복도의 딱딱한 벽돌은 목재로 바뀌고, 갈라지고 썩은 대들보는 새것으로 교체되었다. 바닥에는 아름다운 카펫이 깔렸다. 새 가구와 커튼도 들여놓았다. 지역 사업을 마치고 돌아온 저우언라이는 새롭게 단장된 집을 보고 당황하고도 놀랐다.

저우언라이는 원래 상태대로 복구하지 않으면 집에 들어가지 않겠다고 했다. 그러려면 더 많은 돈이 들어간다고 하자 가까스로 진정은 됐지만 이번에는 새 가구가 치워져야 집으로 들어가겠다고 했다. 당시 간부들은 경쟁적으로 생활 여건을 개선하고 있었다. 그는 국무원에서 이 문제를 공론화하기도 했다. "위에 선 자의 행위는 반드시 아래에 있는 백성들의 따르는 표준이 되는 것이다."라는 『좌전』에서 무중이 한 말을 실천하려고 했다. 즉 "위에 있는 자가 자기의 집을 아름답게 꾸미는 것은 바람직하지 못한 일이다."라는 『좌전』의 가르침을 되새겼던 것이다. 그에게는 나라가 우선이었다. 그의 이 명분은 향후 그의 노선에서도 나타난다.

중화인민공화국을 선포한 중국 공산당은 오랫동안 꿈꾸어 온 국가 통일이라는 목표를 달성했다. 하지만 사회 전체는 아직 완전하게 통일되지 못했다. 전통적인 지방 파벌주의의 영향을 받고 있었다.

마오도 이러한 점을 잘 알고 있었다. 1949년 6월 30일, 마오는 '인민민주독재에 대하여'라는 글을 발표했다. 이 글에서 그는 노동자와 농민, 도시 부르주아 동맹에 기초한 '신민주주의'를 제창했다. 공산당과 민주당파, 시민기구, 지역 대표, 인민해방군, 소수민족, 해외 화교, 유명 인사 등 수많은 세력과 인사들을 끌어안아야 했다.

이때 저우언라이의 능력이 발휘되었다. 그는 회의 소집이나 대중 동원, 의심 많은 사람들의 신뢰 획득, 비공산주의자들의 포섭 등에서 탁월한 능력을 보였다. 1인자였던 마오는 절대 할 수 없는 일이었다. 당시 중국 공산당 지도자들 중 어느 누구도 따라갈 수 없었다. 이어 저우언라이는 신중국 건설을 위해서 지명도는 높지만, 공산당에 동조하지 않는 이들까지 포섭하기 시작했다. 그 가운데는 과거 국민당 대표도 있었다. 저우는 또 외교적 역량을 통해 신중국의 이미지를 강화했고, 국내 경제개발에서도 상당한 역량을 발휘하기 시작했다.

당시 리푸춘이 국가계획위원회를 담당하고 있었고, 저우와 리푸춘은 산업화를 위해 밀접하게 협력했다. 재정위원회를 담당하는 보이 보와도 좋은 협력관계를 유지했다. 그러나 사회주의국가의 건설 방향에 대한 방식과 속도를 두고 지도부 내에 이견이 있었다. 마오는 경제개발 속도에 대해서 불만이 많았다. 1955년 7월, 마오는 경제개발 속도가 마치 전족한 여성이 뒤뚱대는 것과 같다고 비판했다. 특히 덩즈후이의 농업개발정책에 불만이 많았다. 덩즈후이는 합작사 추진은 점진적으로 시행되어야 한다고 주장해왔고 저우언라이도 이에 동조했다. 그러나 마오는 조심하는 것은 보수 우익의 생각이라고 주장했다. 1955년 10월에 개최된 중앙위원회는 마오의 주장을 받아들여 농촌의 집폐화를 가속화하기로 했고, 저우언라이는 자신의 태도를 바꾸어 마오의 견해에 동조하기에 이른다. 1956년 11월까지 96%의 농가가 합작사에 가입했다. 이는 다른 분야에도 영향을 주어 1956년 말까지 사기업의 99%, 상업의 82%가 각각 공사합영 체제로 전환했다. 수공업 분야에서도 1956년 말까지 92%의 노동자가 집단 기업에 가입했다. 저우언라이는 마오의 급진정책 주문을 잘 알고 있었지만, 산업화를 15

년에 걸쳐 실현하는 것이 더 현실적이라고 보았다. 또한 새 정책이 경기과열을 불러오지 않을까 우려했다. 마오는 이러한 저우언라이의 생각에 반대하면서도 개입을 자제했다. 그런데 1957년 10월 마오는 갑자기 생산량 목표를 완화하는 모든 정책을 비난하기 시작했다. 진보를 달성하는 혁명정신을 약하게 한다는 것이었다. 또 이러한 주장을 하는 이들은 우익과 오십보백보라고 밀어부치면서 급진적 경제발전정책을 비판하는 목소리가 나오지 못하도록 했다. 마오는 저우언라이에게 이렇게 물었다.

"당신은 돌격작전에 찬성합니까? 반대합니까? 나는 돌격작전에 반대하는 것을 반대합니다."

저우언라이는 자신이 돌격작전에 반대했다는 것을 시인했다. 그는 원칙상에서 잘못을 저질렀다고 자신을 비난했다. 경제발전정책 과정에서 저지른 과오도 인정했다.

저우언라이는 자기비판을 하는 것이 얼마나 창피스러운 일인지 알았지만, 다시 자기비판을 해야 한다고 판단했다. 그래서 자신이 더 적게, 더 느리게, 더 나쁘게, 더 낭비적인 정책을 폈다고 주장했다. 또 자신의 잘못을 깨닫게 된 것은 마오 주석의 가르침 덕분이라고 시인했다. 마오와 나눈 대화에서 저우언라이는 자신의 잘못을 사과하고 마오의 비난을 수용했다. 통렬한 자기비판이었다. 그러고는 이때 촉발된 대약진 운동을 지지하면서 급속한 산업화가 의미가 있으며 달성될 것이라고 말했다. 결국 대약진 운동은 더 위대하고, 더 빠르고, 더 좋은 경제성과를 내는 데 초점이 맞춰졌다. 대약진 운동이 비참한 결과를 맞게 되자, 그것을 의욕적으로 추진했던 마오는 그 책임을 저우언라이에게 돌렸다. 대약진 운동 뒤 먹을 것이 부족해서 기아가 전국적으로 만연했다. 저우언라이는 모든 것을 자기 탓으로 돌리면서 모든 죄를 뒤집어썼다. 그것이 자기가 속한 공동체에 이바지할 수 있는 일이라고 생각했기 때문이다.

국민과 중국을 위해 2인자가 되다

1961년 봄, 저우언라이는 몇 주 동안 허베이 성을 방문했다. 저우와 만난 지역 농민들은 처음에는 아무 말도 하지 않으려고 했다. 그러나 저우언라이가 애써 편안한 분위기를 만들자 그제야 입을 열어 고충을 털어놓기 시작했다. 길게 탄식을 늘어놓던 한 농부가 갑자기 손가락으로 저우언라이를 가리키면서 말했다.

"지금 상황이 계속된다면 당신도 굶어죽을 것입니다."

저우언라이가 말했다.

"왜 그런 일이 일어날 거라고 생각하는가?"

"왜냐하면 우리가 우리 자신을 지켜야 하기 때문입니다. 우리는 곡물을 팔지 않을 것입니다."

저우언라이는 캐나다와 호주 등에서 곡물을 수입하고 또 국내에서 상대적으로 많이 생산되는 지역에서 적게 생산되는 지역으로 재분배하는 정책을 폈다. 이를 위해 매달의 구입량, 판매량, 수송량, 분배량, 그리고 부족량에 대해서 상세하게 분석하고 계산했다. 그가 직접 팔을 걷어붙이고 주판알을 튕기며 계산을 했다. 보좌관이었던 젊은 여성은 이런 사소한 일을 왜 총리가 하느냐고 물었다.

"이 일은 수백만 명의 생명과 관계된 일이다. 내가 직접 계산하지 않는다면 어떻게 실제 상황을 알겠는가.”

기근이 최악이었던 1960년과 1961년, 저우언라이는 고기와 달걀을 먹지 않았다. 저우언라이가 버텼던 것은 마오에 대한 일관성 때문이었다. 문화혁명 당시 마오는 21세기 폭군이 되어 있었다. 저우는 마오의 급진정책을 완화하려는 시도를 했다. 그러나 주석에 대한 충성은 다른 모든 것들보다 우선적 고려 사항이었다. 기꺼이 그는 주군의 하인이 되고자 했다. 그는 수많은 이들이 목숨을 바쳐 이루어낸 중국 공산당을 상징하는 인물이었기 때문이다. 또한 당은 절대 틀릴 수 없다는 신조를 몸으로 보여야 했다. 이 같은 저우언라이의 태도는 그가 정치적으로 살아남는 데 일조했다. 그는 혼란의 와중에서 살아남은 유일한 최고위급 지도자였다. 조직의 목표와 가치를 훼손하지 않으면 살아남을 수 있다. 당과 정부의 모든 고위 관료들이 숙청된 뒤에도 저우는 강철 같은 자제력과 무한한 근면성을 발휘해 국가를 거의 단독으로 이끌어가다시피 했다.

저우언라이는 새로운 상황에 직면하면 적응이 빨랐다. 공격당할 위험을 미리 방지하기 위해서 저우는 1964년 8월의 당 대회에서 자아비판을 했다. 그는 자신에게 문화혁명에 대한 이해가 부족했다고 강조했다. 또한 자신이 새로운 혁명과 운동을 낡은 방법과 마음의 틀로 바꾸려 했다고 비판하고, 새로운 사태 전개를 정확하게 따라가지 못한 자신을 꾸짖었다. 저우는 당의 다른 지도자들과 거리를 두는 처세를 통해 급격한 인사 쇄신에서도 당 서열 3위를 계속 유지했다. 저우는 이른바 ‘내 탓이오’ 라는 말을 함으로써 정치적 지도를 잃지 않게 되었다.

1966년 8월 1일의 서한을 통해 마오는 칭화 대학 부속 중학교 학생

들을 부추겨 반동분자들에 대항해 폭동을 일으키고자 했다. 8월 19일
부터 9월 말까지 그들은 베이징에서 1,700명의 사람을 죽였고, 과거
의 지주와 부농들을 반혁명가, 불량분자, 또는 우익을 가리키는 '흑오
류' 라 몰아붙여 85,000명을 베이징에서 쫓아냈다. 많은 사람들이 공
격을 받았고, 적색테러의 대상이 되었다. 저우언라이는 고민에 빠졌
다. 그러한 야만 행위에 자신이 동조하는 것은 맞지 않는 일이었다.

그는 주석과의 연대와 결속을 강조하면서도 한편으로 홍위병의 난
폭한 행동을 막으려 했다. 그들의 행동을 칭찬하면서도 그들의 과격한
행동을 막으려고 했던 것이다. 이를 위해 저우는 베이징 대학과 중학
의 홍위병 연락처를 만들어 그들과 정기적으로 접촉했다. 그는 개인적
으로 홍위병들과 수많은 토론과 협상을 벌였다. 크고 작은 회의에 40
여 차례나 참가했다. 회의 때마다 홍위병의 폭력 사용을 자제시키려고
했고, 집을 약탈하고 사람을 내쫓는 것은 문혁의 목적에 맞지 않는다
고 설득했다. 반항적인 젊은이들과 접촉하기 위해서 여성의 헤어스타
일 문제를 토론하는 곳과 같은 사소한 모임에도 참가했다.

홍위병들이 이슬람교를 불법화하자고 하자 저우언라이는 무슬림 신
도를 가진 국가가 세계적으로 매우 많다는 것을 알렸다. 홍위병이 자
금성을 부수려고 하자, 문혁 기간 내내 자금성 폐쇄를 통해 자금성을
보호했다.

중앙문혁소조는 베이징의 학생들을 다른 지역으로 보내서 그들의
경험을 공유시켜 문혁을 광범위하게 촉발시키려고 노력했다. 1966년
9월부터 12월까지 수백만 명에 달하는 홍위병들이 각 지역으로 이동
했다. 그 이동 계획과 숙식 제공의 프로그램을 저우언라이가 담당했
다. 그는 홍위병을 배려하면서도 그들이 질서를 깨지 않도록 여러 조

치들을 취하는 양면작전을 취했다.

마오는 저우언라이의 탁월한 조직 관리 능력을 알고 있었기 때문에 그를 숙청할 생각이 없었다. 더구나 그의 충성을 확신하고 있었다. 충성은 신뢰를 의미했다.

당시 무질서의 원천 가운데 하나는 홍위병 사이에 있던 파벌주의였다. 보수파와 급진파로 나뉘어진 그들은 모두 자신들이 마오의 정치적 노선을 따르고 있다고 주장했다. 저우는 두 파벌 간의 싸움을 중재하는 데 많은 인내심을 발휘하고 시간을 소비했다. 중앙문혁소조는 두 파벌 중 누가 혁명적 혹은 보수적인지 단번에 분별했다. 하지만 저우언라이는 모호한 입장을 취했다. 왜냐하면 저우언라이가 볼 때는 모두 다 혁명적인 기구이자 세력이었기 때문이다. 그는 다만 급진파가 보수파를 도와 이해를 돕고 그들과 단결해야 한다고 주장했다.

1966년 문혁이 일어나면서 저우언라이는 이 운동에 적극적으로 참여하겠다고 밝혔다. 하지만 그해가 저물어갈 무렵, 점차 회의적으로 변하기 시작했다. 그렇다고 해서 공개적으로 마오에게 반기를 들 수는 없었다. 마오의 정책에 대해서 공개적으로 반기를 든다면 그는 정치적 생명뿐만 아니라 목숨까지도 위험했다.

수모를 참으며 2인자의 실력으로 중국을 살리다

마오는 1967년에 상하이 노동자 단체가 당위원회를 접수한 사실을 격려하며 모든 기업과 당 기구에 혁명적인 기구를 두어 당의 주요 간부들을 쫓아내려 했다. 마오는 저우언라이가 이 정책을 맡아주기를 바랐다. 하지만 저우언라이는 급진파의 행동을 도우면서도 그 같은 권력 획득 과정은 통제하려 했다. 저우언라이는 권력 탈취 과정을 지지하면서도 되도록이면 많은 간부들을 살리려 했다. 이들은 대부분 장·차관들이었다. 성급 지도자들도 쫓겨나고 있었다. 이러한 일들이 벌어지자 고위 간부들은 문화대혁명을 일제히 공격하면서 중앙문혁소조가 당의 전통적 지도력을 빼앗고, 군의 안정을 해하며, 수십 년 동안 혁명과 국가 건설을 위해 애써온 원로들을 박해한다고 비난했다. 이것이 이른바 1967년 2월, 역류사건에서 불거진 말들이다.

저우는 특유의 조심성으로 정치국 회의를 주재했다. 비록 중앙문혁소조와 대결하는 원로간부들을 자제시키지는 않았지만, 그렇다고 그들 대열에 합류하지도 않았다.

마오는 이번 도전에 연루된 사람들은 정치국 확대 회의에서 비난받아야 한다고 명령했다. 저우언라이는 마오와는 다른 견해였다는 것을 인정하고 바로 자아비판에 들어갔다. 깨닫는 데 느리고 우둔해 두 차례의 반란을 알아차리지 못했다고 고백했다. 장칭은 저우언라이가 문화혁명에 소극적이라고 비판했다. 이런 때 저우가 한 일은 늘 그랬듯이 자신을 비판하고, 마오와 함께 가는 것이었다.

급진파 학생들은 저우언라이가 역류사건의 막후 보스 역할을 했다고 비난을 멈추지 않았다. 그러자 마오는 자신의 전 비서이자 중앙문혁소조 책임자인 천보다에게 훈령을 내려 저우를 구할 공개발언을 하도록 했다.

"저우언라이 총리는 해외에서뿐만 아니라 국내에서도 존경을 받고 있다. 그는 마오쩌둥 주석과 린뱌오 부주석의 정책 시행을 책임지는 자리에 있다. 그 누구도, 또 어떤 경우에서라도 총리의 흠을 들추는 일을 해서는 안 된다.”

이러한 발언을 통해서 저우를 향한 비난을 간신히 수습할 수 있었다. 마오는 저우언라이를 급진파에서 구했다. 국가를 관리하고 마오 자신의 뜻을 충실하게 이행하는 데 저우언라이만한 사람이 없었기 때문이다. 마오의 측근 중에 누구도 저우만큼 국가 사무를 잘 처리할 능력을 가진 사람은 없었다.

저우언라이는 이후에 자신이 통제할 수 없는 중앙문혁소조와 밀접하게 협력해 국가를 경영해야 할 역할을 부여받았다. 저우는 세밀하며, 신중하고 표 나지 않는 방법으로 중앙문혁소조와 관계를 유지했다. 비록 자신이 중앙문혁소조와 빈번하게 의견 차이를 보이기는 했지만, 공개적인 대결상황으로 치닫는 것은 피했다. 또 갈등이 표면화되어 정치적인 문제를 일으킬 것 같으면 얼른 태도를 바꾸어 물러서고는 했다.

1971년 9월 12일, 뜻밖의 일이 일어났다. 역사상 매우 중대한 사건이었다. 린뱌오가 장칭이 이끄는 문혁 파벌과 마오의 불신임에 참지 못하고 비행기로 도주하다가 추락 사망한 것이다. 이 소식은 마오에게 옛 동지들에 대한 향수를 불러일으켰다. 11월 14일, 마오는 ‘2월 역류 사건’에 연루되어 강등되었던 혁명 원로들을 복권시켰다. 2월 역류사건이란 1968년 문화혁명 당시 혁명 원로들이 문화혁명을 비판한 사건이다.

당시 마오는 린뱌오의 여러 정책들을 비판하기 시작했다. 혁명 원로를 타도하자고 외쳤던 급진 좌익 세력과 린뱌오를 연결시켜 이런 모든 행동의 배후에 린뱌오가 있었다고 말했다. 저우언라이는 마오의 이런 변화를 틈타서 문혁의 잘못을 바로잡아야겠다고 마음먹었다. 그래서 린뱌오로 대표되는 극좌세력에 대한 투쟁을 앞장서서 전개했다. 또 린뱌오나 중앙문혁소조 일원들이 정치담화만 남발해서 경제가 후퇴했다고 공격했다.

생산과정의 질적 향상 방안을 위한 조치들도 취해졌다. 무엇보다 간부들의 전문성을 제고하는 데 집중했다. 저우언라이의 주도 아래 농부들에게도 소규모의 부업활동을 하도록 허용했고, 쓸모없다고 버렸던 기초 이론 교육을 베이징 대학에서 다시 실시하게 했다. 그리고 극좌세력이 쫓아낸 수많은 간부들을 다시 복권시켰다.

그러나 마오는 다시 변덕을 부리며 린뱌오가 지나치게 극좌였다는 평가를 하지 말도록 했다. 이는 저우언라이가 극좌주의 투쟁에서 한발 물러나야 함을 의미했고 린뱌오가 극좌주의자였다는 발언을 부인해야 했다. 그것은 장칭 체제의 강력한 저항과 맞물려 저우언라이를 어렵게 했다. 입지가 약해진 저우는 마오가 그의 충성심을 믿는다는 데에서 위안을 찾았다. 마오는 저우언라이를 제거의 대상이 아니라 충고를 받아야 하는 대상으로 인식했다. 마오는 공개적으로 "장칭은 나를 위해서 말하는 것이 아니라 단지 그녀 자신을 위해서 말할 뿐"이라고 하면서 4명으로 구성된 4인방 체제를 구축하지 말라고 했다.

제4차 전국인민대회가 1975년 1월 13일부터 17일 사이에 개최되었다. 회의는 저우를 다시 총리로 선출하고, 12명의 부총리를 지명했다. 그런데 이들 중 6명은 원로 간부들이었다. 권력투쟁은 이로 인해 저우와 지지자들에게 유리한 쪽으로 일단락됐다.

저우가 보신에만 신경 쓰고, 마오에게 적극적으로 반대하지 않았다는 비판도 있다. 하지만 문혁의 피해자였던 원로 펑전의 생각은 달랐다.

"그렇게 하지 않았다면 나처럼 감옥에 갇혔을 것이다. 그는 잠시 몸을 굽혀 장기적인 국익을 추구했다.”

그렇게 저우언라이가 살아남아 힘을 써주었기 때문에 ‘개혁 개방의 설계자’ 덩샤오핑과 주덕도 목숨을 부지했다. 저우언라이가 지키고자 했던 것은 바로 중국이라는 체제 그 자체였다.

마오쩌둥은 국가 중대사를 결정할 때마다 반드시 저우언라이에게 조언을 구했고, 저우언라이 또한 중국의 지도자로서의 마오에게 적극적인 협력과 지지를 보냈다.

저우는 ‘격려의 천재’ 라는 소리도 들었다. 비판이란 행위 자체가 일상화되어 있는 공산당 활동 속에서 마오쩌둥이 엄한 아버지였다면 저우언라이는 자애로운 어머니 역할을 맡았던 것인지도 모른다. 결국 저우의 격려는 모든 중국 인민에게 커다란 힘이 되었다.

“만약 저우가 내전 중에 우리 편이었다면 마오쩌둥이 타이완으로 쫓겨나고 우리가 베이징에 있었을 것이다.”

닉슨이 타이완의 국민당 관료에게 들었다며 저서 『지도자들』에 인용한 말이다. 헤밍웨이의 아내로 1941년 저우를 인터뷰한 전쟁 전문 기자 마사 겔혼은 “중국에서 가장 위대한 인물은 공산당원 저우언라이다.”라고 썼다. ‘2인자’ 의 대명사가 되다시피 한 저우였지만, 때로 마오보다 더 높은 평가를 받았다. 그 때문에 마오도 살고, 중국도 살았으며, 본인도 살았다.

오마하의 현인,
투자의 귀재 - 워렌 버핏

■ 하는 일을 즐기고 무엇을 하든지 즐거워하는 사람은 행복하다. **- 괴테**

'네 시작은 미약했으나 네 나중은 심히 창대하리라(욥기 8:7)'

이 말에 딱 맞는 사람이 워렌 버핏이다. 그는 1956년 겨우 100달러로 시작해 620억 달러의 재산을 가진 세계 최고의 부자가 되었다. 버핏은 여섯 살 때 이미 투자로 인한 효과를 궤뚫어보고 있었다. 6병들이 콜라 한 팩을 25센트에 사서 아이오와 오코보지 호수에 놀러온 사람들에게 한 병에 5센트씩 받고 팔아 한 팩당 5센트씩의 이윤을 남긴 것이다. 누가 알았을까? 그가 나중에 수십 억 달러 상당의 코카콜라사 주식을 소유하게 될 줄을 말이다. 이때 20%의 수익률이 발생했는데, 그러한 수익률은 이후 버핏의 비즈니스에서 항상 유지된 비율이었다.

로즈힐 초등학교 때 버핏은 경마 정보지를 출간해서 언론 출판 운영 경험도 쌓았다. 일종의 1인 출판사였다. 그는 지하실에서 정보지를 인쇄해서 1부당 25센트씩에 팔았다. 열한 살 때 워렌 버핏은 주식에 관심을 갖기 시작했다. 아버지 회사와 같은 건물에 있던 '해리스 업햄'에서 주가를 기록하는 일을 도우면서부터다. 이때 그는 한 가지 교훈을 얻게 된다. 평범하지만 아주 중요한 사실이었다.

"다른 사람들이 하는 말에 끌려다니지 말고, 다른 투자자들에게 지금 자신이 무엇을 하고 있는지 절대 말하지 말라."

열세 살 때 버핏은 로저 벨이라는 친구와 함께 가출했다가 경찰에 붙잡혀 집으로 돌아왔다. 대개 가출은 불량 청소년들의 일탈행위로 보이지만 버핏의 가출은 그 성격이 사뭇 달랐다. 이미 사업과 관련되어 있었던 것이다. 그때 버핏은 펜실베이니아에 있던 허시 초콜릿 공장에 가서 그곳 골프장에서 일하면서 돈을 벌 계획을 세우고 있었다. 초콜릿 공장 구경도 하고 그곳에서 나누어주는 막대사탕도 얻으면 일석이조일 것이라는 계산이었다. 그러나 끝내 공장 구경도 못하고 잡혀오고 말았다.

공부를 택할 것인가, 사업을 택할 것인가

당시 워렌 버핏은 워싱턴 앨리스 딜 중학교에 다녔는데 성적이 그다지 좋지 않았다. 공부보다 투자와 사업에 더 관심이 많았던 학생이었다. 아버지가 신문배달을 그만두라고 말할 때면 조금 공부해서 성적을 올려놓기는 했다. 열네 살 때 버핏은 신문배달로 벌어들인 천 달러의 수입에 대해 세금을 내기 시작했다. 그리고 일에 매진하기 위해 2년 6개월 만에 고등학교 과정을 끝내 버렸다. 그런 가운데에도 버핏이 읽은 경제학 서적은 100권이 넘었다.

버핏은 숫자에 대한 감각이 아주 뛰어나 계산 능력이 탁월했다. 그의 친구 댄리의 말에 따르면 그는 두 자리 숫자를 20개 말하고, 그것을 머릿속으로 암산했다고 한다.

버핏의 아버지는 버핏이 성직자의 길을 걷기를 바랐다. 돈보다는 신앙인의 삶에 따라 검소하게 사는 것이 더 가치가 있다고 여겼기 때문이다. 하지만 금융 분야에 관심이 많은 아들을 키우면서 놀라지 않을 수 없었을 것이다.

우드로 윌슨 고등학교에서 워렌의 성적은 350명 중에 16등이었다. 그러나 버핏은 친구들과 이야기할 때 흔히 그 또래 아이들이 고민하는 성적이나 친구 이야기가 아니라 전혀 다른 이야기를 했다. 그는 자신이 서른 살일 때 백만장자가 되어 있을 것이라고 친구들에게 공언을 했다. 1947년 고등학교를 졸업할 때 졸업 앨범에 소개된 버핏의 꿈은 다른 아이들처럼 고상한 것이 아니라 중개인이었다.

열여섯 살 때 버핏은 자기보다 한 살 위였던 댄리와 함께 볼티모어로 갔다. 거기서 1928년형 롤스로이스를 한 대 사서 하루에 35달러를 받고 차를 빌려주는 대여사업을 했다. 골프장에 버려진 공들을 모아 씻어 되파는 일도 했다. 대학을 졸업할 때까지 모은 골프공이 2,640개였다고 한다. 또한 25달러짜리 중고 핀볼 게임기 대여사업도 했는데, 그것을 번화가였던 위스콘신가의 깨끗한 이발소 앞에 설치하자 주변 이발소들이 자기네 가게 앞에도 핀볼 게임기를 설치해달라고 너도나도 주문을 해왔다고 한다. 두 사람은 '고집 센 윌슨 사장과 상의하겠다'고 대답했는데, 그 윌슨 사장이란 사람이 바로 자신들이었다. 그때 버핏은 게임기 7대로 주당 50달러씩을 벌었다. 또 신문배달로 175달러씩을 벌어 고등학교 시절에 이미 네브래스카 북서쪽에 있는 땅 16만 제곱미터(약 5만 평)를 샀다. 아버지를 통해 구입한 것인데, 버핏은 그것을 농부에게 임대해서 임대료를 받았다. 비록 학교에서는 성적 우수자로 두각을 나타내지는 못했지만, 비즈니스에서는 단연 주목받는 인물이었다. 아버지의 성화에 못 이겨 버핏은 1947년에 펜실베이니아 대학의 와튼 스쿨에 진학했다. 교내 신문사 활동과 브리지 게임을 즐겨 하면서도 A학점을 유지하는 한편, 돈을 벌 수 있는 것에 많은 관심을 기울였다. 이후 그는 펜실베이니아 대학에서 네브래스카의 링컨 대학교 경영학부로 편입한다. 학교를 옮긴 이유는 대학에서 많은 것을 배우는 것 같지 않았기 때문이었다. 그럴싸한 비즈니스 이론은 그에게 그다지 큰 만족을 주지 않았다. 그는 항상 현실에서 무엇인가 만들어내는 것에 더 관심이 있었다.

최고 대학을 벗어나니 오히려 성공이 찾아오다

1950년 버핏은 하버드 경영대학원에 지원했으나 거부당했다. 그는 친구에게 이런 편지를 썼다.

"나는 솔직히 하버드라는 이름에 혹했는지 몰라. 컬럼비아 대학에는 벤저민 그레이엄과 데이비드 노드라는 주식의 평가를 가르치는 뛰어난 교수진이 있어. 그곳에 진학할 생각이야."

버핏은 허명이 아니라 실리를 택했다. 컬럼비아 대학원은 그를 받아주었다. 그리고 버핏은 그곳에서 벤저민 그레이엄을 만났다. 그가 평생 구사했던 가치 투자를 확고하게 심어준 사람이 바로 벤저민 그레이

엄이다. 그는 벤저민 그레이엄의 『현명한 투자자』라는 책을 거의 외우다시피 했다. 하버드 대학원의 입학 거부가 버핏에게는 오히려 뜻하지 않은 좋은 결과로 이어졌던 것이다.

컬럼비아 경영대학원에서 그의 성적은 최고였다. 특히 그가 가지고 있던 수학적 재능을 최대한 발휘할 수 있었다. 그는 대학을 졸업하고 난 뒤에 고향인 오마하로 가서 아버지의 주식 중개회사 버핏 앤드 컴퍼니에서 증권 세일즈맨으로 일했다. 스무 살에 컬럼비아 대학에서 석사학위까지 받은 인물이 말이다.

자신의 약점과 강점을 상호 강화하다

버핏은 자신의 약점이 대중 앞에서 연설을 잘 못하는 것임을 일찍부터 알았다. 그래서 100달러의 수강료를 지불하고 데일 카네기 강좌에 등록했다. 데일 카네기는 성인 대중 연설 강의와 인간 관계론으로 당시 유명세를 치르고 있었다. 이때 버핏의 나이는 21세였다.

그러는 중에 그는 오마하 대학 사회교육 프로그램에서 투자 강의를 맡았다. 그런데 강의실에 가보니 수강생이 네 명밖에 없었다. 버핏은 처음에 자기 강의가 사람들에게 관심을 끌지 못한다고 판단해 강의를 폐강해버리려고 했다. 하지만 시간이 흐르자 반응이 점차 좋아졌다. 사실 처음 강의를 들었던 수강생들은 평균 연령이 40세였다. 그들은 20대인 버핏을 신출내기라고 여겼다. 더구나 당시 버핏의 외모는 굉장히 마르고 체구가 왜소해 고등학생처럼 보였다. 하지만 그가 입을 여는 순간 분위기는 달라졌다. 다른 강의와 남다른 점이 있었던 것이다. 버핏은 계산기를 사용해서 돈이 어떻게 불어나는지 가르쳤고, 복리가 얼마나 중요한지 깨닫게 해주었다. 더구나 강의는 쉽고 간결한데다 위트와 통찰력까지 있었다.

월스트리트를 거부하다

그 시절 버핏은 주식 중개인들이 작성한 보고서는 읽지 않고 가공되지 않은 데이터에만 주목했다. 1954년에서 1956년까지 버핏은 월스트리트의 그레이엄 뉴먼 회사에서 그레이엄과 함께 일할 수 있게 되었다. 25세에 그는 월스트리트에서 1,800킬로미터나 떨어진 중서부의 한 도시인 오마하에서 평생을 보내기로 결심했다. 네브래스카야말로 무한한 가능성을 지닌 도시라고 생각했기 때문이다.

1951년에 컬럼비아 대학원을 졸업한 버핏이 투자 사업에 뛰어들겠다고 했을 때 아무도 격려해주지 않았다. 아버지와 벤저민 그레이엄도 시기가 적절하지 않다고 충고했다. 무엇보다 재택근무를 한다는 것은 커다란 용기가 필요했다. 일을 하기 위해서 자기 방으로 들어간다는 것은 당시로서는 상상하지 못할 일이었다.

그는 기존의 그럴듯한 것, 당연하게 생각하는 것과 쉴 새 없이 불화를 겪으면서 항상 자신만의 사고와 행동을 추구했다. 그것은 다른 사람의 시선과 평가를 의식하지 않을 때에만 가능한 것이었다. 버핏은 전통적인 지혜에 의존하는 법이 없었다. 그의 말에 따르면 전통적인 지혜라는 것은 전통만 강조할 뿐이지, 정작 지혜는 뒷전이라는 것이다. 버핏 일가는 전통적으로 공화당 지지자들이었다. 그런데 버핏과

아내 수잔 버핏은 민주당원을 지지했다. 이 사건은 온 가족에게 큰 충격을 주었다. 공화당 지지자뿐인 집안에 갑작스럽게 민주당 지지자가 나타났으니 말이다. 그 이유에 대해서 버핏은 "1960년대 초반 인권문제에 대해서 민주당의 견해와 상당 부분 일치해서 민주당 지지자가 되었다."고 후일 밝혔다.

그는 연평균 25% 이상의 수익률을 내지만, 25여 년간 10만 달러의 연봉을 고수하며 50년째 같은 집에서 살고 있다. 옷차림에 대해서도 거의 신경을 쓰지 않는다. 코트와 넥타이가 따로 노는가 하면 구두 뒤축은 닳아 있다. 너무 많은 물건을 원하지 않으며 운동복만 입으면 좋겠다고 말하기도 한다. 그는 투자 외에는 문외한이다. 라디오를 켜지 못하는가 하면 팩스 사용 안내문을 잃어버려 쩔쩔매기 일쑤다. 수줍음을 잘 타고 꾸밈이 없는 성격이고, 종종 촌스럽고 투박하며, 세련되지 못하다는 평가를 듣는다. 그는 점심식사로 감자 칩과 팝콘 그리고 체리코크를 즐겨먹는다. 화려한 레스토랑을 꺼리며 저녁으로 늘 스테이크와 감자를 먹는다. 카페인을 비롯한 중독성 식품은 즐기지 않으며, 사람들 사이에 둘러싸이는 것을 좋아하지 않고, 수줍음을 잘 타기 때문에 파티에도 별로 참가하지 않는다. 방 한 칸짜리 아파트에서 행복을 느낀다. 일주일에 두 세 사람 정도 만나는데 그들도 증권분석가나 증권거래인은 아니다.

헝클어진 머리, 구겨진 옷, 중서부 지역 특유의 낄낄대며 크게 웃는 웃음 때문에 버핏은 자기 세계에 빠진 우스꽝스런 노교수처럼 보인다. 남의 이목을 끌 만한 외모를 가지고 있지는 않지만, 그가 입만 열면 사람들이 매력을 느끼는 것은 바로 지적인 힘 때문이다.

그는 모든 사람들이 자신을 주목하고 있음을 알지만 겸손하다. 그는

다른 사람들의 험담이나 비난에 신경 쓰지 않는다. 주변 사람들도 그
가 화를 내는 모습은 좀처럼 보지 못했다고 한다. 억만장자이면서 거
만하지 않다. 항상 전체를 보려 하고, 고함을 지르지 않으며, 긍정적이
고 재치 있는 방식으로 세상에 반응한다. 버핏은 사무실에서 재밌는
카드를 보내거나 답지하는 편지들에 일일이 재치 있는 답장을 써 보내
는 걸 즐긴다. 격의 없는 태도 때문에 오히려 지위가 높은 사람들이나
정상에 있는 사람들이 스스럼없이 버핏에게 조언을 구한다. GE의
CEO 제프리 이멜트는 버핏을 만나기 위해 직접 오마하를 방문하기도
했다. 석유 재벌 게티도 합병의 해법을 구하기 위해 버핏을 찾은 적이
있다.

상식을 뒤엎다

　투자자로서 세계에서 가장 큰 부자가 된 워렌 버핏이지만, 그에게도
어려움과 실패의 시기는 있었다. 그러나 그는 기회를 포착하는 능력과
지혜 덕분에 위기 상황을 돌파할 수 있었다. 1960년대 버핏의 훌륭한
의사결정 가운데 하나는 아메리칸 익스프레스에 대규모 투자를 한 것
이다. 1963년 말 신용카드와 여행자 수표에서 선두기업이었던 아메리
칸 익스프레스는 엄청난 금액의 사기 사건을 당했다. 기업 사기꾼 앤
서니 드 앤절러스가 샐러드 오일을 보유하고 있는 것처럼 조작해, 이
를 담보로 돈을 빌린 것이다. 이로 인해 아메리칸 익스프레스는 엄청
난 금액을 사기당했고 수억 달러를 책임져야 하는 처지에 직면했다.
버핏은 사태를 정확하게 파악하기 위해 오마하에 있는 그의 단골 스테

이크 전문점과 다른 점포들을 관찰하기 시작했다. 사람들은 여전히 아메리칸 익스프레스 카드와 수표를 사용하고 있었다. 버핏은 고객들이 활발하게 계속 사용하는 한 아메리칸 익스프레스는 건재할 것이라고 확신했다. 투자할 가치가 충분히 있다고 판단했던 것이다.

버핏은 투자조합의 순자산 40%를 투자해 주당 65달러에서 35달러로 폭락한 아메리칸 익스프레스 회사의 주식 5%를 매수했다. 조합 자금의 25%는 투자하지 않는다는 자신의 원칙을 깨면서까지 말이다. 2년 후 아메리칸 익스프레스 주가는 3배로 뛰었다. 그리고 5년 동안 35달러에서 189달러로 무려 5배가 올랐다. 버핏의 투자를 통해 배울 수 있는 교훈은 좋은 기업이 비틀거릴 때 주목해야 한다는 것이다.

1990년 10월 24일, 버핏은 웰스파고 은행 주식 500만 주를 사들여 이 은행의 최대 주주가 되었다. 버핏이 은행에 투자하던 90년대는 공교롭게도 은행들이 크고 작은 시련을 겪고 있었다. 은행은 일시적 해고, 부동산 대출 대손, 대폭 감소된 배당금 등 연일 악재로 고전을 면치 못했으며, 주택대부조합의 파산이라는 말들이 나돌았다. 일부에서는 부동산의 거품 붕괴가 은행 시스템의 붕괴로 이어질 것이라고 예측하기도 했다.

버핏이 웰스파고의 주식을 조금씩 사들일 당시 유명한 공매 회사였던 페시백 브러더스를 포함해서 똑똑한 투자가라면 누구라도 주식을 공매하고 있었다. 전문가들은 주가 하락을 예상하고 있었고, 다들 그 사실을 당연하게 받아들이고 있었다. 10달러대로 주식 가격이 떨어질 수 있다는 전문가의 말도 있었다. 1990년 11월 1일, 《월스트리트저널》도 웰스파고는 어떤 은행보다도 부동산 대출 위험에 취약한 은행이라고 했다.

버핏이 웰스파고에 투자하기로 결심한 날 웰스파고의 주가 수익률
은 형편없었다. 버핏은 웰스파고에 대한 관심을 놓지 않고 자신의 지
분을 최대 22%까지 늘렸다. 1991년 말 웰스파고의 대출 손실액이 무
려 7억 달러에 이른다는 말을 듣고, 이보다 완벽한 기회는 없다고 생
각한 버핏은 1992년 말 3,700만 달러를 추가로 투입했다.

이런 버핏에게 세일럼은 돈이 바닥나면 주가가 폭락할 것이라고 경
고하면서 투자를 하느니 '차라리 기부를 하는 것이 더 낫다'고 했다.
주가가 50% 급락할 것이라는 예측도 있었다. 이후 세일럼에게는 좋지
않은 일이었지만, 웰스파고의 주가는 계속 올랐다. 2003년이 되자 웰
스파고 은행은 신용평가 회사 무디스로부터 트리플 A를 받아 미국에
서 가장 높은 신용등급을 가진 은행이 되었다.

미국에서 모기지론을 처음 계획한 웰스파고는 3,880억 달러 이상의
자산을 가지고 있으며, 6,250개의 지점을 보유하고 있다. 또한 인터넷
은행으로 500만 개의 온라인 계좌를 확보하고 있다. 2004년에 웰스파
고는 70억 달러의 수익을 남겼다.

그럼 당시 위기에 빠져 있을 때 웰스파고는 정말 어려웠던 것일까?
웰스파고는 오랫동안 훌륭한 평판을 받아왔다. 수익은 어떠했는가?
지독하게 어려운 상황에서도 매년 수지를 맞았으며, 대공황의 여파에
도 수익을 남겼다. 즉 괜찮았다는 말이다. 버핏은 당시 거시 경제적인
판단을 내렸다. 그는 캘리포니아가 세계 최대의 산업 동력이 될 것으
로 보고, 이에 맞춰서 은행통합도 예상하고 있었다. 캘리포니아에 있
는 은행들은 당시 현지 경제에 크게 의존하고 있었기 때문이다. 이점
을 버핏은 간파하고 있었다. 이처럼 버핏은 다른 데이터가 아니라 실
질적인 가치를 간파해내는 능력을 가지고 있었다. 하지만 그것은 하루

아침에 이루어진 것이 아니라 자기만의 방식을 끊임없이 업그레이드 시킨 결과였다.

능력에 겸손하고 즐겁게 부를 쌓다

아인슈타인은 이렇게 말했다.

"단순하고도 겸손한 삶의 자세가 신체와 정신 모두를 위한 최선의 방법이라고 굳게 믿는다."

1993년 11월 29일자 《포춘》에서 버핏은 "자신의 능력 범위 안에서 투자하라. 중요한 것은 그 범위가 얼마나 넓은가 하는 것이 아니라 한계를 얼마나 잘 정하는가다."라고 주장했다. 역시 자신의 능력을 잘 알고 그 범위 안에서 투자할 것을 권하고 있다. 자신이 최고라는 식의 접근법은 결코 도움이 되지 않는다.

무엇보다 버핏은 돈 그 자체가 아니라 즐거운 일을 통해서 부를 쌓아야 한다고 강조한다. 1977년 정기 주주총회 발언에서 "좋아하는 일을 하려고 지금 돈을 벌지 마시고, 지금 여러분이 즐길 수 있는 일을 하세요. 우리가 만일 오로지 돈을 보고 이 일을 한다면, 아마 수년 전에 그만두었을 것입니다."라고 했다. 1998년 12월 27일자 《마이애미 헤럴드》에서는 대학생들에게 "졸업 후에는 이력서 상의 멋져 보이는 직업이 아니라 여러분이 좋아하는 직업을 가지십시오. 여러분이 부유해지더라도 선택하고 싶어질 직업을 가지십시오."라고 말했다. 2004년 10월 21일, 조지 워싱턴 대학 경영대학원 강연에서 그는 "어떤 남자들은 여자를 쫓습니다. 나는 기업을 쫓습니다. 나는 돈을 투자할 때가 가장 행복합니다. 그 이상의 즐거움은 상상조차 할 수 없습니다." 라고 말했다.

1986년 《아나그노스》에서는 이렇게 말하기도 했다.

"나는 내가 하고 싶은 일을 합니다. 나는 1년에 단 5분도 하기 싫은 일을 하지 않습니다. 나는 다른 사람들이 무슨 일을 하든지 신경을 쓰지 않습니다."

1987년 《US 웨스트》에서는 이렇게도 말했다.

"나는 내면의 채점표를 가지고 있습니다. 남들은 싫어하지만 나로서는 왠지 좋은 어떤 일을 하면 나는 행복합니다. 남들이 내가 한 어떤 일을 칭찬해준다고 하더라도 정작 나로서는 불만족스러울 때 나는 행복하지 않습니다."

또한 1995년 8월 21일자 《타임》에서는 "나는 돈을 원하는 것이 아닙니다. 내가 원하는 것은 돈을 버는 재미와 돈이 불어나는 것을 지켜보는 것입니다."라고 말했다.

1988년 정기 주주총회에서는 야구에 빗대어 말하기도 했다.

"테드 윌리엄스가 2할 2푼의 성적을 보인다면 마음이 편치 않을 것입니다. 그러나 최저 보수를 받으면서 4할대의 성적을 보이면 즐거울 것입니다. 이것이 내가 내 일에 갖고 있는 마음입니다. 돈은 내가 좋아하는 일을 아주 잘했을 때 생기는 부산물입니다."

1998년 12월 13일자 《오마하 월드 헤럴드》에서 그는 실수를 통한 성공을 강조했다.

"우리는 자신의 실수에서 배우는 사람에게는 관심이 없습니다. 우리는 다른 사람에게서 배우는 사람을 찾고 있습니다."

또한 1997년 정기 주주총회에서는 이렇게 말했다.

"실수에서 배울 때 제일 좋은 방법은 실수를 통해서 배우는 것입니다. 패튼 장군은 이렇게 말했습니다. '우리가 조국을 위해 죽어서 전쟁에 승리한 것이 아니라, 다른 불쌍한 멍청이들이 자기네 나라를 위해 죽게 만들었기 때문에 우리가 승리한 것이다.' 조국을 위해 죽는 것은 명예스러운 일입니다. 하지만 패튼 장군은 차라리 다른 사람이 그 명예를 갖게 하라고 했습니다. 이처럼 우리의 접근 방식은 최선을 다해 노력하고 남을 통해 배우는 것입니다."

또한 그는 훌륭한 투자가가 되거나 부와 성공을 얻기 위해서는 과정이 필요하다고 강조했다. 1997년 11월 21일, 캘리포니아 공과대학에서 열린 강연에서는 이렇게 말했다.

"성공적인 투자에 관해 우선 알아두어야 할 것이 있습니다. 바로 오랜 시간이 걸린다는 점입니다. 나는 열한 살 때부터 시작했습니다. 돈을 축적하는 과정은 언덕 아래로 눈덩이를 굴리는 것과 같습니다. 아주 긴 언덕을 가지는 것이 중요합니다. 나는 지금 56년이라는 언덕을 가지고 있습니다. 눈을 굴릴 때는 침착성이 있어야 합니다. 시작할 때에는 작은 눈덩이가 필요합니다. 나는 14살 때부터 《워싱턴 포스트》를 배달하면서 이 작은 눈덩이를 갖게 되었습니다. 너무 서두르지 않고 계속해서 건전하게 나아가는 편이 낫습니다."

그는 개인적인 부를 쌓는 데만 치중하는 것이 아니라 기부를 많이 하기로 유명하다. 버핏은 2006년 자산의 85%를 빌 게이츠가 운영하는 자선재단에 기부한다고 밝혀 사람들을 놀라게 했다. 세계 갑부 2위인 그는 370억 달러를 '빌&멜린다 재단'에 기부했다. 그는 1991년 1월 《버펄로이브닝 뉴스》를 통해 "오늘 우리가 그늘에 앉을 수 있었던 이유는 오래전에 누군가 나무를 심어 놓았기 때문입니다."라고 말하면서 "돈을 책임 있는 곳에 기부하는 것이 돈을 많이 버는 것보다 훨씬 힘듭니다."라고 했다. 무엇보다 워렌 버핏은 "행복해지기 위해 거액을 기부합니다. 천국으로 가는 여러 가지 길이 있지만, 이 길이 가장 쉬운 길입니다."라고 했다. 기부도 즐겁기 때문에 하는 것이다.

또한 그는 시장에 모든 것을 맡기기보다는 정부의 공적 역할이 매우 중요하다고 보았다. 《오마하 월드 헤럴드》 1998년 12월 13일자를 통해 버핏은 이렇게 말하기도 했다.

"정부가 할 일은 국민의 삶의 수준을 높이는 무역을 추진함과 동시에 집을 잃은 사람들에게 사회 안전망을 제공하는 것입니다. 자신의 잘못이 없는데도 일자리를 잃은 사람들을 돌보는 정책이 필요합니다."

마지막으로 그가 항상 강조하는 성공의 개념을 떠올릴 때 그가 2인자형 1인자라는 사실을 알 수 있다. 그는 말년에 접어들었을 때도 전적으로 자신을 위한 성공만을 내세우지는 않았다.

"성공이란 여러분이 사랑을 받고 싶은 사람에게서 사랑을 받는 것입니다."

No.3

도광양회, 어둠 속에서 힘을 기른다 - 덩샤오핑

■ 인생이란 불충분한 전제에서 충분한 결론을 이끌어내는 기술이다. - 버틀러

'빛을 감추고 밖에 비치지 않도록 한 뒤, 어둠 속에서 은밀히 힘을 기른다.' 도광양회(韜光養晦)는 약자가 모욕을 참고 견디면서 힘을 갈고닦을 때 많이 인용된다. 나관중의 소설 『삼국지연의』에서 유비가 조조의 식객 노릇을 할 때 살아남기 위해 일부러 몸을 낮추고 어리석은 사람으로 보이도록 하여 조조의 경계심을 풀도록 한 계책이다. 제갈량이 천하 삼분지계를 써서 유비로 하여금 촉을 취한 다음 힘을 길러 위·오와 균형을 꾀하게 한 전략 역시 도광양회였다.

이 전략이 크게 유명해진 것은 덩샤오핑 덕분이었다. 덩샤오핑은 사천성 광안현 협흥향에서 태어났다. 면적이 한반도의 2.5배쯤 되는 사천성을 중국 역사에서는 촉이라고 불렀다. 그곳에서 태어나 성장한 덩샤오핑은 1미터 50센티미터밖에 안 되는 작은 키의 인물이었다. 그가

어떻게 중국혁명과 국가의 중심에 설 수 있었을까. 그것은 다름 아닌 도광양회의 원칙을 지키고 따른 덕분이었다.

무주공산에서 자신의 역량을 키우다

1920년, 일하면서 공부한다는 뜻의 근공검학(勤工儉學) 운동이 중국을 휩쓸 때였다. 덩샤오핑도 이 흐름을 따라 1920년 9월에 기선을 타고 프랑스로 가 파리와 리옹 사이에 있는 르크레소라는 곳의 한 기계공장에 취직했다. 다른 중국 노동자들과 같이 있었지만 일은 너무나 고달팠다. 그는 이 공장 저 공장을 전전하면서 일을 했다. 고무신 공장, 식당, 르노 자동차 공장 등 닥치는 대로 일했지만 학비는커녕 끼니도 해결하기 어려웠다고 한다. 1921~1924년, 덩샤오핑은 파리에서 공산주의 운동에 참여하다가 1924년 당시 20세의 나이로 공산당에 입당한다. 그 후 모스크바의 중산대학에서 수학하고 귀국해, 1927년 광시(廣西)에서 공산당 지하운동에 뛰어들게 되었다.

펑위샹(馮玉祥)과 함께 귀국한 덩샤오핑은 처음에는 국민혁명군 산하 제7군에서 공산당 대표로 정치 공작을 담당했다. 이와 함께 펑위샹이 만든 서안의 중산구나학교의 교육장도 맡았다. 1927년 그는 4월 제1차 국공합작이 결렬되자 펑위샹 밑에 있을 수 없어 이탈했고, 중국 공산당 중앙당이 있는 한구로 갔다. 그곳에서 잠시 머물다가 1927년 겨울 중앙당이 상해로 이동하면서 당 중앙기관에서 비서장으로 일하게 되었다. 1929년 덩샤오핑은 중앙의 지시에 따라 중앙 대표 신분으로 다시 광서성으로 파견되었다. 그는 이때부터 1931년 홍 7군이 서금에 합류할 때까지 최초의 군사 지도자로 활동하게 되는데, 이곳에서 맡은 임무는 농민 무장혁명세력을 조직하는 것이었다. 낙후되고 황폐한 지역이었던 광서성 변방에서 덩샤오핑은 소비에트와 홍군을 조직하며 중국 공산당의 주요 기반을 닦았다. 그는 항상 변방의 어려운 곳에서 자신의 존재감을 드러내면서 공을 쌓아갔다.

당시 덩샤오핑은 광서성 경위군 연대장이었던 장운일과 모의해서 좌강과 우강에 소비에트를 건설했다. 이 소비에트의 주력군이었던 병력을 중심으로 홍 7군과 8군을 조직했는데, 이때 덩샤오핑은 홍 7군의 정치위원이었다. 홍 7군은 이립삼 노선에 따라 대도시 공격에 동원되어 장사를 공격했지만 결과는 그다지 좋지 않았다. 덩샤오핑과 장운일은 국민당군에 쫓겨 광서, 광동성으로 밀리다가 1931년 7월 강서성의 중앙 홍군과 합류했다.

1931년 8월, 덩샤오핑은 강서성 서금현의 서기를 시작으로 회창중심현위 서기, 강서성 선전부장을 역임했다. 그해 11월 서금이 중국소비에트 공화국 임시정부의 수도가 되고, 마오쩌둥이 주석으로 선출되었다. 1932년 강서성 당위원회의 명령에 따라 덩샤오핑은 서금에서 50킬로미터 떨어진 회창으로 이동했다. 그곳에서 당 위원회 서기로 활동하면서 그는 1933년까지 대중 조직을 활용하여 지방의 비적을 소탕하고 근거지를 공고하게 했다.

이때 공산당 내부에 노선갈등이 있었다. 당시 장제스는 대규모의 강서 소비에트 공격을 감행하고 있었다. 그런데 마오쩌둥은 유격전을 기본 노선으로 삼고 있었다. 적을 유인하여 섬멸하는 것인데 그 과정에서 소비에트의 상당 부분이 적에게 점령당하는 일이 벌어지고는 했다. 당시 국민당 군대가 서금에 육박하자 마오쩌둥의 이러한 유격전은 비난에 직면했다. 1934년 마오쩌둥은 유격주의와 부농 노선 때문에 군대와 중앙소비에트 주석직에서 해임되어 당내 감찰 처분을 받기에 이른다. 결정적인 이유는 복건 사건 때문이었다. 1933년 말에서 1934년 초에 국민당 정부군 내의 자체 반란 사건인 복건 사건이 일어난 것이다. 중앙에서는 지원군을 보내야 한다고 주장했지만, 마오쩌둥은 국민당 중앙군을 의식해서 반대했다. 이것이 못마땅하게 여겨져 감찰 처분을 받은 것이다.

이때 덩샤오핑은 마오쩌둥 지지자로 몰려 처음으로 실각되었다. 그의 죄목은 1933년 2월의 심오 사건에 대한 책임이었다. 1931년 여름 장제스 군이 3차 포위공격을 할 때 덩샤오핑은 회창, 심오, 안원 3개현에서 유격전을 벌이고 있었다. 이때 당 중앙은 3개현의 일부 무장병력을 중앙 홍군에 편입시키고, 그 지역을 방어하던 홍군 제3 독립사단을 다른 곳으로 이동시켰다. 이 때문에 전체 방어 전력이 크게 약화되었고 심오현은 그만 국민당군에 점령당하고 말았다. 이를 두고 당 중앙에서는 덩샤오핑이 잘못해서 패배한 것으로 결론을 내렸다. 즉 마오쩌둥의 유격전, 적을 안으로 끌어들여 공격한다는 원칙을 고수하다가 패배했다고 주장했다. 덩샤오핑은 서기직에서 해임되고, 강서성위원회 선전부장이라는 한직으로 이동되었다가 이마저 박탈당했다. 그 뒤 강서 남촌구의 순시원으로 발령받아 보름 남짓 근무하다가 노동을 통한 개조학습을 받아야 한다는 이유로 다시 영도로 보내졌다. 거기서 그는 프랑스 유학동기인 이부춘의 도움으로 1934년 강서성 정치위원회 비서실장이 되었지만 할 일이 별로 없자, 하위직급인 선전부 간사를 자청해서 《홍성보》의 편집 출판을 담당했다.

감내와 인고의 세월을 견딘 2인자 덩샤오핑

이때가 덩샤오핑에게는 정치적 생명을 좌지우지 당할 만큼 시련기였고, 그것을 감내하며 시간을 보내는 수밖에 없었다. 그러다가 그는 직접적인 관계가 없던 마오쩌둥과 개인적 인연을 맺게 된다. 전화위복이었다. 그는 당 내 반주류였던 마오쩌둥을 지지하고 대장정에 참여한다. 중국 공산당은 장제스군의 5차 포위공격을 견디다 못해 1934년 10월 서쪽 지방으로 도망치듯 빠져나와 1935년 11월 섬서성 북부에 이르렀다 만 12,000킬로미터의 대장정이었다. 출발 당시 10만이었던 홍군은 7~8천 명으로 줄어들어 있었다. 덩샤오핑도 이 대장정에서 장티푸스를 앓았지만, 생존자로 남아 중국을 움직이는 장정 간부의 한 사람이 되기에 이른다. 이 장정을 통해 덩샤오핑은 홍군의 지도자 반열에 오르게 되었다.

1937년 7월에 발발한 중일전쟁으로 9월에는 제2차 국공합작이 이루어졌다. 덩샤오핑은 이때 129사단의 정치위원이 되는데, 정치위원은 당시 군대를 통제할 목적으로 군대 안에 배치한 당 대표로서 군대 운영의 최고 책임자였다. 이로써 덩샤오핑은 많은 인맥을 거느리게 되고, 특히 사단장 류보청(劉伯承)과 절친해졌다. 뿐만 아니라 129사단 출신들은 중공군 안에서 일대 세력을 형성하게 되었고, 뒷날 임표 계열이 9전 대회에서 축출된 뒤 중공군 최대 세력이 되었다. 중일전쟁 7년 동안 덩샤오핑은 군사 지도자로서의 명성도 차곡차곡 쌓았다.

일본군의 공격 때문에 여러 번 위기를 맞이하면서도 유격전으로 항일전을 벌이던 덩샤오핑과 류보청은 1944년 일본이 전략적으로 중국에서 병력을 태평양으로 이동시키는 틈을 타 산서성에서 산동성에 이르는 황하 양안 지역에 일대 해방구를 건설했다. 태행산 유격 근거지에서 덩샤오핑은 인센티브제나 유연한 토지 개혁, 공업발전과 규제완화를 실시해 성과를 보였고, 이는 나중에 실용주의적인 경제 정책의 모티브가 되기도 했다.

1945년 4월~6월, 제7기 전국 대표 대회가 열렸다. 이때 덩샤오핑은 중앙위원으로 선출되었다. 44명 가운데 서열 28위였다. 항일전에서 정치위원으로 남긴 실적과 마오쩌둥에 대한 충성 때문이었다. 그의 나이는 불과 41세였다.

1948년, 덩샤오핑은 '회해 전투'에 참가해서 그 자신의 군사적 재능을 유감없이 발휘한다. 회해 전투는 국공내전의 승부를 가르는 3대 전투 가운데 하나로, 1948년 11월 6일부터 1월 10일까지 공격해서 서주를 방어하던 국민당군 55만을 완전히 격파했다. 그리고 이 여세를 몰아 1949년 4월 국민당 정부의 수도인 난징과 상하이를 목표로 양쯔강을 건넜다. 국민당군은 이미 전의를 상실했고, 전투다운 전투 없이 난징과 상하이가 점령되었다. 그는 이렇게 중화인민공화국 수립에 큰 공을 세웠다. 1949년 10월 1일, 베이징 천안문 광장에서 중화인민공화국의 수립이 선포되었고, 1949년 말 대륙에서 국민당 정부는 완전히 축출되었다.

그러나 그가 중국 공산당 안에서 서열이 높다고 해서 처음부터 중앙에 있었던 것은 아니다. 덩샤오핑은 1950년부터 1952년 8월까지 사천, 구이저우, 윈난, 시짱 등 4개 성의 당·정·군 모든 기구를 아울렀다. 마오쩌둥은 그를 지방의 패자라는 의미로 토패왕이라고 부르기도 했다. 드디어 덩샤오핑은 2년 반 동안의 서남지구 생활을 접고 48세가 되던 1952년에 정무원 부총리겸 재정부장으로 발탁되었다. 그 뒤

1954년에는 당 중앙위원회 비서장, 1955년에는 정치국 위원이 되었다. 솔즈버리는 『새로운 황제들』에서 다음과 같은 일화를 밝혔다.

1957년 11월에 소련 혁명 40주년을 기념하는 대회에 마오쩌둥은 덩샤오핑을 포함한 대표단을 이끌고 모스크바를 방문했다. 이때 마오쩌둥은 흐루시초프에게 덩샤오핑을 소개하면서 "저 작은 친구를 과소평가하지 마시오. 그는 장제스의 100만 정예군을 궤멸시킨 사람이오. 저 사람 앞에는 중국의 밝은 미래가 있소."라고 말했다.

한편 덩샤오핑은 류사오치(劉少奇) 등과 함께 경제발전을 위해 물질적 보상 제도를 채택하고, 엘리트를 양성하자는 실용주의 노선을 주장하였다. 그러나 덩샤오핑의 앞날은 그렇게 순탄치는 않았다.

적이 강하면 피하라

실용주의는 마오쩌둥과 노선 갈등을 빚어 1966년 문화대혁명 때 홍위병에게서 반모주자파(反毛走資派)의 수괴라는 비판을 받고 실각했다. 그러나 중국 개혁·개방의 영웅 덩샤오핑은 울분을 참고 때를 기다리기로 했다. 그는 적이 강하면 피할 줄도 알았다. 그는 문화대혁명 당시 스스로 시골로 내려가 7년 동안 트랙터 노동자의 삶을 선택해 살았다. 1969년 10월 20일에는 강서성으로 유배되어 한동안 기계공장에서 일했다. 정치 인생의 2막을 위한 잠재적 준비기에 들어간 것이다. 그러나 그는 때가 오자 중앙 정계에 복귀하여 다시 권력을 잡았고 트랙터 공장에서 구상했던 개혁·개방 정책을 활짝 펼쳤다.

1973년 3월, 총리 저우언라이의 추천으로 덩샤오핑은 복권이 되어 국무원 부총리가 되고, 1975년 1월 5일 중앙군사위원회 부주석 겸 인민해방군 총참모장으로 임명되었다. 하지만 1976년 1월 저우언라이가 죽자 마오쩌둥의 추종자인 4인방 때문에 다시 권좌에서 밀려났다. 1976년 1월 8일 천안문 광장에는 저우언라이를 추도하기 위해 몰려든 시민들이 10만 명이나 되었다. 추도객들은 인민 영웅 기념비를 묘비로 삼고 추모의 꽃다발을 바쳤다. 이를 좋지 않게 본 4인방과 총리 화궈펑(華國鋒)은 공안요원들을 시켜서 꽃다발을 철거하게 했다. 이것이 1976년 4월의 천안문 사건이다. 이후 덩샤오핑은 그 배후로 지목되었고, 모든 직위에서 물러나야 했다.

그해 9월 마오쩌둥이 죽었다. 정세는 빠르게 변화하여 후계자로 지목됐던 화궈펑이 저우언라이 계열의 노간부인 예젠잉(葉劍英), 특무부대장인 왕둥싱(汪東興)과 결탁하여 4인방을 숙청하였으나 화궈펑의 힘만으로는 정국 수습이 어려웠다. 화궈펑은 저우언라이와 덩샤오핑의 노선을 따르고 있었다. 예젠잉의 종용으로 1977년 7월 덩샤오핑은 다시 복직되었다. 덩샤오핑은 당 부주석과 당 정치국 상무위원, 국무원 부총리 및 군 총참모장을 겸했다. 모든 권력은 더욱 빠른 속도로 덩샤오핑에게 집중됐다. 그는 1978년 12월 18일부터 개최된 중국 공산당 11기 3차 중앙위원회 전체회의에서 실권을 잡고 '당 중앙의 최고 영도적 위치'를 구축했다. 그후 화궈펑과 5년간의 권력투쟁 끝에 1981년에 실질적인 권력을 장악하였고, 1981년에는 중앙군사위원회 주석을 맡아 군권을 장악했다. 그런 다음 당 주석에 자신의 후계자로 지목한 호요방(胡耀邦)을 선임하고, 화궈펑을 실각시켰다. 이때 당 주석제를 당 총서기제로 바꿨는데, 당 총서기 자리는 여전히 호요방이 맡았다. 이어 1983년 덩샤오핑은 신설된 국가 중앙군사위원회 주석을 겸했다. 그러

나 1987년에는 당 중앙군사위원회 주석과 국가 중앙군사위원회 주석
만 맡고 나머지 공직은 모두 내놓았다.

도광양회가 빛을 발하다

　이렇게 중국의 모든 권력을 거머쥔 덩샤오핑은 중국의 현대화에 앞
장서, 실용주의 노선에 입각하여 과감한 개혁조치들을 단행하였다. 그
의 집권 후 기업가와 농민의 이윤 보장, 지방분권적 경제 운영, 엘리트
양성, 외국인 투자 허용 등으로 중국경제가 크게 성장하였다. 1978년
2월에는 농업·공업·군사·과학기술 등 4개 분야에서 현대화 정책
노선을 다시 확인했으며, 12월에는 전당대회를 통해 11기 3중 개혁·
개방 정책을 공식적으로 채택했다. 덩샤오핑 스스로 이듬해 1월 1일
자로 미국과 수교한 뒤 곧바로 미국을 방문해 개혁·개방 정책이 일관
되게 추진될 것임을 상징적으로 보여주었다.

　1979년, 중국은 서방 세계에 대한 적극적인 문호개방을 단행했다.
외국 자본, 기술, 설비 도입 및 수출입 무역의 확대를 통한 자본주의
국가와 경제 교류를 적극적으로 확대해 나가기 시작했다. 외국 자본의
적극적인 유치를 위하여 중외 합자, 합작 경영 기업법, 외자 기업법 등
을 제정하여 투자에 편리한 환경을 조성했다. 광둥 성과 푸젠 성 연해
지역인 선전, 주하이, 산터우, 샤먼 등에 수출자유지역인 경제특별구
를 설치하여 각종 우대조치를 취했다. 이를 위해서 중앙정부는 지방정
부에 경제 권한을 크게 넘겨주고, 기업의 자율성도 신장시켜 주었다.
이를 토대로 개방정책은 점차 확대되었다.

1984년 이후에는 다롄, 톈진, 상하이 등 14개 연해 지역을 대외 개방도시로 인정하였고, 각종 우대조치를 통해 외국 자본의 투자와 기술 도입을 능동적으로 추진하기에 이른다. 하지만 처음에는 만족할 만한 성과가 나오지 않았다. 수출 상품이 아니라 중국 내 판매용 상품으로 전락하는 일이 벌어져 외국의 식민지 구역화가 될 우려가 터져 나왔다.

여기에 인플레이션, 도시와 농촌의 빈부 격차, 가격체계 혼란, 범죄 증가와 사회 불안은 물론 정신적 오염이나 자간계급의 자유화라는 문제까지 양산되었다. 지식인과 학생들은 관료형 부정부패에 대해서 강한 불만을 가지고 있었다. 1988년 9월 보수파는 중국 공산당 제13기 3중 전회를 통해 과열된 경제를 진정시키기 위해 개혁·개방 정책을 축소하고, 농업을 확대하며, 경제에 대한 중앙통제, 중앙집권화 방식의 계획 경제를 주장했다.

이러한 보혁 논쟁의 와중에 덩샤오핑은 88세의 나이에도 불구하고 남순강화를 감행했다. 1992년 1월부터 2월까지 광둥, 선전, 상하이 등 남쪽 지방을 순회하면서 주요 경제 특구와 연안 경제개방지역을 방문했다. 이를 통해 자신의 경제개혁 의지를 확고하게 다시금 드러내보였다. 1992년 10월에 열린 중국 공산당 제14기 전국 대표대회는 1978년 11기 3중전 이래 덩샤오핑 체제가 추진한 경제개혁 개방정책에 대한 업적을 높이 평가하고 사회주의 시장경제체제 도입을 결의하기에 이른다.

그의 실용주의적 지도력 아래 중국은 대내적으로는 빠르게 경제발전을 이룩했으며, 대외적으로는 소련과의 관계 정상화를 비롯해 국제 관계의 개선과 확대를 실현했다. 그리하여 마오쩌둥 시대의 가난한 나라로부터 벗어나 활기찬 경제대국이자 국제사회에서 주도적인 역할을 수행하는 강대국으로 발돋움하게 됐다.

도광양회는 덩샤오핑 이후 장쩌민(江澤民)에 이르기까지 20년간 중국 대외정책의 기본 사상이었다. 도광양회의 원칙에 따라 미국 등의 서방과 대결하기보다 협력을 통해 경제발전을 추구함으로써 중국이 마침내 세계의 강자로 우뚝 서게 만들었다는 평가를 받았다. 또한 사회주의와 개혁·개방 추진에서 오는 이념적 갈등을 경제건설이라는 하나의 구심점으로 묶어 국가를 단결시켰다. 절부당두(絶不當頭·절대 우두머리가 되선 안 된다), 유소작위(有所作爲·필요할 때 역할을 마다하지 않는다)는 중국의 함축적인 외교 전략을 제시한 것이다. 저우언라이의 후발제인(後發制人·한걸음 물러서서 유리할 때 적을 제압한다)이라는 군사전략도 비슷한 논리다.

중국은 후진타오 체제에 들어서면서 도광양회를 버리고 화평굴기(和平掘起, 평화롭게 우뚝 일어선다)를 본격화하고 있다. 하지만 도광양회와 화평굴기가 다를까? 그렇지 않다. 도광양회를 한 이들이 화평굴기도 할 수 있다.

손자는 만약 형세가 불리한 위치에 놓이게 되면 실력을 보존해서 나중에 다시 싸울 수 있도록 하라고 조언한다. 우리 주변에는 자기 자신을 함부로 소진시키는 경영자가 의외로 많다. 시장에는 나보다 앞서가는 회사가 얼마든지 있고, 나보다 힘센 기업도 많다. 이때는 세상의 동향을 세밀히 살피며 발톱을 감추고 있다가 결정적인 기회가 왔을 때 공세해도 늦지 않다. 승산이 없다고 생각되면 빛을 숨기고 어둠 속에서 실력을 길러라. 지금은 나설 때가 아니다. 오로지 내실을 채우고 실력을 닦아야 할 때인 것이다. 어둠 속에서 내실을 키워 결정적인 공격 시기를 기다리는 리더의 모습은 아름다움을 넘어 숭고하기까지 하다.

괴짜 리더십 - 리처드 브랜슨

■ 태어남과 죽음을 돌이킬 수 있는 방법은 없다. 우리가 오직 하나 할 수 있는 일은 막간을 즐기는 것뿐. **- 산타야나**

리처드 브랜슨은 별명이 많다. 그는 자유분방하고 저항적인 스타일 덕분에 '괴짜 CEO', '엔터테이너 CEO', '히피 자본가', '이 시대 최고의 브랜딩 메이커', '이미지의 마법사', '당대 최고의 마케터', '미다스의 손' 등으로 불린다. 그에게 이런 별명들이 붙은 것은 그의 독특함 때문이다.

버진 그룹의 회장인 그는 '버진 콜라' 출시 이벤트로 미국의 상징인 뉴욕에 탱크를 몰고가 코카콜라 간판에 대포를 발사하는 이벤트를 벌였다. 웨딩 서비스 업체인 '버진 브라이드'를 시작할 때는 여장을 하고 웨딩드레스를 입고 나타나기도 했다. 또 일상생활에서 공공연한 나체쇼를 벌이고, 걸프전쟁 발발 직전에는 바그다드로 인질 구조 비행을 감행했다. 쓰나미가 스리랑카를 휩쓸고 갔을 때는 옥스팸과 공조해 재난 원조 전용 비행기를 보내기도 했다.

목숨을 건 기구 여행을 즐기는가 하면, 브랜드 광고를 위해 각종 퍼포먼스를 벌이는 등 신문 1면을 장식하는 그의 특이한 행보는 끝이 없다. 그의 특이한 이력과 경영 마인드는 모범적인 엘리트 코스를 밟으며 성장한 국내 경영자들과 사뭇 다르다.

그는 자신이 몸소 실천해온 상상력과 도전 정신이 성공의 원동력이라 말한다. 이는 그의 철학인 동시에 버진 그룹의 경영 철학이기도 하다. 그는 "남들과 똑같이 행동하면서 탁월한 결과를 기대할 수는 없다."라고 말한다.

리처드 브랜슨은 빌 게이츠나 스티브 잡스보다 상대적으로 우리나라에 덜 알려져 있지만, 그들과 어깨를 나란히 할 만큼 세계적으로 유명한 기업 총수이자 영국의 대표적인 기업가다. 《타임》은 버진을 명품 자동차 롤스로이스 이래 영국 최고 브랜드로 평가하기도 했다. 유엔기자협회는 2003년부터 '세계시민상'을 시상해오고 있는데, 2006년에는 빌 클린턴 전 미국 대통령, 2007년에는 영국 버진 그룹 리처드 브랜슨을 수상자로 선정했다.

약점을 강점으로

영국에서 버진 그룹을 일군 리처드 브랜슨은 선천성 난독증이 있었다. 성적은 최하위로 시험마다 낙제하기 일쑤였다. 난독증은 읽고 쓰는 데 심각한 장애가 있는 질병이기 때문에 난독증 환자들은 정상적인 지능을 갖고도 어릴 때부터 '글도 제대로 못 읽는 바보'란 편견에 시달린다. 그뿐 아니다. 축구를 하다 다리를 다쳐 운동선수의 꿈까지 접어야 했다. 고등학교도 중퇴했다. 그렇다고 뒤를 봐줄 돈 많은 가정에서 태어난 것도 아니고, 뛰어난 천재도 아니었다.

그의 어머니는 그가 네 살일 때부터 혼자서 몇 킬로미터 정도 떨어진 곳에서 집을 찾아오게 만들고, 열두 살 때는 한겨울 새벽에 80킬로미터 떨어진 곳으로 자전거 여행을 보내는 등 엄격한 훈육을 고집했다. 결국 그는 대기업들이 장악하고 있던 시장을 비집고 들어가 '버진'이라는 브랜드를 무기로 성공을 이루어냈다. 브랜슨이 고교를 중퇴할 때 교장은 그에게 '교도소에 가든지 아니면 백만장자가 되겠구나.' 라고 말했다고 한다.

경제 격주간지 《포브스》는 2008년 7월 13일 인터넷 판에서 자사가 선정한 세계 억만장자 1,125명 가운데 73명이 학업을 중도 포기한 자수성가형 인물들이라고 소개했다. 델 컴퓨터의 최고경영자 마이클 델은 텍사스 대학에서 생물학을 전공하다 1984년 대학 기숙사에서 컴퓨터를 팔기 시작했고, 학업을 포기하고 델 컴퓨터를 창업했다. 물론 학교를 안 다니는 것이 능사는 아니다. 스티브 발머는 하버드 대학 시절 게이츠와 같은 기숙사에 있었다.

리처드 브랜슨의 치명적인 약점인 난독증이 그의 성공을 이끌어냈다는 평가도 있다. 영국 《선데이 타임스》의 2003년 10월 5일 보도에 따르면, 튤립금융연구소가 자수성가한 5,000명의 백만장자들을 대상으로 조사한 결과, 약 40%가 난독증을 앓고 있는 것으로 나타났다. 자수성가한 영국 기업인들 중 상당수가 '세부적인 내용을 잘 파악하지 못하는 난독증'을 앓고 있다는 것이다. 이는 일반인들의 난독증 비율보다 4배나 높은 수치다.

왜 난독증이 있는 사람들이 자수성가할 가능성이 더 높은 것일까? 그 이유는 세부적 내용을 잘 모르는 난독증 환자들이 보통 사람보다 전체적인 맥락을 파악하고 독창적인 아이디어를 내는 데는 더 뛰어날 수도 있기 때문이다. 실제로 리처드 브랜슨은 2000년 전까지 순익과 총익의 차이를 몰랐다고 고백한 바 있다.

난독증 조사를 실시한 기업 심리학자 애드리언 앳킨슨 박사는 이렇게 말했다.

"백만장자들은 대부분 어려운 유년기를 보냈거나 크게 좌절한 경험이 있는데, 난독증도 그 원인 중 하나다. 난독증 환자들이 느끼는 사회적 고립감이 거꾸로 사회적인 성취 동기로 작용했을 수 있다."

난독증으로 좌절한 경험이 클수록 사회적 고립감은 증가하고, 그것이 더 큰 성취 동기로 작용할 수 있다는 것이다. 미 경영전문지《포춘》은 2002년 5월 13일자를 통해 난독증을 가지고 있는 이들이 성장기의 어려움만 잘 극복하면 오히려 전화위복이 될 수 있다고 보도했다.

난독증의 역경을 딛고 성공한 유명 인사로는 조지 부시 전 미국 대통령, 킨코스의 창업자 폴 오팔라, 노벨의학상 수상자 바루 베나세라프가 있다. 존 챔버스(시스코 시스템스 회장), 찰스 슈와브(찰스슈와브 창업자), 윌리엄 휴렛(HP 창업자)도 모두 난독증 환자다. 앨버트 아인슈타인, 토머스 에디슨, 윈스턴 처칠도 어릴 때 난독증을 앓았던 것으로 추정된다. 다만 그들에게는 고통을 딛고 일어날 수 있는 강인한 의지가 있었다.

《포춘》에 따르면, 난독증을 가진 리더들은 어릴 때 놀림을 당했던 경험 때문에 조직을 '일하기 좋은 직장'으로 만드는 데 강한 집착을 보인다고 한다. 리처드 브랜슨은 '어릴 때부터 열등감이 무엇인지를 알았기 때문에 직원들에 대해서도 특별히 배려하는 편'이라고 말했다. 그는 자신의 단점과 한계가 열등감이나 질투로 전이되지 않도록 했고, 그것이 장점으로 작용하게 만들었다. 그는 대중매체와 인터뷰를 할 때도 실수를 자주 하는 편이다. 그리고 그런 자신의 약점을 솔직하게 이야기한다.

자신의 길을 일찍 시작하다

리처드 브랜슨은 열여섯 살 때 《스튜던트》라는 잡지를 창간하면서 일찌감치 경영자의 길로 들어섰다. 하지만 그 잡지는 자금난으로 폐간할 수밖에 없었다. 그는 이 일에서 얻은 경험을 통해 1967년에 옥스퍼드가의 신발가게 주인을 설득해, 가게의 여유 공간에 '버진'이라는 이름의 음반점을 냈다. 그의 그룹명인 '버진'은 '사업 초짜들'이라는 뜻으로 이때부터 사용됐다.

그는 1973년에 음반 사업으로 첫 번째 히트작을 낸 뒤부터 대박 앨범을 잇달아 터트리면서 돈을 많이 벌었다. 지금은 흔하지만 당시로서는 혁신적이었던 뮤직비디오로 전속 가수를 홍보하기도 했다. 그는 다른 레코드사가 외면했던 밴드 '섹스 피스톨스'와 계약해서 히트를 쳤고, 보이 조지, 피터 가브리엘과 손잡으면서 대박 행진을 이어갔다.

이렇게 버진 레코드는 버진 그룹의 출발점이 됐다. 버진 레코드는 음반뿐만 아니라, 음반을 편안한 분위기에 들을 수 있는 문화 상품을 팔아 크게 성공했다. 이후 '즐거움을 파는 것'은 버진 그룹의 비즈니스 모토가 됐다. 지금은 버진 그룹의 모태인 '버진 레코드'를 시작으로 항공, 모바일, 음악, 인터넷, 음료, 호텔, 레저는 물론 콘돔에 이르기까지 다양한 분야에서 사업을 펼치고 있다.

즐거움이 철학이다

"더 이상 재미가 없을 때가 일을 바꿔야 할 시기다. 불행하게 살기에는 인생은 너무 짧다. 일과 재미는 조화를 이뤄야 한다. 그래야 '즐긴다'고 말할 수 있다."

별난 행보 속에서 무차별적으로 사업을 확장하는 것처럼 보이지만, 사실 리처드 브랜슨에게는 명확한 경영 철학이 있다. 바로 '즐거움'이다. '버진 레코드' 초창기 시절부터 지금까지 "일하는 것이 노는 것이고, 노는 것이 일하는 것이다."라는 그의 경영 철학은 일관되게 이어져 왔다. 돈보다 직원과 고객의 행복에 더 큰 의의를 둔 것이다. 리처드 브랜슨은 적극적인 태도와 열정이 중요하다고 여기며, 최고로 재미있는 회사를 만들기 위해 노력하는 CEO다. 그는 직원의 행복을 최우선으로 생각하는 경영자답게 칭찬을 통해 직원들에게 동기를 부여한다. 즉 동고동락하며 파트너십을 나누는 것이 버진 그룹의 주요 성공 요인이다. 그뿐 아니라 '버진 레코드'는 고객에게도 '즐거운 삶'이란 가치를 팔기 위해 노력한다. 거대 기업이 자리 잡은 사업에서 틈새를 노리는 전략, 남들이 하지 않는 방식으로 서비스를 제공하는 차별화 전략은 진정 고객이 원하는 게 무엇이며, 그들에게 어떤 즐거움을 선사해야 할지 고민한 결과다.

버진 항공의 출발도 독특하다. 어느 날 브랜슨이 아일랜드에서 휴가를 마치고 푸에르토리코에 갈 생각으로 공항에 도착했는데, 비행기가 취소돼 사람들이 우왕좌왕하고 있었다. 그러자 그는 2,000달러에 비행기 1대를 전세 냈다. 한 사람당 39달러씩 받으면 충분하다는 계산이 섰기 때문이다. 그는 '버진 항공사, 푸에르토리코행 39달러'라고 칠판에 썼고 표는 순식간에 다 팔렸다. 브랜슨은 공짜 티켓 2장을 건졌고, 약간의 이득도 봤다. 버진 항공이 시작된 순간이었다. 그는 영국의 거대 항공사 브리티시 항공이 시장을 선점한 상황에서 겨우 비행기 한 대로 사업을 시작해 불과 3개월 만에 사업 구상에서 실행까지의 과정을 마쳤을 뿐만 아니라, 현재도 매우 성공적으로 사업을 해나가고 있다.

하지만 브랜슨이 항공업에 진출하겠다고 발표했을 때 주위의 반대는 엄청났다. 세계적으로 명성이 높은 브리티시 항공을 비롯한 기존 항공사의 벽을 넘을 수 없다는 충고였다. 그러나 버진 항공은 안마 서비스까지 제공해주는 탁월한 서비스 전략으로 영국의 2위 항공사 반열에 올랐다.

이 일화는 리처드 브랜슨 회장이 자유분방함 속에서 무작정 도전을 즐기는 것처럼 보이지만 실은 철저한 비즈니스 마인드가 바탕이 됐음을 엿볼 수 있는 대목이다.

1인자가 2인자로 행동하는 괴짜 리더십

다양한 업종에 수많은 자회사를 거느린 그룹 회장이라면 근엄하게 자리에 앉아 있어야 하지 않을까? 하지만 브랜슨은 회장이라는 직위에 맞지 않게 행동한다. 그는 항상 밖으로 나가 무엇인가를 한다. 그 '무엇인가'는 홍보부서 직원들이나 할 법한 일이다. 하지만 그는 그것이 자신이 할 일이라고 생각한다. 기업의 최고경영자가 직접 밖으로 나가 자신의 사업을 광고해야 한다는 것이다.

버진 모바일을 홍보할 때 브랜슨은 이 말을 그대로 실천했다. 그는 미국 뉴욕의 번화가 타임스스퀘어에서 크레인에 매달리는 이벤트를 벌였다. 그가 입은 누드 보디 슈트는 마치 알몸처럼 보이게 했다. '중요한 곳'을 버진 모바일의 휴대폰으로 가린 우스꽝스러운 모습이었다. 알몸은 '버진 모바일 서비스에는 숨은 비용이 없다.'는 메시지를 담은 표현으로, 버진 모바일의 모토 '숨길 것이 없다'를 강조하려는 의도가 담겨 있었다. 이 마케팅은 《월스트리트 저널》이 최악의 광고라고 꼬집었지만, 버진 모바일을 알리는 데는 더없이 훌륭한 기회가 됐다.

또한 브랜슨은 자신만의 스타일로 경영 후계자를 선정하는 리얼리티 프로그램 '빌리어네어, 최고의 인재를 찾아라'를 찍기도 했다. 이는 16명의 도전자들과 6주간 영국, 짐바브웨, 모로코, 마이애미, 홍콩, 남아프리카, 도쿄 등 세계 10개국을 여행하며 그들의 도전 정신, 담력, 경영 마인드 등을 평가해 100만 달러의 상금과 함께 후계자로 선정하는 경영 수업 리얼리티 쇼였다. 미국 NBC는 물론 국내 케이블TV 온 스타일에서도 방송된 도널드 트럼프 회장의 '어프렌티스'가 대부분 경영 실무와 관련된 도전 과제를 냈던 것과 달리, 리처드 브랜슨의 '빌리어네어, 최고의 인재를 찾아라'는 모험과 담력 등을 포함한 경영 철학을 주로 평가했다. 이 프로그램은 2004년 미 공중파 채널 리얼리티 쇼 부분 남성 시청률 1위, 전체 시청률 4위를 차지하기도 했다.

리처드 브랜슨은 영국에서 최고 자산가 순위 5위 안에 드는 억만장자인 동시에, 자신의 부를 사회에 환원하고자 노력하는 책임 있는 경영인이기도 하다. 그뿐 아니라 지구온난화를 비롯한 미래 환경문제, 자선 활동과 관련한 버진 그룹의 사회 책임 경영에도 매우 적극적이다. '버진 유나이트'를 설립해 자선 활동과 아이들의 교육 활동에도 남다른 관심을 쏟고 있다. 남아프리카공화국에 '기업가 정신 학교'를 설립했고, 천막을 캠퍼스로 삼는 국제 순회 대학도 구상했다. 지구온난화의 주범인 이산화탄소를 흡수하는 장치를 개발하는 사람에게 2500만 달러를 포상금으로 내놓아 주목을 받은 적도 있는데, 최근엔 지구온난화 방지를 위해 재산의 절반인 30억 달러를 향후 10년 이내에 내놓겠다고 발표해 또 한번 세상을 놀라게 했다. 《타임》은 이러한 브랜슨을 2007년 '환경 영웅' 45인 중 한 명으로 선정했다. 그는 항상 다음의 말을 강조한다.

"실패를 두려워하지 마라. 사업과 모험은 같은 것이다."

이 말처럼 그는 직원들의 실패나 실수에 대해서도 매우 관대하다. 이미 자신이 실패와 실수를 거듭해왔으며, 그것을 토대로 성장했기 때문에 실패를 통해 더 큰 도전을 하기를 적극 지지하는 것이다. 물론 리처드 브랜슨은 한국에서는 '문어발식 확장 기업인'이라는 비판도 받고 있지만, 적어도 비자금을 은닉한다거나 경영권 불법 승계를 하지는 않았다. 무엇보다 그는 2인자형 1인자 리더인 동시에 사람들을 항상 뒤에서 후원하는 편안하고 든든한 2인자다. 이는 다음과 같은 그의 말에도 잘 나타나 있다.

"모든 사람은 각자의 빛을 갖고 태어난다. 우리가 삶을 살아가는 이유는 스스로 그 빛을 발산하기 위해서고, 그렇지 못한 사람들을 도와주기 위해서다."

군인, 노벨상을 수상하다 - 조지 마셜

■ 용기 있는 한 사람이 다수의 힘을 갖는다. **– 앤드루 잭슨**

위대하지만 잘 알려지지 않은 영웅, 그가 바로 조지 마셜이다. 아이젠하워는 조지 마셜을 역사상 미국인들에게 가장 큰 영향을 미친 군인이라고 했다. 윈스턴 처칠은 마셜에 대해 '승리의 설계자' 라고 말하는 것을 주저하지 않았다.

제2차 세계대전 당시, 그는 육군 참모총장이었다. 당시 미 육군은 17만 5,000명에 불과했는데, 조지 마셜이 지휘해야 할 육군은 불가리아 육군의 수보다도 더 적었다. 수적으로 열세였을 뿐 아니라 소총이 부족해서 일부 병사들은 목총을 들고 훈련해야 할 정도였다. 육군 참모총장인 그는 군대 증원을 위해 노력했다. 그 노력에 힘입어 미 육군은 불과 5년 만에 830만 명으로 증가했고, 약 10만 킬로미터에 이르는 보급선 시스템을 갖추게 되었다. 또한 최첨단 무기 생산과 병참 능력을 구비하게 되었다. 그 결과 미 육군은 가장 강력한 군대가 되었다.

제2차 세계대전 전후 미국의 대표적 군인인 조지 마셜은 브래들리, 아이젠하워, 클라크 등을 발탁해 미군을 세계 최강으로 육성했다. 그는 제2차 세계대전을 치르면서 자존심이 강한 프랭클린 루스벨트, 더글러스 맥아더, 조지 패튼 등을 조율하고 다섯 개의 전장을 동시에 지휘해야 했다. 이 과정에서 전통적으로 사이가 좋지 않았던 미 육군과 해군 간에 유례없는 긴밀한 협조를 이끌어냈다. 연합군을 통합하여 운영할 수 있는 단일한 지휘 체계를 완성하기도 했다.

1947년, 국무장관으로 재직한 조지 마셜은 '마셜 플랜'으로 알려진 유럽 부흥 계획을 제안하기에 이르렀다. 제2차 세계대전 뒤 서유럽 국가들이 경제적으로 큰 난관에 처하자 경제적인 부흥을 이루도록 도와주고, 정치 · 경제 · 군사의 최강국이라는 미국의 위상을 강화한 것이다. 그 후 그는 미국 대통령 중국 특사, 적십자사 총재, 국방장관을 역임했다. 1943년, 1947년 《타임》은 '올해의 인물'에 조지 마셜을 선정했다. 《타임》은 1943년에 그를 선정하면서 "조지 마셜은 없어서는 안 될 인물이었다."라고 말했다. 1953년, 마셜은 직업 군인으로는 처음으로 노벨평화상을 수상했다. 그 어떤 1인자도 받기 힘든 상이었다. 마셜이 초급 장교부터 장군으로 진급하는 약 34년의 시간은 그가 2인자 리더십을 발휘하는 데 소중한 경험적 자산을 축적하는 기간이었다.

변방에서 꿈을 키우다

마셜은 1880년 12월 31일, 미국 펜실베이니아 주 유니온 타운에서 태어났다. 마셜의 전기를 집필한 작가는 그가 전혀 비범하지 않았다고

썼다. 버지니아 주립 사관학교에 재학할 당시 성적이 뛰어났던 것도
아니었다. 임관 후 15년 동안, 그의 장교 생활은 끈질긴 인내의 연속
이었다. 그는 대부분 필리핀처럼 먼 변방 지역에서 근무하거나 오지에
서 고생을 했다. 그러다 1916년에 비로소 대위로 진급했다. 마셜은 힘
들고 불확실한 상황에서 주어진 기회를 최대한 이용하기 위해 노력을
다했다.

마셜이 처음 야전에서 떠난 것은 1906년 캔자스 주 포트 레븐워스
에 있는 보병·기병 학교에 입교하고 나서였다. 그는 이 기간에 공부
하는 법을 배웠다고 회상했다. 끈질기게 노력한 결과, 그는 지휘 참모
대학에서 2년 동안 교관으로 재직하는 특전을 누리게 되었고, 이때부
터 위대한 전략 참모로서 능력을 쌓기 시작했다. 1913년에는 다시 필
리핀에서 근무하게 되었는데, 헌터 리젯 장군의 전속 부관 임무를 수
행하며 재능과 능력을 거침없이 발휘하기 시작했다.

1916년에는 프랭클린 벨 장군의 전속 부관으로 임명되어 본국으로
귀환했다. 그리고 제1차 세계대전에 참여할 병력 동원 문제로 벨 장군
과 함께 뉴욕에 파견 근무를 가게 되었다. 그는 이때 전쟁에 필요한 과
정과 절차 등 실무적인 면들을 배울 수 있었다. 그해 6월, 마셜은 미
육군 1사단에 속해 프랑스로 이동했다. 이로써 그는 제1차 세계대전
에 참가하여 전쟁의 다양한 측면을 학습했고, 그 와중에 유럽 지역 사
령관이었던 존 퍼싱 장군의 눈에 들어 참모로 발탁됐다. 이 과정에서
1918년 제1차 세계대전에서 미 육군이 수행한 가장 큰 규모의 지상
작전인 뫼즈-아르곤 공세 계획 수립을 주도하기에 이르렀다.

이전의 뫼즈 강 전투에서는 프랑스군 55만 명, 독일군 44만 명을 잃
었다. 매우 치열하고 소모적인 전투였다. 독일의 70개 사단이 영국을

대대적으로 공격하여, 영국군을 해안에서 완전히 몰아냈다. 또한 독일군에 밀린 프랑스군은 파리에서 불과 20킬로미터밖에 떨어지지 않은 곳까지 후퇴했다. 독일군의 승리가 확실했다. 어려움에 처한 프랑스를 도운 것은 미국이었다. 매달 25만 명씩 유입된 용기백배의 미군들은 서부 전선의 남쪽 파트인 뫼즈-아르곤 전선을 맡았다. 이 당시 상황은 영화 '요크 상사'에 잘 나타나 있다. 독일군과 미국군의 싸움은 7주간이나 이어졌다. 미군은 이 기간에 남북전쟁 당시 북군이 4년간 썼던 화약과 탄창량보다 더 많은 양을 썼다.

9월 26일, 미국군은 전쟁의 마지막 전투가 된 뫼즈-아르곤 전투를 개시했다. 독일군은 수백 대의 연합군 비행기에 대항하여 처절한 항전을 했지만 수적 열세와 연료와 부품 부족으로 많은 비행기가 추락하거나 격추당했다. 게다가 군수품 보급이 형편없어서 연합군 비행기의 잔해에서 비슷한 부품을 빼내서 써야 할 정도였다. 1918년 8월, 독일군의 전력이 서서히 무너지기 시작했다. 연합군은 적군을 계속 밀어붙였다. 미군은 400만 명의 새로운 병사를 동원했다. 1918년 11월 11일, 결국 독일은 항복을 하기에 이르렀다.

전쟁이 끝난 뒤, 마셜은 마법사라는 별명을 얻었다. 그 후 그는 퍼싱의 보좌관으로 근무하는 5년 동안 국가는 물론 국제 정치의 복잡 미묘한 관행을 체득했다.

1930년, 대공황이 악화되고 프랭클린 루스벨트가 대통령에 당선되면서 마셜은 민간 보존단을 지도 및 감독하는 임무를 맡게 되었다. 이 일을 하면서 다른 장교들은 민간인들과 자주 마찰을 일으켰지만 마셜은 매우 즐겁게 일했고, 많은 것을 배우고자 노력했다. 1936년, 마셜은 그동안 이룬 공적을 인정받아 준장으로 진급되었다.

마셜의 화려한 경력은 1938년에 워싱턴 주를 떠나 미국 국방부의 전쟁 계획국 국장에 보직되고, 육군 참모총장에 오르면서부터 본격화되었다. 그는 국장이 되자 육군의 현대화, 그중에서도 공군력 증강에 집중했다. 1939년 9월 1일, 마셜이 참모총장이 된 이날 독일은 폴란드를 침공했다. 미 육군은 독일군의 30분의 1에 불과했다. 당시의 모든 지휘관들은 본토 방위에만 치중했다. 하지만 마셜은 본토 방위를 넘어선 세계대전 규모의 전쟁을 염려했다. 이러한 전쟁에 대한 대비가 필요하다고 주장한 것이다. 의회에 나가서도 이 같은 주장을 반복했다. 그러나 상하원은 고립주의를 선호하며, 유럽 전쟁에는 관여하지 않는 것이 좋다고 결의했다. 이른바 불간섭주의를 채택하려고 했던 것이다. 마셜은 그것을 무사안일주의라고 비판하면서 의원들을 설득하기를 멈추지 않았다.

그러면서 한편으로는 능력의 한계를 보이고 있는 원로 장교들을 전역시켜 나갔다. 그리고 열정적인 젊은 장교들을 고위직으로 진급시켰다. 육해군의 관계를 호전시켜서 전시 연합 작전을 위한 상호 신뢰 구축에 성공한 것은 마셜의 리더십이 빛을 발휘한 결과다. 이러한 결정에 대해 선견지명이라고 부르지 않을 수 없다.

1941년, 마셜은 의회와 국민 여론의 반대에도 불구하고 추가 징병을 추진했다. 그로부터 수개월 후에 일본은 태평양 전쟁을 일으켰다. 수많은 반대에도 불구하고 추진한 마셜의 추가 징병은 절대적으로 옳은 결정이었다.

마셜은 군대의 현대화 계획 또한 이어갔다. 우선 영국과 소련을 지원해서 미국에 의존하게 만들었다. 맥아더나 미 해군, 중국의 장제스는 미국이 일본과 전쟁하는 데 더 치중해야 한다고 보았다. 하지만 마셜은 유럽을 우선시하는 것이 더 중요하다고 보았다.

강자 사이의 카탈리스트 리더십

마셜은 강한 성격을 가진 루스벨트와 처칠 수상을 상대해야 했다. 루스벨트는 공군력만으로 유럽의 전쟁을 끝낼 수 있을 것으로 보았다. 그러나 마셜은 지상군이 개입해야 한다고 생각했다.

영국 지도자들의 전략은 폭격과 해안 봉쇄였고, 그들은 지중해 방면을 압박함으로써 독일을 굴복시킬 수 있다고 보았다. 하지만 마셜의 생각은 달랐다. 유럽 대륙에 대규모 지상군을 투입하는 것이 유효한 전략이라고 거듭 주장했다. 그는 2년 동안 이 주장을 계속하며, 정치 지도자들과 군 지휘관들을 설득하기 시작했다. 결국 연합군의 전략은 우선적으로 유럽 대륙을 공략하는 것으로 바뀌었다. 이것은 인류의 역사를 다시 쓰는 매우 중요한 지점이 되었다.

이 전략이 크게 성공하면서 조지 마셜은 위대한 전략의 입안자라는 평가를 듣게 되었다. 《뉴스위크》는 마셜을 미국의 리더십 발휘에 가장 크게 공헌한 인물로 선정했다. 놀랍게도 투표에 참가한 신문기자와 학자들은 루스벨트 대통령보다 조지 마셜에게 한 표를 더 주었다. 홍콩 주지사를 지낸 크리스토퍼 패튼은 조지 마셜에 대해 이러한 내용의 기조 연설을 했다.

"좋은 일들이 세상에 늘어나는 것은 보통 사람들의 묵묵한 행동들이 쌓인 결과다. 마셜의 묵묵한 행동은 제2차 세계대전을 승리로 이끄는 데 중요한 역할을 했다. 무엇보다 제2차 세계대전 당시 마셜은 처칠보다 훨씬 어려운 임무를 수행했다. 왜냐하면 그는 아이디어들을 실제 정책으로 발전시켜야 했기 때문이다."

한편 전쟁으로 인해 유럽 전역의 농업과 축산업은 황폐해졌고, 전체 순자산의 4분의 1인 300억 달러를 전쟁 비용으로 쓴 영국 정부도 사실상 파산 상태였다. 제2차 세계대전 직후 1인당 하루 영양 섭취량은 미국인이 3300칼로리, 유럽인은 1000~1500칼로리였을 만큼 유럽의 상황은 참담했다. 유럽 대륙이 빈곤으로 불만이 팽배한 틈을 타 동유럽을 중심으로 소련의 지원을 받은 공산 정권이 속속 들어섰다. 그러자 1947년 6월 5일, 당시 미 국무장관이었던 마셜은 하버드대 졸업식 연설에서 "시장경제 체제를 채택하는 나라들이 경제를 부흥시키려고 집행하는 계획에 미국은 대규모 재정 지원을 해야 한다."라고 밝혔다. 유럽부흥계획, 일명 '마셜 플랜'을 발표한 것이다.

해리 트루먼 미국 대통령은 1948년 4월 3일, '경제 협력법'에 서명했다. 이 법을 근거로 미국 정부는 1951년 말까지 4년 동안 서유럽 16개국에 124억 달러에 이르는 경제 원조를 했다. 요즘 가치로 1,000억 달러나 되는 천문학적 돈을 쏟아부은 것이다.

영국 · 프랑스 · 이탈리아 · 서독 · 네덜란드 등의 국민총생산은 마셜 플랜이 진행되는 동안 연평균 15~25% 증가했다. 농업 생산은 전쟁 이전 수준을 넘어섰고, 기근도 사라졌다. 마셜은 1953년에 노벨평화상을 받았다. 처음에 소련은 미국의 유럽 원조 계획에 반대했지만, 결국에는 마셜 플랜을 흉내 낸 '몰로토프 계획'을 통해 동유럽 국가를 대상으로 지원 프로그램을 추진했다.

이 책 전반부에서 2인자 리더십의 특징 가운데 하나를 무조건 2선에 물러나 있는 것이 아니라 원칙을 내세우며 적극적으로 나서는 것이라고 했다. 특히 최고 지도자들의 잘못을 지적하는 과정에서 원칙의 고수는 2인자의 매우 중요한 자질이다. 그 원칙이 결국 옳은 것이기 때문에 2인자는 최고 지도자만이 아니라 조직과 사회, 국가를 보호할 수 있는 것이다. 다음과 같은 사례도 마셜이 일관되게 원칙을 지키려 한 인물이라는 점을 잘 나타내고 있다.

1948년 5월 14일, 이스라엘이 독립을 선언하자 이에 대한 대응을 놓고 워싱턴에서 논쟁이 벌어졌다. 트루먼 대통령은 즉시 회의를 열었다. 국무부의 마셜 장관과 러베트 부장관은 이스라엘의 독립국가 인정을 연기해야 한다고 주장했다. 즉 독립을 반대하는 입장이었다. 트루먼 대통령은 다시 젊은 참모 클리퍼드에게 의견을 물었고, 그는 즉각적으로 독립국가로 인정할 것을 주장했다. 그러자 마셜이 폭발했다.

"이 문제는 외교 정책 사안입니다. 국내 문제 자문역인 클리퍼드가 도대체 왜 여기 있는 것입니까?

결국 회의는 결론을 내리지 못하고 뒤로 연기됐다. 마셜 장관과 레베트 부장관이 이스라엘 독립에 반대한 이유는 단순했다. 석유와 인구수, 그리고 역사와 문화였다. 국방장관 포레스탈은 클리퍼드에게 이렇게 말했다.

"한쪽에 3,000만 명의 아랍인이 있고, 다른 한편에 60만 명의 유대인이 있습니다. 당신은 왜 현실을 직시하지 못하는 것입니까?"

마셜은 회의가 끝난 뒤 "만약 대통령이 클리퍼드의 의견을 따른다면 나는 다음 대선 때 대통령을 찍지 않을 것"이라는 글도 남겼다. 나중에 클리퍼드는 이 글에 대해 "내가 들은 대통령에 대한 발언 중 가장 놀라운 협박이었다."라고 회고했다. 트루먼은 5월 14일 오후 6시 11분에 이스라엘의 독립을 인정했다. 지금에 와서는 많은 사람이 러베트와 마셜이 옳았다고 말한다. 요컨대 그는 최고 지도자의 판단이 틀렸다는 것을 지적했고, 옳은 원칙을 고수했다. 이것이 바로 2인자 리더십의 전형이다.

전반적으로 다시 요약해볼 때 마셜의 리더십은 오랜 기간 동안 고수해 온 사고의 일관성과 경험에 바탕을 둔 통찰력이 진가를 발휘하여 나타났다. 그것이 2인자이면서도 1인자보다 더 훌륭한 결과를 만들어 내게 한 것이다.

철저한 아웃사이더 1인자를 감싸서 포위하다 - 인드라 누이

■ 과거를 지배하는 자가 마래를 지배하며 현재를 지배하는 자가 과거를 지배한다.
- 조지 오웰

2008년 《타임》에서 선정한 '영향력 있는 인물 100인' 안에 뽑힌 인드라 누이. 그녀는 《월스트리트 저널》이 선정한 '세계를 움직인 재계 여성 50인' 중 2위에 오른 적도 있는 인물이다. 경제 전문지 《포춘》 또한 그녀를 2년 연속으로 '미 재계에서 가장 영향력 있는 여성' 1위에 올려놓았다. '미국 500대 기업' 여성 최고경영자 가운데 가장 많은 보수를 받은 사람 또한 그녀였는데, 그 액수는 한화로 약 130억 원이다.

인드라 누이는 왜 그렇게 많은 돈을 받을까? 그녀는 만년 1위였던 코카콜라사를 끌어내리고 펩시코를 업계 1위로 만든 인물이다. 경제 주간지 《비즈니스 위크》에 따르면 2000년 인드라 누이가 펩시코의 최고 재무책임자로 임명된 뒤 2006년까지 펩시코의 연평균 매출은 72% 증가했고, 순이익은 두 배로 뛰었다. 그녀가 펩시코 CEO로 임명된 지난 2006년 1월부터의 투자수익률은 13.1%에 이르렀다. 인드라 누이는 2007년 한 해 동안 연 투자수익률 중 9.4%를 기록했으며, S&P지수 연간 투자수익률은 2.6%를 기록했다. 또한 연간 매출은 394억 7,000만 달러를 기록했다. 2008년 2월 22일 미국 경제전문지 《포브스》가 발표한 '투자자들에게 가장 영향력 있는 여성 CEO 10인'에서 누이를 제외한 9명의 연간 매출액은 평균 10~100억 달러였다.

그럼 앞으로는 어떨까? 그녀는 잠재성도 최상위로 꼽혔다. 순위에 오른 여성 CEO들 중에 앞으로 가장 많은 매출을 올릴 여성으로 뽑힌 것이다.

편견을 깬 아웃사이더

인드라 누이가 주목받는 이유 중 하나는 미국 사회에서 철저하게 아웃사이더였다는 점이다. 그녀는 인도 동남부 첸나이의 한 중산층 가정에서 태어났다. 힌두교를 믿는 보수적인 집안 분위기에서 성장한 인드라 누이는 첸나이 대학(마드라스 대학)에서 화학을 전공하고, 콜카타에 있는 인도경영대학에서 경영학 석사를 받았다. 그 후 인도의 마드라 코치 등에서 직장 생활을 하다가 1978년 미국으로 건너가 다시 예일대 경영대학원에 입학했다. 그녀는 미국 이민 2세가 아니라 인도에서 미국으로 건너가 자신의 꿈을 이룬 여성이다.

인드라 누이는 아웃사이더였음에도 항상 꿈을 잃지 않고 노력했다. 3억 인구의 절반 이상이 여성인 미국, 그 가운데 여성 임원의 비율은 15%에 불과하다. 최고경영자 사회에서 여성은 더욱 찾아볼 수가 없다. 500대 대기업 중 여성이 CEO인 기업은 전체의 2.6%인 13곳에 불과하다. 이처럼 벽이 없는 것 같으면서도 벽이 있는 현실을 빗대어 우리는 '유리 천장'이라고 한다. 그 속에 인드라 누이가 있다. 그녀의 성공은 단순히 유리벽을 뚫은 것이 아니라 방탄유리를 뚫은 셈이다. 왜냐하면 그녀는 이방인이자 두 아이의 엄마인 워킹맘이었고, 가혹한 편견 속의 아웃사이더였기 때문이다.

인드라 누이는 처음 모토로라와 보스턴 컨설팅 그룹 등에서 전략기획을 담당하며 경력을 쌓았고, 1994년에 최고 재무책임자로 펩시코에 합류했다. 전략기획 업무 및 기업구조 조정에서 보인 탁월한 능력을 높이 평가받아 그녀는 2006년에 펩시코의 CEO로 임명되었다. 미국에 유학온 지 28년 만에 '아메리칸 드림'을 이룬 셈이었다.

2007년에는 회장직까지 겸했다. 인도 대학을 나온 여성이 회장직에 임명되자 미국 경영계는 깜짝 놀랐다. 하지만 그녀는 제너럴일렉트릭의 잭 웰치 회장도 인정한 사람이었다. 잭 웰치는 인드라 누이와 점심 식사를 하면서 그녀에게 GE로 오라고 제안을 한 적도 있다고 했다. 하지만 그녀는 세계에서 가장 존경받는 기업인 GE에 가지 않고 펩시코를 선택했다.

보수적인 힌두교 집안에서 태어난 인도 여성이었으며, 미국에서는 이방인이었고, 두 딸의 어머니이기도 한 인드라 누이는 수많은 백인 남성들을 제쳤다. 그녀가 어떻게 코카콜라사를 눌러버린 것일까? 그것은 측면 공략법, 혹은 2인자적 공략법 덕이었다.

"여자로, 외국인으로 태어났다면 그 누구보다도 영민해져야 한다."

그녀는 이 말을 스스로 실현해왔다.

1인자가 되기 위해 2인자임을 인정하다

그녀가 CEO로 임명되었을 때 일부에서는 농약 파동을 무마하기 위한 술책이라는 비판도 있었다. 당시 인도에서는 농약 콜라 파동이 일었는데, 전말은 이렇다. 인도의 환경단체인 과학환경센터(CSE · The Centre for Science and Environment)는 인도 12개 주의 코카콜라사와 펩시코의 청량음료 제조 공장 25곳에서 만든 11개 음료 브랜드를 대상으로 잔류 농약 검사를 실시했다. 그런데 살충제 평균 함유량이 인도 기술표준국(BIS)에서 정한 기준치인 0.5ppb를 무려 24배나 뛰어넘는 11.85ppb였다. 발암 물질로 알려진 린덴 살충제의 평균 함유량은 BIS 기준보다 무려 54배나 많았다. 그중 콜카타에서 가져온 코카콜라는 140배나 높았다. 인도에서 금지된 헵타클로르 살충제는 57개 제품 샘플 가운데 71%에서 검출됐다. 신경유독물질인 클로르피리포스 농약의 평균 함유량은 기준보다 47배 많았고, 심지어 뭄바이의 코카콜라에서는 200배나 많은 양이 검출됐다. 그러나 잔류 농약 검출은 그때만이 아니었다. 과학환경센터는 2003년에도 같은 조사를 했는데, 조사 결과 BIS 기준을 34배 뛰어넘는 살충제 잔류량이 검출됐다.

사태를 수습하려는 콜라 회사들의 노력에도 불구하고 인도인들의 불신은 커져만 갔다. '서구식 자본주의의 상징'이라고 할 수 있는 콜라의 불매 운동과 더불어 미국에 대한 반감도 커졌다. 콜라에 '농약 칵테일'이라는 별칭이 붙으면서 반감이 극에 달하자, 콜라 회사들은 지하수가 농약에 오염됐기 때문이라고 항변했다. 그래도 상황이 풀리지 않자, 이를 해결하기 위해 펩시코가 인도 출신인 여성 인드라 누이를 CEO로 임명했다는 것이다.

하지만 그녀는 상징적인 효과로만 머물지 않았다. 2006년 9월 22일, 인도 케랄라 주 고등법원은 코카콜라와 펩시가 음료수 생산 판매를 할 수 있다고 판결했고, 농약 콜라 논쟁도 6주 만에 막을 내렸다. 이 과정에서 인드라 누이가 인도 정·재계 인사들과의 친분을 바탕으로 CEO 취임 후 첫 과제인 인도의 농약 콜라 파동을 잠재웠던 것으로 알려지고 있다.

그러나 농약 콜라 파동을 극복했다고 해서 펩시가 코카콜라를 이겼다고 볼 수는 없다. 그것은 다시 제자리로 돌아오는 것에 불과했다. 인드라 누이는 과연 어떠한 전략으로 펩시코를 이끌었을까?

그녀가 가장 먼저 한 것은 자신의 한계 인정이었다. 그녀의 한계는 바로 펩시코의 한계였다. 어떤 이들은 근원적인 조건을 무시하고 자신의 능력을 과신하거나 그러한 경향을 보이다가 본전도 못 찾고 만다. 하지만 그녀는 정확하게 자신과 펩시코의 한계, 즉 상대가 1인자라는 사실을 인정하고 그것에 맞게 대응책을 모색했다.

우선 인드라 누이는 탄산음료 시장에서는 펩시가 코카콜라를 이길 수 없다는 사실을 인정했다. 그간 펩시는 탄산음료 시장에서 코카콜라를 이기려고 부단히 노력했지만 뜻대로 되지는 않았다. 이미 탄산음료 시장에서 코카콜라와 펩시의 브랜드 가치는 고객들에게 명확하게 각인되어 있었기 때문이다. 수많은 CEO들이 각인된 브랜드 순위를 깨려고 노력했지만, 그들은 번번이 실패하고 말았다. 다른 능력이 좋은 CEO가 영입되긴 했지만 사정은 변하지 않았다. 어쩌면 당연한 것인지도 모른다. 그것은 CEO의 능력이 아니라 근본적인 구조의 문제였기 때문이다.

인드라 누이는 펩시코로 하여금 탄산음료 시장을 포기하게 했다. 대신 아침에 마실 수 있는 음료를 개발하기로 했다. 콜라를 응용해서 새로운 아침 음료를 만들 수도 있었지만, 아침부터 콜라를 마신다는 것은 부담스러울 터였다. 이러한 전략 수정에도 불구하고 펩시코는 주스를 만들 노하우가 없었다. 그래서 그녀는 1998년 당시 최고의 주스 브랜드였던 트로피카나를 인수하기로 결정했다. 그녀는 인터뷰에서 이렇게 말했다.

"사실 콜라를 아침에 마시는 것은 부담스럽다. 아침에 마실 수 있는 음료가 따로 있으면 좋을 것이다. 당시는 트로피카나가 최고의 주스 브랜드였다."

그다음 2001년 게토레이로 유명한 퀘이커 오츠를 인수한 것이 오늘날 펩시코를 있게 했다. 당시 퀘이커 오츠를 인수하는 데 한발 앞선 쪽은 코카콜라사였다. 코카콜라사 측은 157억 달러를 제시해 인수가 거의 성사되는 분위기였다. 그러나 당시 코카콜라사의 이사회에서 반대 의견이 나왔다. 인수 가격이 지나치게 높고, 독점 금지법에 걸릴 수 있다는 이유였다. 이에 당일 퀘이커 오츠 주가는 8% 떨어졌다. 펩시코는 그 틈을 파고들었다. 인드라 누이는 134억 달러를 제시하도록 했다. 이는 먼저 제시한 코카콜라사보다 낮은 가격이었다. 그러나 주가가 떨어져 불안해진 퀘이커 오츠는 서둘러 계약서에 사인을 했고, 결국 펩시코의 것이 되었다.

펩시코는 이후 '게토레이' 같은 이온 음료나 과일 천연 주스 등의 비탄산음료에 주력했다. 전체 매출에서 탄산음료 비중을 20%로 줄이고, 비탄산음료 비중을 80%까지 올렸다. 이렇게 한 이유는 바로 시대적 흐름에 발맞추기 위해서였다. 웰빙과 기능성 식품을 지향하는 고객들의 기호에 부응하기 시작한 것이다. 이후 펩시코는 급속히 건강식품

공급을 늘려나가기 시작했다. 지방과 나트륨 비율은 낮추고 칼슘과 같은 좋은 성분의 비율을 높인 제품을 늘렸다. 또 저지방, 저칼로리 제품을 찾는 소비자들의 기호에도 발빠르게 대응했다. 일련의 궤도수정으로 인해 펩시코는 '음료전문회사'에서 '종합식품회사'로 변신했다. 그 결과는 만년 2위 기업을 업계 1위로 끌어올렸다.

1886년에 창립되어 120년이 된 코카콜라사에 이어 1898년에 태어난 만년 2등 펩시코는 이로써 마침내 2004년 매출액을 292억 6100만 달러로 올려 219억 6200만 달러에 그친 코카콜라사를 제쳤다. 그해 펩시코는 코카콜라사를 매출에서 25%, 총이익에서 10% 앞질렀다. 2005년 말 펩시코가 시가총액·매출·순익에서 코카콜라사를 완전히 앞서게 되었다. 자신들의 우위를 재확인한 셈이었다. 펩시코는 987억 달러의 시가총액, 330억 달러의 매출액, 11억 1400만 달러(4분기)의 순익을 기록했다. 코카콜라사는 965억 달러의 시가총액, 8억 6400만 달러의 순익에 그쳤다. 코카콜라사는 시장점유율 하락 등으로 주가가 최근 5년 사이 5% 하락했다. 위기감을 느낀 코카콜라사는 132억 달러 상당의 자사주를 매입해서 위기를 돌파해야 했다. 펩시코의 주가는 3년 연속 두 자릿수 이상 올랐다. 2006년, 펩시코는 118년의 아성을 쌓아온 코카콜라사를 순이익에서도 추월했다. 2006년 펩시코의 순이익은 56억 달러였고, 코카콜라사의 순이익은 50억 달러였다. 펩시코의 2008년 2분기 순이익은 주당 1.05달러, 총 17억 달러로 늘었다. 특별 항목을 제외한 주당 순이익은 1.03달러를 기록했다. 블룸버그가 집계한 월가 예상치 1.02달러를 웃돈 수치였다. 펩시코는 2007년 같은 기간에 주당 94센트, 총 15억 6000만 달러의 순이익을 달성했다.

코카콜라사는 탄산음료 중심의 경영으로 2위로 떨어졌다. 자신들이

1인자라 여기고 안주했기 때문이다. 만약 인드라 누이가 탄산음료의 1
인자만을 꿈꾸었다면 펩시코는 성공할 수 없었을 것이다.

할 일 많은 2등 기업을 선택하다

그렇다고 해서 펩시코가 탄산음료 시장을 완전히 포기한 것은 아니
었다. 펩시코는 탄산음료 시장을 장악한 코카콜라사를 끊임없이 공략
했다. 그것도 상대의 가장 큰 강점을 공격했다.

코카콜라는 여성의 몸매를 본뜬 병 디자인과 오랜 전통 덕분에 두터
운 올드 고객들이 많았다. 이에 펩시코는 용기를 크게 만들어 같은 값
에 두 배 용량의 콜라를 고객에게 제공했다. 더불어 코카콜라는 구세
대나 마시는 음료고 펩시는 젊은 신세대가 즐기는 음료라는 홍보 프레
임을 짜기 시작했다. 이 전략은 완전히 성공을 거두어 코카콜라는 전
통의 병을 바꿀 수도, 그렇다고 오래된 고객을 버리고 신세대 쪽으로
선회할 수도 없는 입장에 처해졌다. 그러자 펩시코는 외식업체인 피자
헛, KFC, 타코벨 등과 제휴를 맺어 코카콜라사를 우회적으로 압박했
다. 그렇게 펩시코는 코카콜라사의 강점과 성공 포인트를 무력화시키
면서 자신의 강점을 키워나갔다.

인드라 누이가 이렇게 양면 작전을 취하고 있는 사이, 코카콜라사는
1인자의 함정에 빠져 사업 다각화에 실패했다. 사람들이 이제 기피하
는 탄산음료가 코카콜라사 매출액의 80%를 차지하고 있는 마당에 퀘
이커 오츠를 인수하는 데도 실패했다. 코카콜라사 브랜드 선호도는 갈
수록 떨어졌다.

반면 펩시코는 국내만이 아니라 해외시장에서도 코카콜라사에 대응하는 차별화된 전략을 사용해 그 선호도를 넓혀나갔다. 그 대표적인 예가 러시아였다. 사실 러시아는 일찍부터 펩시코의 아성이었다. 1972년 다국적 기업으로는 처음으로 펩시코가 러시아에서 제품 생산 및 판매 허가권을 얻어냈고, 1980년대 후반에는 '펩시키' 라는 애칭으로 불리며 러시아 어디서든 볼 수 있는 브랜드가 됐다. 하지만 1991년 소련 해체 후 코카콜라사에 시장 주도권을 빼앗겼다. 펩시코는 러시아에서도 승부수를 탄산음료에 걸지 않았다. 성장성이 높은 스낵과 음료에서 새로운 성장 동력을 찾는 이른바 '비(非)콜라 전략' 을 채택했다. 주력 상품은 아쿠아 미네랄워터나 과일주스였다.

펩시코에서 인드라 누이가 이룬 성과는 이처럼 막대하다. 그렇다면 그녀가 GE를 선택하지 않고 펩시코를 선택한 이유는 무엇이었을까? 그것은 자신이 많은 일을 할 수 있는 곳을 선택하자는 원칙이었고, 실제로 많은 일을 이루었다. 무조건 1등 기업이 좋아서 그곳으로 몰려갈 때 과연 성공이 보장된다고 할 수 있겠느냐는 질문을 다시금 던질 수 있는 것이다. 오히려 2등 기업, 2인자 리더가 할 일이 더 많을 수 있고, 성공 가능성 또한 더 확장될 수 있다.

이방인이 오히려 더 본토인 같다

그녀가 펩시코의 유연한 변화를 통해 큰 성과를 이루어낸 것은 그의 인도적 정체성과 무관하지 않다. 그녀는 인도의 전통 의상인 사리를 자주 입고 인도 가요를 부르고 집에 힌두교 의식에 필요한 별도의 공간을 마련할 정도로 인도인의 정체성을 유지했다. 그러면서도 미국인이 아니기 때문에 미국인보다 더 미국인처럼 되기 위해 사고방식과 행동방식을 과감히 바꿨다. 다양성을 용인하고 포용하는 리더십을 발휘한 것이다. 이처럼 약점을 장점으로 승화시킨 것이 그녀가 꿈을 이루는 밑거름이 됐다.

인드라 누이는 알려진 팝송 마니아이며, 예일대 대학원에 다니던 시절에는 여성 록밴드의 리더를 할 만큼 음악에 대한 조예가 깊다. 이런 자신의 특기를 살려 펩시코의 최고 재무책임자로 일할 때, 사내 이벤트에 사리를 입고 나와 강연을 한 후 인기가요 '데이오(Day-O)'를 불러 직원들의 합창을 이끌어내기도 했다. 이러한 행동은 굳어 있던 행사 분위기를 따뜻하게 만들고 조직의 단결을 이끌었다.

인드라 누이는 자신과 경합을 벌였던 경쟁자도 포용했다. 회장직을 두고 경쟁했던 마이크 화이트를 오른팔로 삼아, 협력자 혹은 동지로 만든 것이다. 그에 대해 인드라 누이는 이런 말을 했다.

"뛰어난 인재인 그를 내 곁에 두고 싶었다. 그래서 그가 휴가를 즐기고 있을 때 직접 찾아갔다. 그때 마이크가 축하 카드를 들고 공항까지 마중을 나와 매우 감동을 받았다. 나는 곧 마이크에게 어떤 일이 있어도 회사에 남아 나를 도와달라고 했다."

유능한 실력자가 조직에 남아 있으면 불편해하는 1인자들이 있다. 언제든지 그 사람이 자신을 내쫓고 그 자리를 차지할 수 있다는 생각이 들기 때문이다. 그래서 대개 1인자이거나 1인자이기를 원하는 사람들은 이런 경쟁자들을 매우 경계한다. 실제로 '그런 사람은 위협적인 존재가 아니냐'고 묻자 인드라 누이는 다음과 같이 대답했다.

"400억 달러 규모의 다국적 기업을 경영하는 건 어려운 일이다. 보고 따라할 수 있는 참고서 같은 것도 없다. 그러므로 훌륭한 아이디어를 가진 사람이 있으면 물어보고, 참고하고, 나보다 뛰어나면 자리를 내줘야 한다.”

언제든지 능력 있는 사람을 기용하고 항상 1인자의 위치에 있어야 한다는 강박관념을 스스로 버린 모습이었다.

인드라 누이는 수평적인 리더십을 발휘하면서 끊임없이 자신의 생각을 관철시키는 부드러운 카리스마를 보였다. 수평적인 리더십이나 부드러운 리더십은 2인자 리더십과 상통하는 것이고 그것의 대척점에 있는 것이 카리스마형 리더십이다. 그녀가 펩시코에서 한창 활동하며 좋은 성과를 보이던 2005~2006년을 기점으로 카리스마형 CEO는 대규모로 사라졌다. 카리스마형 CEO들은 이 기간에 20~30개 초대형 기업에서 임기를 미처 마치지도 못하고 쫓겨났다.

격의 없는 커뮤니케이션을 즐기는 그녀는 부드러우면서도 단호하다는 평가를 받는다. 부드럽지만 강하기 때문에 특유의 결단력으로 트로피카나, 퀘이커 오츠 같은 식품회사를 과감히 인수했던 것이다. 이는 펩시코 역사상 가장 단호하고도 잘한 결정이라는 평가를 받고 있다. 업무에서는 철두철미하고, 때로는 거칠고 직설적인 화법으로 임원들의 잘못을 지적하기도 한다.

2008년 《포춘》은 표지에 흥미로운 사진 한 장을 실었다. 인드라 누이가 “만약 여러분(주주)이 원하는 유일한 것이 회사의 두 자릿수 성장이라면 나는 여러분이 원하는 CEO가 아닙니다.”라고 말하는 사진이었다. 단기성과를 바라는 주주들에게 그것은 좋은 방법이 아니라고 당당하게 외치는 CEO임을 강조하기 위한 것이었다. 그녀는 인도의 전통 의상을 미국의 경영계에서 거리낌 없이 착용하고 다닌다. 그의 일관된 심지를 엿볼 수 있는 것이다.

그러나 그녀를 바라보는 시선이 모두 다 좋은 것은 아니다. 2005년 5월, 뉴욕의 컬럼비아 경영대학원에서 강연을 했을 때 그녀는 미국을 욕설할 때 사용하는 '가운뎃손가락'으로 비유한 적이 있었다. 그러자 보수주의자들은 이를 문제 삼아 펩시 불매 운동을 벌였다. 미국 사회에서 그녀는 여전히 이방인이고 소수자인 것이다.

기존 상품 비즈니스를 넘어 윤리경영으로

2008년 3월, 현대경제연구원은 펩시코를 포함한 1위 등극 기업들의 비결을 분석한 보고서를 내놓았다. 여기에서 크게 세 가지 점이 제기되었다. 첫째, 기존 시장에 머무르지 않고 인접 시장으로 영역을 확대했다는 점, 둘째, 1위 업체가 충족시키지 못하는 고객 요구에 눈을 돌렸다는 점, 셋째, 시장을 재정의하고 먼저 진출함으로써 선점 효과를 차지했다는 점이다.

다소 추상적이긴 하지만 고객의 요구나 새로운 시장 정의에 따른 선점은 단지 웰빙에 대한 요구만은 아닐 것이다. 인드라 누이가 펩시코를 경영하면서 코카콜라사를 제칠 수 있었던 것은 무엇보다 윤리 경영이라는 마인드에서 찾을 수 있다. 사실 코카콜라사는 사람들의 건강을 해치면서 많은 돈을 버는 브랜드로 이미지가 굳어 있다.

2005년 5월, 코카콜라사에서 일하는 한 여비서가 코카콜라의 맛을 내는 기밀을 팔겠다고 제의를 해왔다. 펩시코는 여전히 탄산음료 시장에서 사업의 다각화를 추진하고 있던 중이라 이러한 제안이 매혹적일 수 있었다. 하지만 그들은 오히려 코카콜라사 측에 이 사실을 통보했다. 부당한 방법으로 경쟁하지 않겠다는 뜻을 보인 것이다.

인드라 누이는 사회문제에도 관심을 보였다. 2008년 다보스포럼에서 그녀는 이렇게 말했다.

"밀 가격이 지난 3년간 거의 두 배나 올라 밀을 원료로 하는 스낵과 청량음료 비즈니스에도 불가피한 타격이 있을 것이다. 식품 가격 상승은 앞으로 2~3년 동안 더 지속될 것이다. 식품 가격 인플레이션은 단순히 가격 문제가 아닌 정부와 에탄올 지원금이 만들어낸 문제다. 바이오 연료가 친환경 연료로 각광받자 각국 정부가 에탄올 보조금을 지급하면서 이 같은 추세가 악화됐다."

인드라 누이는 사회문제를 기업의 경영과 결합시키는 노력을 게을리 하지 않았다. 건강식품 사업 비중을 확대하고 환경친화적 경영을 펼치면서도 견고한 이익 성장률을 유지할 수 있다는 점을 보여주고자 한 것이다. 윤리적인 경영을 통해서도 얼마든지 회사의 수익을 올릴 수 있다는 이미지를 구축하려는 것으로 보인다.

그 결과, 펩시코는 2008년 상반기 매출이 전년보다 12% 오른 395억 달러가 되었고, 두 자릿수 성장을 기록할 수 있었다.

2인자의 전략적 팔로십으로
1인자가 되다 - 스티브 발머

■ 로마인은 졌을 때 꺾이지 않고, 이겼을 때 우쭐대지 않는다. - **스키피오**

"스티브가 1인자이고, 나는 2인자다."

빌 게이츠가 스티브 발머를 두고 한 말이다. 겉으로 보면 빌 게이츠가 1인자인 것처럼 보이지만 실제로는 스티브 발머가 1인자라는 말이다.

지난 2000년 1월 13일, 빌 게이츠는 그의 가장 친한 친구 스티브 발머에게 공식적으로 최고경영자의 직함과 직무를 주었다. 긴 기간 동안 소리 없이 게이츠 뒤에서 2인자 역할을 하던 발머가 드디어 전면에 나서서 스포트라이트를 받는 순간이었다. 스위스계 이민자의 아들이었던 발머는 세계 최고 컴퓨터 소프트웨어업체의 CEO가 되었다.

잭 트라우트와 알 리스는 『호스 센스(Horse Sense)』라는 책에서 성공하는 사람들의 공통점 중 하나는 자신을 성공시켜줄 말을 알아보는 특유의 관찰력과 혜안이라고 주장했다. 이러한 주장은 흔히 '성공을 위해서는 이러저러 해야 한다'고 말하는 경영 처세서의 내용과는 사뭇 다르다. 이 책에 의하면, 성공하기 위해서는 자기가 타고 달릴 말을 찾아야 한다. 그 말은 자신의 단점까지도 보완해줄 뿐만 아니라 목표에 이르는 길을 한결 쉽게 인도해준다. 호스 센스란 먼 여정에 자신이 타고 가야 할 말을 알아보는 감각이다.

휴렛패커드 공동 창업자인 데이브 패커드는 이렇게 말했다.

"좋은 사람을 만나는 것은 신이 내리는 선물이다. 그 사람과의 관계를 지속시키지 않는 것은 신의 선물을 내팽개치는 것이다."

대부분의 평범한 사람들은 자기 주변에 있는 사람이 좋은 사람인지 그렇지 않은지 알아차리지도 못한다. 하지만 빌 게이츠는 자신에게 도움이 될 만한 사람을 그냥 지나치지 않았다.

빌 게이츠는 자신의 인생에서 가장 탁월한 의사결정이 뭐였냐는 질문에 '폴 앨런과 스티브 발머를 최고경영자로 영입한 것'이라고 대답했다. 발머가 빌 게이츠의 사업에 동참하지 않았다면 어떻게 되었을까? 지금의 발머는 없었을지도 모른다.

그렇다면 발머가 빌 게이츠의 말인가, 아니면 빌 게이츠가 발머의 말인가? 누가 더 호스 센스가 뛰어났던 것일까?

그들은 1973년 하버드대학의 기숙사에서 만났다. 유복한 가정에서 태어나 내성적이었던 빌 게이츠와 달리 스티브 발머는 외향적이고 사교적이었다. 이 두 사람은 성격이 다른데도 1973년 이후부터 파트너십을 훌륭하게 보여왔다. 발머는 하버드 출신 친구들 중에 유일하게 빌 게이츠의 평생 친구로 남았다. 이것은 빌 게이츠를 그만큼 괴팍스럽고 까다로운 성격을 가진 사람으로 평가하는 사례가 되기도 한다.

하지만 스티브 발머가 처음부터 빌 게이츠와 사업 파트너로 함께한 것은 아니었다. 1975년 폴 앨런과 빌 게이츠가 대학을 중퇴하고 마이크로소프트사를 창업해 사업을 시작할 때 발머는 하버드대에 남아서 응용 수학을 전공하고 있었고, 최우수 졸업을 했다. 그 뒤에 발머는 P&G에 취직해 현 GE CEO인 제프리 이멜트와 2년 동안 생산과 보조 매니저로 일했다. 그 후 발머는 스탠포드대 경영대학교에 입학했고, 1980년에 자퇴했다. 마이크로소프트사에 입사하기 위해서였다. 당시 빌 게이츠는 발머를 찾아가서 함께 일하자고 설득했다. 일종의 삼고초려였다. 주위에서는 발머를 말렸지만 그는 결국 빌 게이츠와 함께 일하기로 결정했다. 높은 직위는 아니었다. 발머는 신입 사원이나 마찬가지여서 수많은 일을 담당해야 했다.

그 뒤로 스티브 발머는 빌 게이츠의 오른팔 역할을 했다. 회계와 법률, 엔지니어와 사원관리를 담당하고 전체 업무를 기획하는 데 핵심적인 역할을 했다. 그러다 1998년 7월에는 사장 지위에 올랐고, 2000년 1월 13일에는 마이크로소프트사의 CEO가 되었다. 2008년 6월 27일, 빌 게이츠는 CEO 경영권을 스티브 발머에게 넘기고 은퇴했다.

2008년에 《포브스》가 선정한 '세계에서 가장 부유한 사람' 순위에 따르면, 발머는 세계에서 43위로 150억 달러의 재산을 가지고 있는 것으로 나타났다. 스톡옵션 규모로 보았을 때는, 발머가 로베르토 고이주에타에 이어 2위를 차지했다. 마이크로소프트사의 주식 소유 규모에서는 빌 게이츠, 폴 앨런 두 창업자에 이어 세 번째로 많았다. 2009년 2월, 《포브스》가 선정한 '세계에서 가장 부유한 10명의 CEO' 가운데 한 명이 발머였다.

그는 회사의 창립자도, 창립자의 친척도 아니었다. 그래서 겉으로 보면 스티브 발머가 빌 게이츠의 말인 것처럼 보인다. 하지만 발머가 혼자 힘으로 그 엄청난 재산을 모으고 마이크로소프트사의 수장이 될 수 있었을까? 분명한 것은 발머가 마이크로소프트사를 성공시키고 자신의 성공도 함께 이루어냈다는 점이다.

2인자 파트너의 팔로십

앞서서 비전을 제시하고 이끄는 리더를 도와 리더십을 완성하는 것은 다름 아닌 팔로십이다. 그것은 2인자들이 하는 것이지만, 그 팔로십이 없으면 조직 전체의 성장과 프로젝트는 완성되지 못한다. 벤저민 디즈레일리는 "나는 사람들을 따라가야 한다. 나는 그들의 지도자가 아닌가."라고 말하기도 했다. 복종할 줄 아는 사람만이 지도자가 될 수 있다는 뜻이다. 제대로 된 팔로십을 보이는 사람이야말로 훌륭한 리더가 된다.

프레드릭 맥스웰은 빌 게이츠가 방향을 제시하면 그 방향으로 도달하는 구체적인 길을 찾아낸 사람이 발머라고 말한 바 있다. 이는 마이크로소프트사의 성장에서 발머가 매우 중요하고도 결정적인 역할을 했다는 사실을 입증해준다. 무엇보다 발머는 게이츠의 충실한 참모 겸 야전 사령관이었다. 맥스웰은 발머가 게이츠를 위해서라면 총탄이라도 대신 맞을 정도로 충실했고, 심지어 총이라도 쏠 사람이었다고 술회한 바 있다.

운전대에는 빌 게이츠가 앉아 있었어도, 마이크로소프트사의 바퀴는 발머가 돌렸다. 그러나 그가 언제나 바퀴 돌리는 사람에만 머물러 있었던 것은 아니다. 어떤 때는 작가 헤밍웨이 같기도 했고, 어떤 때는 헤라클레스 같았으며, 흉노족의 왕 아틸라 같을 때도 있었다. 2인자

스티브 발머는 멀티플레이어로서 마이크로소프트사를 보이지 않게
움직였다.

1980년 6월 11일에 마이크로소프트사에 입사한 이래로 그는 운영
체제 개발 부서, 운용 부서, 판매 및 고객 지원 부서를 담당하며 실무
적인 부분에서 다양한 경험을 쌓았다. 그의 이런 경험들이 나중에 기
업을 경영하는 데 많은 도움이 되었음은 당연하다. 2000년에 공식적
으로 회사 CEO로 승진한 발머는 기술보다는 비즈니스 쪽에 밝았고,
회사의 재정 운용을 주로 담당했다. 발머가 입사하고 난 뒤 30명도 안
되던 직원수는 약 5만 명으로 늘어났다. 연간 매출은 1,250만 달러에
서 200억 달러 이상으로 증가했다. 미미한 수준이었던 현금 보유액은
360억 달러 이상으로 급증했다.

1인자를 참아내다

발머는 이렇게 말한 적이 있다.

"마이크로소프트사의 상품이나 비즈니스는 모두 세 가지 단계를 거
쳐갈 것이다. 비전, 인내, 그리고 실행이다."

발머의 수많은 업적 중에서도 가장 잘한 일은 무엇일까? 그것은 '20
년 이상 빌 게이츠를 참아낸 것'이라는 말이 나올 정도다. 그는 빌 게
이츠의 친구이자 파트너이고 행동대장이며 참모로서 오랜 시간을 보
냈다. 다른 사람이라면 중간에 자신이 1인자가 되기 위해서 뛰쳐나가
거나 기업을 장악하기 위해서 지배 체제를 만들고 따로 세력을 구축해
대항할 만한데 스티브 발머는 그렇게 하지 않았다.

사실 2인자에게 가장 필요한 것은 인내다. 한 리더를 주군처럼 섬기고 충성하는 것은 결코 쉬운 일이 아니다. 특히 빌 게이츠 같은 인물과 함께 일한다면 이러한 덕목을 더욱 요구할지도 모른다. 빌 게이츠의 2년 선배였던 폴 앨런은 빌 게이츠와 함께 일하면서 많은 고초에 시달려야 했다. 그가 호지킨스병(임파선에 발생하는 암)에 걸린 것도 빌 게이츠와 근무하면서 얻은 스트레스 때문이라는 이야기가 나돌 정도였다. 폴 앨런은 다툼이 있으면 항상 자신이 사과를 했다고 말했는데, 그것은 빌 게이츠가 자신의 잘못을 인정하거나 사과를 한 적이 한 번도 없다는 것을 말해준다. 친하게 지낼 수 없는 빌 게이츠 같은 독단적인 사람 곁에서 2인자로 머물며 오랜 시간 인내했다는 것은 그 자체로 대단한 일이다. 오죽하면 '빌 게이츠의 2인자가 하는 일은 그의 화를 받아들이는 것'이라는 지적도 있을까.

그러나 언제나 복종만 했으랴? 더구나 2인자의 역할은 무조건적인 복종이 아니다.

《월스트리트저널》은 2008년 6월 8일자 보도를 통해 "역사상 가장 성공적인 동업자로 평가받고 있는 마이크로소프트사의 빌 게이츠와 스티브 발머는 사실 충돌이 잦았으며, 그런 갈등이 결국 빌 게이츠의 조기 퇴진으로 이어졌다."라고 했다. 또한 "게이츠 회장이 다른 경영진들 앞에서 발머 CEO를 공개 비난해왔다."라는 내용도 보도했다. 밖에서는 상호보완적인 관계로 보였을지 몰라도 회사의 내부 권력을 공유하는 문제를 놓고서는 종종 대립하거나 긴장 관계였다는 후문도 이전부터 있었다. 공식 회의 중에 게이츠 회장이 발머에게 언성을 높이는 장면도 심심찮게 연출됐다.

하지만 충실한 조언은 조직을 건강하게 한다. 만약 발머가 무조건 복종만 했다면 마이크로소프트사는 대성공의 반열에 들어서지 못했을 것이다.

피 묻힌 해결사

무엇보다 스티브 발머는 빌 게이츠가 꺼리는 일들을 도맡아서 처리했다. 그를 야전 사령관이나 모사꾼으로 비유하는 이유도 그 때문이다. 그는 악당 역할을 마다하지 않았다. 그래서 어떤 이들은 스티브 발머는 이드고, 빌 게이츠는 에고라고 말하기도 한다. 이드는 본능이고, 에고는 자아다. 에고는 고상하고 아름다운 척할 수 있지만, 이드는 그렇게 할 수 없다. 본능은 도덕이나 윤리와 거리가 멀기 때문이다.

빌 게이츠가 양지에서 좋은 말들을 하고 다닐 때, 발머는 음지의 일마저도 마다하지 않았다. 프레드릭 맥스웰은 '나쁜 녀석 발머' 라는 글에서 발머가 상도나 윤리경영과는 거리가 먼 인물이라고 꼬집기도 했다. 친구 게이츠에 대한 충성이 대단했던 발머는 '손에 피를 묻히는 해결사' 였다. 그는 마이크로소프트사의 시장을 위협하는 상대를 무자비하게 초토화시키기도 했다. 보안이 완벽하니 걱정 말라고 거짓말을 해서 다른 소프트웨어 회사의 소스 코드를 공개하거나, 다른 업체들을 고사시키는 비열한 전략도 썼다. 영국의 경제지인 《이코노미스트》는 그를 두고 이렇게 평가했다.

'광적이고 무자비한 기동력을 갖춘 화력 지원부대 같고 야비하고 사납기 이를 데 없다.'

그의 악역 덕분에 마이크로소프트사는 대성공을 거두었지만, 숱한

반독점법 소송을 불러오는 사태를 낳았다. 이 점 때문에 스티브 발머가 여전히 2인자라는 말도 있다. 더티플레이를 하는 사람을 1인자로 인정할 수는 없다는 것이다. 발머가 미국 최고의 CEO로 뽑히는 동시에 최악의 CEO로도 뽑히는 이유가 여기에 있다.

2인자의 다중 캐릭터

스티브 발머가 잘한 것 중에 하나는 특이한 사람이라는 평가를 들으면서도 '격려하기'를 멈추지 않았다는 것이다. 그는 전 사원 앞에서 고막을 찢는 듯한 글로리아 에스테판의 사운드 트랙을 배경으로 춤을 추면서 원숭이처럼 "나는 이 회사를 정말 사랑해요!"라고 소리치곤 했다. '그는 개그맨이며 배우이기도 하고, 학자이며, 독설가이며, 사기꾼이고, 경영자다.'라는 다양한 평가가 있을 만큼 여러 캐릭터를 보이며 회사를 이끌었다. 회사를 위해서라면 어떤 가면이라도 쓰겠다는 의지다.

그가 이렇게 회사를 위해서 무슨 일이든 마다하지 않는 이유는 무엇일까? 그의 말대로 정말 '사랑하기' 때문인지도 모른다. 무엇인가를 이루기 위해서는 노력이 필요하다. 그러나 사랑하지 않으면 노력할 수 없다. 스티브 발머가 직원들 앞에서 가장 쉽게 하는 말도 "나는 회사를 사랑한다."라는 것이다. 이는 누구라도 자주 할 수 있는 말처럼 보이지만, 어찌 보면 진정으로 회사를 위해 온갖 난관을 극복하며 살아왔기 때문에 그처럼 습관적으로 말할 수 있는 것인지도 모른다. 나아가 그 사랑은 자신에 대한 사랑일 수도 있다. 그가 회사와 자신을 동일시하고 있을 확률이 높기 때문이다.

이는 저우언라이를 통해서도 살펴본 바가 있다. 그가 마오쩌둥을 위해서 어떤 일이든 다 해낸 이유는 단순히 마오쩌둥에 대한 충성 때문만은 아니었다. 그는 중화민국의 근간을 지키기 위해서라면 어떤 비굴한 짓도 마다하지 않았다. 저우언라이에게 중화민국은 자신이었고, 마오쩌둥에 대한 반역은 결국 중화민국의 일체성을 깨트리는 행위였다. 스티브 발머가 빌 게이츠에게 충성하고 인내한 것은 이러한 맥락에서 이해할 수 있다. 어쩌면 이것이 2인자의 또 다른 운명인지 모른다.

또 다른 2인자를 키우다

발머는 회사가 커지자 자신이 나서지 않고 다른 전문 경영자에게 일을 맡기겠다는 겸손의 자세를 보였다. 이미 스티브 발머는 공식 석상에서 '10년 이내 경영에서 물러날 것'이라고 밝히면서 2세대 경영진의 출현을 예고했다. 전문가들은 발머 이후를 뒷받침할 수 있는 이로 레이 오지 CSA(최고 소프트웨어 설계책임자)를 꼽고 있다. 그는 로터스 노트를 만든 장본인이다. 오지는 게이츠가 CEO에서 물러난 뒤 수년 동안 그가 해야 할 역할 중 상당수를 대신해왔다. 빌 게이츠는 레이 오지를 다음과 같은 말로 극찬했다.

"레이 오지는 전 세계 5대 프로그래머 중 한 사람이다."

누가 됐든 발머가 MS의 경영권을 누구에게 넘길지 귀추가 주목된다. 스티브 발머가 다녔던 고등학교의 풋볼 팀 주장이었던 지기츠는 "발머는 마이클 조던과 닮았다. 조던이 농구의 팀워크를 좋아하듯이 발머는 사업의 팀워크를 좋아한다.”라고 말했다. 이 말처럼 발머는 훌륭한 인재들과 함께 수평적인 네트워크를 통해 사업을 성공시키려 했다. 인재들의 초기 마이크로소프트사 입사는 전적으로 발머에 의해 좌지우지됐다. ‘최고를 뽑아라.’ 라는 좌우명대로 발머는 ‘뛰어난 지능과 에너지와 추진력을 갖춘 사람들’ 을 마이크로소프트사에 충원시키려고 지속적으로 노력했다. 최고 인재들에게 지분을 배분하게 만들어서 조직의 발전을 추구한 것도 발머였다. 1981년 지분은 게이츠 53%, 앨런 31%, 발머 8%, 찰스 시모니 1.5%, 기타 1.5% 등으로 나뉘었다. 그렇다면 초기 지분 분배에서 배제된 임직원들은 어떻게 했는가? 이에 발머는 스톡옵션 제도를 과감하게 주장하고 관철시켜 경영에 도입했다.

실리콘그래픽스 CEO와 마이크로소프트사 사장을 맡았던 릭 벨루조의 영입 실패로 공학과 경영을 아우르는 인재가 없다는 사실을 절감한 빌 게이츠와 스티브 발머가 은밀히 키운 인재는 대략 7명 정도였다. 에릭 러더, 크리스 존스, 유서프 메디, 스티븐 시노프스키, 마틴 테일러 등이다. 두 사람은 이렇게 2인자들을 육성한 뒤에 이들을 포진시키고 경영을 해나갔다.

진흙을 묻히지 않고 고고하게 존재할 수만 없는 것이 2인자의 현실인지도 모른다. 하지만 2인자의 위치에서 2인자들을 길러내면서, 목표를 향해 일심동체로 노력한다면 애써서 1인자의 반열에 올라가고자 하지 않아도 된다. 2인자 리더십은 진흙 속에서 피어나는 연꽃이다.

불편하지 않은 진정한 2인자 - 앨 고어

■ 집착은 환상을 만들어낸다. 초연한 사람만이 사물의 실체를 파악할 수 있다.
– 시몬 베유

클린턴이 '지퍼 게이트'에도 불구하고 8년간의 임기를 무사히 마칠 수 있었던 것은 그의 뒤에 '미국 역사상 가장 성공한 부통령'이라는 앨 고어가 있었기 때문이다.

고어는 외교 정책의 경험과 이해가 풍부했다. 그는 자신의 경험과 이해를 바탕으로 당론을 거부하고 걸프전쟁 지지 투표를 했고, 클린턴 대통령에게 유고연방의 독재자 슬로보단 밀로셰비치에 맞서도록 조언했다. 고어가 8년간의 재임 기간에 클린턴을 대신해 방대할 정도의 일을 해냈다. 환경, 과학, 첨단기술, 인터넷, 커뮤니케이션, 우주탐사, 정부조직 개편, 담배 산업, 전 소비에트 연방의 핵무기 문제 등 실로 다방면이었다. 고어는 재임 기간 동안 규율을 갖추고 멀리 내다보는 정책 선택 능력을 유감없이 보여줬다.

클린턴의 참모였단 모리스의 말에 따르면, 고어는 공개석상에서는 수줍어하는 편이고 사적인 자리에서는 활기차고 따뜻한 사람이다. 반면 클린턴은 사적인 자리에서는 그냥 조용히 시가를 물고 카드 게임이나 즐기지만 공개석상에서는 그렇게 활기찰 수가 없다고 한다. 이런 점만 미루어보더라도 항상 주목받고자 하는 쪽은 클린턴이다. 그래서 일부에서는 그를 타고난 정치꾼이라고 말하기도 한다. 반면 고어는 배후에 강한 사람이었다. 고어가 국정 운영에서 통찰력을 보이는 것은 그가 성장한 배경과 교육, 경험이 중요하게 작용한 결과였다.

고어는 워싱턴에서 태어났다. 좀 더 자세히 말하자면 그는 워싱턴 태생이면서, 그와 동시에 고향인 테네시 주 사람이었다. 그는 두 지방의 환경에 잘 적응하며 성장했다. 워싱턴에서는 영국 국교회 계통의 세인트 앨번 학교에 다녔으나, 테네시 주에 옮겨가서는 집안의 농장에서 일했다. 테네시 주 출신 하원의원이었던 앨버트 고어가 아버지였고, 최초의 밴더빌트 법학대학 출신 여성인 법률가 폴린 고어가 어머니였다. 정치가와 법률가 부모 사이에서 태어나 자랐기 때문에 어린 시절부터 정치와 법률에 대해 자연스럽게 관심을 가지고 있었다.

그후 고어는 하버드대학교에 입학해 1969년에 졸업했다. 침례교도인 그는 나중에 기자로 근무하면서 밴더빌트대학에서 철학과 현상학을 공부했다. 그리고 1974년에는 밴더빌트 법과대학에 입학했다. 이런 영향으로 그는 이후 철학과 법, 그리고 종교적인 원칙에 입각해서 정치를 하게 된다.

1969년, 징집영장을 받은 고어는 베트남 전쟁에 대한 반대 입장에도 불구하고 징집에 응하여 월남에 파병되었다. 보도요원으로 베트남 복무를 마쳤는데, 그의 이러한 군 경험은 이후에 세계를 바라보는 관점에도 큰 영향을 주었다. 1971년에 고향으로 돌아온 고어는 《테네시

안》의 기자로 일하게 되는데, 이때 한 정치적 부패 사건을 폭로하고, 관련자들의 유죄 판결을 이끌어내 크게 주목을 받았다.

1976년에 민주당 후보로 테네시 주의회 의원 선거에 출마하여 당선된 고어는 4회를 연임했다. 그는 이때부터 환경문제에 관심을 갖게 된다. 1984년에 그가 테네시 주 상원의원 선거에서 승리할 수 있었던 이유 역시 환경문제에 관심이 많았다는 것이 한몫했다. 그러다 1988년에 고어는 민주당 대통령 후보 지명전에 나서게 되었다. 그리고 이른바 슈퍼 목요일에 남부 5개 주에서 승리를 거두었지만, 결국 경쟁 후보인 듀카키스에게 패배했다. 그 후 고어는 1992년에 빌 클린턴이 그를 러닝메이트로 선택할 때까지 상원의원을 지내면서 경험과 통찰력을 쌓았다.

정치 아닌 과학기술과 환경 속에서 길을 찾다

정치인들은 대개 과학과 기술분야에 문외한이다. 문과 출신들이 많기 때문이기도 하지만, 개인적으로 관심이 없는 경우가 많다. 그러나 문과 출신임에도 앨 고어는 달랐다. 1980년대에 테네시 주 출신의 민주당 상원의원이었던 앨 고어는 지구온난화에 관심이 많았다. 그는 이미 시대를 앞서간 정치인이었다. 1992년 상원의원을 지낼 때 고어는 『위기의 지구』라는 책을 펴냄으로써 과학과 기술, 특히 환경문제에 관한 높은 식견과 통찰력을 보여주었다. 이때 고어는 지구온난화를 방지하고 지구 환경을 살리기 위한 마셜 플랜을 제안했다. 부통령 시절 지구온난화에 대한 국제 논의를 주도적으로 추진했고, 1997년 160여 개국이 온실가스 감축에 합의한 교토의정서를 채택하는 데 중추적인 역할을 했다.

그의 생태학적 사고는 경제 정책에도 그대로 나타났다. 1992년 대선에서 클린턴의 선거 전략은 공화당의 경제 정책을 비판하는 데 모아졌다. 이때 클린턴의 러닝메이트로 있던 고어의 아이디어가 크게 작용한 것이다. 고어는 강력한 기술 지원책이 없었기 때문에 경제성장이 지체되었다고 비판하면서 친환경적인 기술을 적극적으로 개발해 고용을 창출해나가야 한다고 주장했다. 그것이 바로 디지털 기술이었다.

1993년 9월, 고어 부통령은 '국가 정보 인프라에 관한 행동의제'를 통해 정보고속도로를 건설하는 계획을 발표했다. 이는 1990년 상원의원 시절에 고어가 제출한 초고속 정보통신망 법안을 더 보완한 것이었다. 이런 정보기술 지원으로 디지털 산업이 활성화되었고, 이른바 '신경제'라 하여 클린턴 집권 8년간 미국은 전례 없는 경제 호황을 누렸다.

1993년 11월, 당시 부통령 고어 중심의 행정 개혁팀은 과학기술정책 조정기구의 운영체계를 크게 손질했다. 대통령을 의장으로 하는 국가과학기술심의회를 설치했는데, 이는 연방정부 차원에서의 종합 조정 기능을 강화하기 위한 조직 신설이었다. 동시에 백악관 내 정책 조정기관으로 대통령과학기술자문위원회를 만들었다.

고어의 진면목을 극적으로 보여주는 사례는 나노기술이었다. 1992년 6월, 미국 상원 소위원회에서 30대 후반의 한 남자와 고어는 열띤 토론을 했다. 그 내용은 나노기술에 관한 것이었고, 남자의 이름은 에릭 드렉슬러였다. 당시 과학자들 중에는 나노기술의 실현 가능성을 믿는 이들이 거의 없었다. 이 때문에 줄곧 드렉슬러는 현실성 없는 몽상가 취급을 받았다. 하지만 고어는 정책 입안자들에게 나노기술에 관심을 가져줄 것을 호소했다. 마침내 2000년 1월, 클린턴 대통령은 '국가 나노기술 구상'을 발표했다. 2001년부터 6,000억 원이 투입되는 프로젝트였다. 클린턴은 이렇게 표현했다.

"나노기술은 미국 의회 도서관에 소장된 모든 정보를 각설탕 한 개 크기의 작은 장치에 집어넣을 수 있는 기술이다."

만약 앨 고어가 없었다면 이러한 과학 기술 정책의 활성화는 없었을 것이다. 새로운 경제의 부상은 이러한 기초과학과 응용과학을 정책적으로 어떻게 뒷받침하느냐가 중요하게 작용한다. 더구나 새로운 분야일 경우, 민간 부문이 쉽사리 투자할 수 없기 때문에 정부의 역할이 매우 중요하다. 이 점을 고어는 잘 알고 있었다.

쓰디쓴 패배

고어는 2000년 선거에서 논거가 확실한 공약을 내세웠다. 그는 총기 판매에 대해 분별 있는 규제책을 옹호했다. 그는 여성들이 낙태할 자유를 옹호했다. 미국 사회의 잘못된 과거 유산이라 할 수 있는 인종차별 관행을 없애기 위해 어퍼머티브 액션(Affirmative Action, 소수종족 및 여성 우대제)이 여전히 중요하다고 주장했다. 또 그는 선거자금 개혁을 우선순위에 두겠다고 일관되게 말했다. 더 많은 재원을 국가채무를 갚는 데 쓸 것이고, 그렇게 함으로써 국채 금리를 줄이고 다시 더 많은 빚을 갚을 수 있는 선순환 고리를 강화하겠다는 주장을 굽히지 않았다. 고어의 계획은 장기적인 해결책은 아니었지만, 적어도 정부가 재정 문제에 대처하는 입장을 개선시켜주는 것이었다. 고어의 '목표 지향적' 감세 정책은 목적을 달성하지 못한 채 법규를 복잡하게 만들 위험이 있었지만, 부시의 감세 제안보다 그 폭이 작다는 이점을 갖고 있었다.

앨 고어는 2000년 대선 당시 전체 유권자 득표수에서는 약 5,100만 표(48.4%)로 조지 부시 후보보다 54만여 표를 앞서 1위를 기록했다. 하지만 선거인단수에서 271 대 266으로 조지 부시(약 5,046만 표, 47.9%) 후보에게 패했다. 그는 유명한 '클로즈 투 콜'의 주인공이었다. 즉 너무 근소한 차이여서 승패 선언을 할 수 없는 상황을 만들었다.

그러나 과정은 그렇게 쉽지 않았다. 플로리다 주의 개표 과정에서 부정 개표 혐의가 밝혀져, 선거 결과가 바뀔 수도 있기에 재검표가 진행되었다. 상황은 충분히 앨 고어에게 유리했다. 하지만 연방대법원은 이를 위헌이라며 재검표 중단을 명령했다. 고어는 대법원의 결정에 동의할 수 없었지만, 2000년 12월 13일, 다음과 같은 말을 남기면서 선거 패배를 선언했다.

"한 국가의 국민으로 우리의 통합과 우리 민주주의의 힘을 위해 양보한다."

국민들이 미국 민주주의에 대한 신뢰를 잃게 해서는 안 된다고 여겼기 때문이다. 자칫 미국의 선거제도가 세계에 치부를 드러내면서 불명예를 안을 판이라고 판단했던 것이다. 그는 미국이라는 공동체를 위해 자신을 희생하고, 스스로 2인자로 남았다.

한편 고어가 대선에서 패배한 이유로 자신의 특기를 숨겼기 때문이라고 지적하는 사람도 많았다. 승패가 갈린 플로리다는 관광 때문에 환경문제에 가장 민감한 주였다. 2000년 대선은 차별화를 위해 환경 이슈를 내세워도 좋은 시점이었다. 하지만 고어는 그렇게 하지 않았다. 모리스는 연이은 선거 패배로 두려움이 많아진 고어가 조지 W. 부시의 맹공에도 침묵을 지키는 악수를 둬 근소한 차로 패했다고 말했다.

하지만 여기서 주목할 점은 그가 깨끗하게 승복을 선언해 국민들에게 더 좋은 이미지를 남겼다는 것이다. 그의 패배 수락 연설은 역대 명연설 중에서 손가락에 꼽힐 만큼 명문으로 평가받았다. 미국의 민주주의와 정의를 세계에 보여줬다는 것이다. 든든한 집안 배경, 엘리트 출신, 반듯한 외모, 포용력 있는 리더십, 대중적인 이미지와 지지도라는 강점들을 가지고 있음에도 그는 은퇴를 선언했다.

패배자, 환경의 달인에서 다시 영원한 1인자로

앨 고어는 대선 패배 이후 정치인이 아닌 환경운동가로 변신, 행동하는 지도자로서 탁월한 리더십을 발휘해 다시 스타로 떠올랐다. 대선에서 패배한 그가 다큐멘터리 영화 「불편한 진실」을 통해 자신의 비전을 내세움으로써 영원한 1인자로 나선 것이다.

그가 다시 찾은 일은 바로 환경문제였다. 그는 6년간 전 세계를 돌며 지구온난화에 관한 1000회 이상의 강연을 했다. 그리고 이러한 활동을 인정받아 노벨상을 수상했다.

2007년 2월 26일, 할리우드 코닥 극장에서 열린 아카데미 시상식장에 앨 고어가 나타났다. 앨 고어가 출연한 「불편한 진실」이 장편 다큐멘터리상과 주제가상 등 2개 부문에서 수상하는 영광을 안았기 때문이다. 그는 "지구온난화와 환경문제는 정치적 문제가 아니라 도덕적 문제이며 미국 시민들이 함께 풀어가야 한다."라고 말해 열화와 같은 박수를 받았다.

제작비 100만 달러를 투자해 만든 「불편한 진실」은 2006년 초 미국에서 개봉돼 2,400만 달러의 수입을 올렸는데, 이것은 웬만한 극영화를 능가하는 흥행 기록이었다. 「불편한 진실」은 영국 중등학교의 환경교재로 사용되기도 했다. 영국의 데이비드 밀리밴드 환경부장관과 앨런 존슨 교육부장관은 IPCC(유엔 정부 간 기후변화위원회)가 기후 변화에 관한 종합보고서를 발표한 후 「불편한 진실」을 각 학교에 배포하겠다는 계획을 발표했다. 또한 다큐멘터리 내용을 책으로도 만들었는데, 이 작품으로 고어는 퀼 문학상을 받게 됐다. 퀼 문학상은 '퓰리처상' 이나 '내셔널 북 어워드' 의 권위에 도전할 만한 문학상으로 평가되는 상이다.

다큐멘터리를 연출한 영화감독 데이비스 구겐하임도 휴머니타스상을 받았다. 사회 통합과 자유 신장에 기여했다는 게 선정 이유였다. 1974년에 만들어진 휴머니타스상은 삶의 가치를 높이는 TV 프로그램과 영화 제작자에게 수여되는데, 다큐멘터리가 특별상을 받은 것은 1995년 빌 모이어와 주디스 데이비슨 모이어의 다큐멘터리 「폭력에 대항해 무엇을 할 수 있나」 이후로 10년 만이었다.

다큐멘터리 「불편한 진실」에 의문을 제기하는 이들도 있다. 기상학자이자 미국 일기예보 전문회사 '웨더채널' 의 설립자인 존 콜만은 미 항공우주국이 매년 발표하는 '역사상 가장 더웠던 해' 기록을 근거로 이의를 제기했다. 그의 말에 따르면 가장 더웠던 10위까지의 해 중 1990년대는 3차례, 21세기 이후에는 단 한 차례밖에 없었는데, 인간이 지속적으로 지구온난화에 영향을 미치고 있다면 이런 결과가 나오는 것은 불가능하다는 것이다. CNN 진행자 글렌 벡도 고어를 공격했다. 그는 "기상 전문가들은 지구온난화에 회의적인 반응을 보이면 직장에서 해고당할 것으로 생각하고 침묵하고 있을 뿐이다." 라고 말했다. 고어의 「불편한 진실」은 영국 법정에서 과장됐다는 판결을 받기도 했다. 그러나 근본적으로 이산화탄소가 계속 늘어나게 되면 지구뿐만 아니라 인류에게 큰 재앙이 된다는 사실은 변함이 없다.

또한 고어는 3년간 3억 달러(약 2,971억 원)를 모금하는 대규모 환경보호 캠페인을 벌이기도 했다. 이는 공공 캠페인 모금액 중 규모 면에서 미국 역사상 최대였다. 고어는 캠페인을 통해 미국이 온실 가스 배출 억제 목표치를 정하는 법령을 제정하고, 새로운 국제 기후 변화 협약에 가입하는 데 총력을 기울일 것이라고 밝혔다.

2008년 7월 17일 워싱턴 DC 콘스티튜선홀에서 열린 강연회에서 그는 10년 내로 '무탄소 재생 에너지로 100퍼센트 대전환을 해야 한다.'고 주장했다. 고어는 이날 자신의 제안을 '인류의 달 착륙 계획'에 견주었다. 그는 "존 F 케네디 전 대통령 시절에 미국이 달 착륙을 위해 쏟았던 열의를 에너지 혁명에 쏟자."라고 주장했다. 또 달 착륙 계획이 대통령의 한 차례 임기 내에 달성될 수 없었듯 '화석 에너지 해방'도 마찬가지라고 했다.

고어를 둘러싼 화두는 그가 대선에 출마하는가 여부였다. 그가 이미 환경운동을 통해서 세계적으로 지명도를 높여 놓았기 때문에 어쩌면 대선에 출마하는 게 당연해 보였다. 대개 정치인들은 그러한 활동을 통해서 다시 대권에 도전하는 행동을 보이기 때문이다.

2007년 1월 16일, 「불편한 진실」의 홍보를 위해 일본 도쿄에 간 앨 고어에게 질문이 쏟아졌다. 2008년 대선에 출마할 계획이 있는지를 묻는 질문이었다. 고어는 "나는 그저 다양한 환경운동에 참여할 뿐"이라고 대답했다. 그는 일본 기업이 지구온난화 방지에 선도적인 역할을 해야 하며, 이는 미국과 세계의 기업들에 자극을 줄 수 있다고 주장했다. 리처드 라일리 교육부 장관은 이렇게 말한 적이 있다.

"고어는 강한 지도자의 모든 자질을 지녔지만 부통령으로서 대통령이 되기 위해 노력하지 않았다. 그것이 바로 고어와 클린턴이 서로 잘 지낸 이유다."

만약 앨 고어가 1인자가 되고자 했다면 그는 오늘날의 명성을 얻을 수 없었을 것이다. 2008년에도 제44대 미국 대통령 선거를 앞둔 경선 과정에서 고어가 민주당의 대통령 후보로 거론되었다. 하지만 고어는 하워드 딘 민주당 의장 등과 함께 민주당의 원로로서 기나긴 경선 기간 동안 침묵, 즉 중립을 지켰다. 6월 3일, 버락 오바마가 최종 후보로 오르자, 6월 16일에 그는 오바마를 지지한다고 공식 선언했다. 기후 보호 동맹의 회장이기도 한 그는 그렇게 2인자의 위치에 남아 1인자가 되었다.

2인자 정치 컨설턴트, 정가를 주름잡다

- 클린턴의 제갈공명, 딕 모리스 vs 부시의 방통, 칼 로브

■ 군주는 여우와 사자 같은 성질을 모두 지녀야 한다. 사자의 성질만으로는 덫에서 몸을 지킬 수 없고, 여우의 성질만으로는 이리에게서 몸을 지킬 수 없다. **— 마키아벨리**

스핀 닥터는 일반적으로 정책 시행에 앞서 국민들의 생각을 읽고, 이를 정책에 적극적으로 반영하도록 대통령을 설득하기도 하고, 대통령의 정책을 국민들에게 수용시키기도 하는 정치 전문가를 일컫는다.

스핀 닥터라는 이름은 1984년 공화당의 레이건 후보와 민주당의 먼데일 후보의 TV 토론이 끝났을 때 기자실에서 각 진영의 홍보 담당자들이 언론플레이에 열을 올리는 모습을 보고 《뉴욕타임스》가 이들을 스핀 닥터라 부른 데서 유래됐다. 자기 멋대로 부풀리고 축소하는 것이 돌리고 비틀고 왜곡하다는 뜻의 부정적인 단어 스핀과 비슷하다는 것이다.

그 스핀 닥터 중 하나가 정치 컨설턴트다. 서열 3, 4위 안에 드는 1급 전략가들은 1년에 최소 100만 달러는 거뜬히 번다. 대표적인 스핀 닥터로는 클린턴 미국 전 대통령 재임 때 활약한 딕 모리스와 토니 블레어 전 영국 총리의 앨러스테어 캠벨이다. 모리스는 르윈스키와의 스캔들로 추락한 클린턴을 구해냈고, 캠벨은 영원히 집권할 수 없을 것이라던 노동당을 뿌리부터 개조해 재집권시켰다. 이 덕분에 캠벨은 블레어의 '정책 설계자'로도 불렸다. 딕 모리스는 이미지와 선거 기술을 중시하는 '스핀 닥터'이기를 거부하고, 정책 조율사를 자처했다.

이렇듯 미국에서 스핀 닥터가 전문가들의 상위에 존재한다면 스핀 닥터는 공약, 정책, 인사, 여론조사, 홍보 등 선거에 필요한 전 분야의 전문가들이 정치 컨설턴트 밑에 포진돼 종합적인 선거 및 정치 전략을 구상한다. 그들은 전 방위적으로 영향을 미치기 때문에 대통령에게는 없어서는 안 되는 존재다.

또한 그들은 선거 기간뿐만 아니라 당선 후에도 대통령의 참모 못지 않은 막강한 영향력을 행사한다. 그래서 대선을 승리로 이끈 정치 컨설턴트들을 '음지의 대통령', '백악관의 마법사'라고도 부른다. 미국 언론은 대선 전에 유명 정치 컨설턴트의 이름을 따서 기사 제목을 달기도 하는데, 예를 들면 '워스린 예선', '슈럼 예선'과 같은 것들이다. 한편 후보가 컨설턴트를 고르는 것이 아니라, 컨설턴트가 후보를 선정한다. 이는 컨설턴트의 막강한 영향력을 나타내는 것이다. 대통령은 그들에게 일종의 '공신 예우' 차원에서 영향력을 행사하도록 만들지만, 핵심은 공신이 아니라 그들의 능력이다. 이들은 정치, 경제, 국제, 외교, 안보, 국방 등 거의 전 분야에 걸쳐 해당 분야 전문가들과 논쟁을 벌일 정도로 해박하기 때문이다.

대통령 탄생은 내 손에

1970년대 중반부터 다양한 분야의 정치 엘리트들에게 전략 컨설팅을 해왔던 딕 모리스는 선거를 백 번도 넘게 치른 선거 도사다. 국적과 당파를 초월한 '대통령 만들기의 귀재'인 그는 미국의 변방인 아칸소 주의 주지사였던 빌 클린턴을 두 번이나 대통령 자리에 올려 '킹메이커'로 이름을 떨쳤다. 그가 선거판에서 두각을 나타낸 것은 90년대 중반, 민주당의 텃밭인 미국 매사추세츠 주에서 공화당의 웰드 후보를 주지사로 당선시키면서부터다. 그 뒤 멕시코로 건너가 2000년 7월, 멕시코 대선에서 야당인 국민 행동당의 비센테 폭스 케사다 후보를 당선시켰다. 이 당선은 멕시코 제도혁명당의 71년 집권체제를 허물었던 사건이었다. 이러한 공적 때문에 딕 모리스는 '21세기의 마키아벨리'로 불리게 되었다. 1996년에 불가능해 보였던 클린턴의 재선을 성공시킨 후에는 전 세계 정치인들의 관심 대상 1순위에 오르기도 했다. 지난 2002년 한국의 대선 때도 각 진영으로부터 러브콜을 받았다.

그는 클린턴 전 대통령의 정치 자문 역을 무려 20년이나 했다. 클린턴은 모리스에 대해 이렇게 평가했다.

"모리스는 전술과 전략 면에서 참으로 탁월하다. 그리고 상황이 좋든 나쁘든 직설적이고 솔직하다. 무엇보다 그는 내 생각과 행동의 패턴을 훤히 꿰뚫어본다."

클린턴을 만났을 때 모리스는 서른 살이었다. 클린턴은 선거직이었던 주의 법무장관이었고, 나이는 서른한 살이었다. 1978년 모리스는 클린턴을 아칸소 주지사로 만들었고, 2년 재임 끝에 낙선한 그를 1982년에 다시 재선되도록 이끌었다. 대표적인 사례는 1994년부터 1996

년까지 클린턴의 재선 과정이었다. 그것은 이른바 '지옥에서의 탈출' 과정으로, 클린턴은 1994년에 실시된 중간 선거에서 40년 만에 상하원을 모두 빼앗길 정도로 몰락했다. 대통령의 신임을 묻는 중간 선거에서 참담하게 패배한 것이다. 그 결과를 보고 수많은 이들이 클린턴은 이제 끝났다고 말했다. 닉슨처럼 온갖 스캔들로 도덕적 권위가 땅에 떨어졌기 때문이다. 그때 클린턴은 '역사상 본받지 말아야 할 인물'로 꼽혔다. 그 누가 그의 재기를 상상할 수 있었겠는가.

그럼에도 클린턴은 재기했다. 모리스는 어떻게 클린턴을 대통령으로 만들었을까?

역발상의 삼각 정책, 트라이앵그레이션

1992년 대선을 앞두고, 민주당의 유력한 후보들은 자진 사퇴했다. 당시 공화당 후보가 부시였기 때문이다. 그는 이라크전의 승리로 90%가 넘는 압도적인 지지율을 보이고 있었다. 80년대 말은 독일의 베를린 장벽이 무너지고 구소련이 해체된 시점이었기 때문에, 세계의 정치적 환경도 부시에게 매우 유리했다. 그러나 "문제는 경제다, 멍청아(It's the economy, Stupid!)!"라는 슬로건에 부시는 무너지고 말았다.

모리스는 클린턴의 재선 시기에 진가를 발휘하며 미국 정치 역사상 최고의 천재라는 소리를 듣게 되었다. 이른바 트라이앵그레이션(Triangulation)이라는 전략 때문이다. 트라이앵글레이션은 '삼각형을 만들다.'라는 뜻이다. 삼각형을 만들어서 어떻게 선거에서 이긴다는 말일까? 딕 모리스의 트라이앵그레이션은 반대측 이슈의 흡수를 뜻했다. 본인의 주장만을 고집해서 팽팽한 일직선을 만드는 것이 아니라, 동의할 것은 동의해서 중간 지점에 또 하나의 점인 삼각점을 만드는 것이다. 보수와 진보의 양 끝이 아니라 하나의 중간 영역을 확보해야 이긴다는 전략이었다.

모리스의 '트라이앵글레이션 정책'은 좌우의 극단적인 정책을 배제하는 것이며, 경쟁 정당의 이슈나 쟁점을 선점해 지지 기반을 확충하는 선거 전략이었다. 그렇다고 해서 어정쩡하게 중간에서 왔다 갔다 하라는 이야기가 아니다. 이를 위해 그는 '스몰 딜' 전술을 사용했다. 대규모 구상이나 거대한 구호, 정책에 치우치는 것에서 벗어나, 국민의 피부에 와 닿는 작은 정책들을 끊임없이 제시하는 것이다. 그는 이른바 가치 아젠다를 적극 끌어안으면서 대통령을 국민들을 위한 정책통으로 만들었다. 그리고 공화당 지지자도 눈길을 주는 가정 폭력 예방, TV에서의 폭력 근절, 10대 임신 방지, 범죄 예방, 무단결석 막기, 컴퓨터 보급 확대, 불법 이민자 추방, 학교의 야간 및 주말 개방, 입양 시 세금 공제, AIDS 연구를 위한 기금 마련, 맑은 물 공급 등을 공약으로 내걸었다. 또한 다수의 클린턴 선거 참모들의 반대를 무릅쓰고 균형 예산 공약을 내세우자고 주장해서 성공했다. 재정 적자 없는 균형 예산 달성을 거스를 수 없다는 것이 그의 주장이었다.

또한 클린턴 대통령이 행정부나 의회를 거치지 않고 직접 정책적으로 행동하는 모습을 통해 국민들에게 자신들의 요구가 반영될 것이라는 믿음을 주었다. 이로써 클린턴이 재임 시절 내내 50% 이상의 지지율을 유지할 수 있도록 했다.

존 케리는 이러한 역설적인 딕 모리스의 전략을 잘 적용하지 못해 실패했다. 2004년 9월 《폭스뉴스》에 나온 딕 모리스는 케리의 결정적

약점을 이렇게 지적했다.

"지금 부시의 이라크 정책에 반대하는 국민이 절반이다. 나머지 절반은 찬성한다. 케리는 반대 여론에도 호소하고, 찬성 여론에도 호소하려 한다. 그러나 그건 반대하는 국민도 실망시키고, 찬성하는 국민도 실망시키는 짓이다."

반면에 부시는 이라크 침공에 찬성하는 유권자들만 확실하게 투표장에 끌어내려 했다. 딕 모리스는 『신군주론(The New Prince)』에서 "정치인이 한 가지 이슈를 오랫동안 제기하다 보면 결국 그 이슈가 그 정치인의 이미지로 굳어진다."라고 하며 "결국 유권자는 이슈가 무엇이었는지는 잊어버리고 단지 이미지만 기억한다."라고 했다. 특정 이슈에 대해서 자세히 기억하거나 알지는 못하지만 이미지는 형성된다는 것이다. 그럼 어떤 이미지가 떠오를까? 케리의 경우에는 이랬다 저랬다 하는 사람이라는 이미지가 떠오른다. 더구나 그는 2002년 10월 부시 대통령의 이라크 침공 결의안에 찬성표를 주었다. 침공 찬성 여론이 90%를 넘나들었을 때다. 그런데 이라크 전쟁에 대해서 부정적인 여론이 높아지자 금세 반대 의견을 가지고 접근했다. 이로써 대중 추수적인 이미지가 만들어졌다. 찬성했다가 반대로 돌아서니 말의 앞뒤가 충돌을 일으킨 것이다. 반면 부시는 일관된 신념으로 이라크 파병을 유지했다는 이미지가 생명력을 가졌다.

한국에서도 중도 혹은 삼각점이 매우 중요하다. 그래서 김대중, 노무현, 이명박은 모두 딕 모리스의 전략을 사용했다. 그만큼 한국은 삼각점이 강한 사회다.

2008년 8월, 《한국일보》가 실시한 대한민국 건국 60년 국민의식 여론조사에서 자신의 정치적 성향을 중도라고 답한 사람은 41.2%였고,

보수 성향은 30.8%, 진보 성향은 응답자의 23.0%였다. 2002년과 2007년 조사에서는 보수 응답이 각각 34.7%, 31.8%였고 진보 응답이 24.9%, 24.2%였던 것과 비교하면 보수층과 진보층이 모두 조금씩 줄어든 셈이다.

KBS1라디오 대한민국 60년 특별기획 '한국인의 이념 지도'가 광복절을 맞아 설문조사를 실시했는데, 자신의 이념 성향을 물은 질문에 '중도'라고 생각한다는 비율이 응답자의 42.1%로 가장 많았고, '보수'는 30.2%, '진보'는 26.2%였다.

이처럼 한국에서는 중도라고 말하는 사람들이 다수를 차지한다. 한국 사람들은 중도, 중간을 너무 좋아한다는 말이 틀리지는 않은 것 같다. 하지만 중간, 중도의 길을 가기란 쉽지 않다. 중도의 길은 양쪽을 모두 포괄할 수 있으니 매우 효율적이고 타당해 보이지만, 모리스는 그렇게 말하지 않는다.

"중도의 길을 가는 건 결코 쉽지 않다. 자신의 독립성을 주장하고 당의 강한 흡인력에 맞서 결연한 원심력으로 독자적인 제3의 길을 개척해야 한다. 그렇지 않을 경우 소속당과 상대당의 합동 공격에 침몰하기 십상이다."

단순한 접합이나 절충이 아니라 상대방의 문제를 자신의 방식으로 푸는 것이다. 즉 트라이앵그레이션은 복사도, 상대방의 표를 얻기 위해 '나도' 하는 것도 아니다. 어떤 경우에도 자신의 아젠다를 놓치지 말아야 한다.

딕 모리스는 『신군주론』에서 이렇게 말했다.

"자신을 확실히 부각시킬 수 있는 이슈가 되려면 우선 논쟁의 여지가 있는 문제여야 한다. 중요한 것은 해당 이슈에 후보 자신의 가치관과 철학을 담아서 전달할 수 있는가 하는 것이다."

트라이앵그레이션 전략에 따르면 공화당은 민주당의 이슈를 풀고 민주당은 공화당의 이슈를 풀어야 한다. 빌 클린턴이 민주당의 거대한 정부 조직 운영에 대한 비판에 직면하자 '간소하지만 품위를 잃지는 않는 정부'라고 한 것도 같은 맥락이다. 딕 모리스의 트라이앵그레이션 전략은 빌 클린턴뿐 아니라 조지 부시 대통령도 사용했고, 또 성공했다. 부시는 선거 캠페인을 하며 한 가지 사실을 깨달았다. 그것은 바로 예전의 공화당 방식으로는 승리가 불가능하다는 점이었다. 유권자가 아니라 세상이 변했기 때문이었다. 외부적으로 강력한 공산주의 세력도 없으며, 내부적으로 재정은 균형을 넘어 흑자였다. 대개 민주당 정부는 사회복지에 예산을 많이 쓰기 때문에 재정이 적자지만, 경제 사정이 좋아져서 문제가 없었다. 더구나 아버지를 대통령으로 둔 부시의 처지에서는 더욱 다른 무엇인가가 필요했다. 그래서 만들어낸 것이 '동정적 공화주의'였다. 이는 공화주의기는 하되 약자에게 동정적인 요소를 많이 갖고 있음을 지향한다는 것이다. 덧붙여 그는 "나는 통합자이지 분리자가 아니다."라고 했다.

클린턴이 선거 이후에도 모리스를 아낀 이유

빌 클린턴은 참모진들의 반대에도 불구하고 정치 컨설턴트인 모리스를 백악관의 정책 결정 모임에 참석시켰다. 클린턴이 대통령이 당선되고 나서도 모리스가 유효한 첨언을 할 수 있게 된 것이다. 딕 모리스는 삼각 정책을 다시금 내놓았다.

"세상에 민주당의 문제니 공화당의 문제니 하는 것은 없습니다. 다만 미국의 문제만이 존재할 뿐입니다. 그리고 미국의 문제에 직면했을 때 이를 해결하기 위해 우리 모두가 협력해야만 합니다. 대통령께서는 공화당의 문제를 해결하는 데 민주당의 방식을 사용해야 합니다. 공화당은 범죄에 대해 불평하고, 민주당은 재정 지출을 원합니다. 그러니 경찰공무원 10만 명을 추가 고용하는 데 돈을 사용하십시오."

노약자 의료혜택, 환경, 교육과 같이 중요한 분야에 대한 재정 지출은 그대로 유지하는 대신 기타 다른 관료 부분이나 복지 프로그램 분야는 과감한 예산 삭감을 하게 했다. 이로써 재정 흑자를 기록하기 시작했다.

딕 모리스는 『신군주론』에서 프랭클린 루스벨트, 아이젠하워, 레이건 전 대통령이 성공한 가장 큰 이유는 미국인에게 '아버지의 이미지'를 구축하는 데 성공했기 때문이라고 주장했다. 반대로 카터, 포드, 존슨, 트루먼 등은 아버지의 이미지를 만들지 못해 실패한 대통령이 되었다고 했다.

클린턴 대통령이 첫 번째 대통령 임기 초반을 망친 것은 다름 아니라 후보 시절의 이미지를 고수했기 때문이었다. 이에 대해 딕 모리스는 후보자 시절과 대통령 위치에서의 이미지는 달라야 한다는 점을 명확하게 지적했다. 비제도권과 제도권의 이미지는 달라야 한다는 말이다. 모리스의 말에 따르면 클린턴 대통령은 이에 대한 인식이 없어서 거리에서 햄버거를 우적우적 씹어 먹고, 해진 반바지를 입고 조깅하는 등 후보 시절과 같이 평범한 친구나 동네 아저씨 이미지가 대통령이 된 뒤에도 그대로 연결됐다고 한다. 클린턴이 이렇게 보통 사람의 이미지를 갖고 출발했다가 몇 차례 실수를 하니까 곧바로 '준비 안 된 대통령'으로 보이기 시작했다는 것이다. 그래서 클린턴은 자신의 이미지를 '미국의 아버지'로 바꾸기 위해 노력했다. 먼저 연설 스타일부터 엄숙한 자세로 고쳤다. 구구절절 변명하지도 않았다. 대통령도 보통 사람과 똑같이 체중조절을 하기 위해 조깅을 하지만, 그런 일반적인 모습을 보이지 않기 위해 실내에서만 운동을 했다.

'예'라는 답변은 미국 정치 지형에서 '아니오'라는 답변보다 더욱 영향력 있는 중요한 단어다. 어떤 이들은 딕 모리스가 클린턴 대통령 밑에서 성공가도를 달릴 수 있었던 것은 아부 때문이라고 말한다. 즉 예스맨이었다는 것이다. 리처드 스텐걸은 『아부의 기술』에서 '전략적 칭찬인 아부야말로 위계질서가 만연한 사회에서 지위를 올려주는 탁월한 기술'이라고 지적한다. 빌 클린턴 대통령 밑에서 딕 모리스가 오랫동안 장수한 비결은 자신이 마음속에 고이 간직한 세계적인 인물이 바로 클린턴이라고 아부를 늘어놓은 데 있었다는 것이다. 그러나 딕 모리스가 오래 살아남을 수 있었던 것은 다름 아닌 중도적 태도 덕분이다. 딕 모리스는 클린턴의 참모였던 조지 스테파노풀러를 비롯해서 많은 경쟁자들 속에 있어야 했다. 하지만 공화당이 의회를 장악하면서 딕 모리스와 같은 중도적인 인물이 클린턴의 선택을 받게 되었다.

딕 모리스는 『파워게임의 법칙』에서 아무리 최고 권력자라고 해도 2인자 리더십을 구사해야 한다는 점을 지적했다. 승자가 되려면 원칙과 겸손이라는 두 요건을 적절히 활용해야 한다는 것이다. 물론 이는 승리와 무관할 것 같다. 원칙에 매이다 보면 승리보다는 패배에 가까울 듯싶고, 겸손함도 승리와는 관계없어 보이기 때문이다. 오히려 자신이 최고임을 보여야 사람들에게 더욱 지지를 받는 것 아닌가? 그는 워터게이트 사건으로 퇴진한 닉슨을 '원칙 없는 승자의 말로'라고 했으며,

유럽과 제3세계의 환호에 도취해 미 국민을 잊었던 우드로 윌슨을 '오만한 승자의 말로'라고 주장했다.

결국 1인자의 독선과 오만은 원칙의 준수와 겸손함으로 막을 수 있다는 이야기다. 이러한 점은 칼 로브나 나폴레옹에게서도 느낄 수 있는 점이다.

음지의 대통령, 칼 로브의 성쇠

칼 로브는 40세가 다 되도록 건달로 지내던 부시와 30여 년간을 교류하며, 그를 텍사스 주지사와 대통령에 두 번이나 당선시켰다. 로브가 생각하면, 부시는 그의 생각대로 행동했다. 부시가 상품이라면 로브는 그 상품을 효과적으로 팔았다. 부시 대통령은 그를 '천재 소년'이라고 불렀다.

칼 로브는 미국 서부의 매우 가난한 가정에서 태어났다. 그의 가족사는 그리 순탄하지 못했다. 그의 아버지는 광맥 탐사원이었고, 어머니는 로브를 포함한 5명의 자식을 돌봐야 했던 가정주부였다. 그런데 로브가 19세가 됐을 때 아버지가 가족들을 버리고 떠나고 말았다. 아버지가 떠난 후에야 로브는 아버지가 친아버지가 아니라는 사실을 알게 되었다. 그 후 어머니마저 1980년대 초에 스스로 목숨을 끊고 말았다.

어릴 때부터 정치에 관심이 많았던 로브는 불우한 환경 때문이었는지 매우 현실적인 시각을 가지고 있었고, 어렸을 때부터 공화당을 지지했다. 당시 미국 젊은이들은 존 케네디에 열광했지만 9세인 로브는 리처드 닉슨을 지지했다. 이 때문에 힘센 이웃집 딸과 시비를 벌이다가 주먹에 맞기도 했다.

성장한 칼 로브는 학업 성적이 형편없어 여러 대학을 전전하는 신세가 되었다. 6개 대학을 다녔지만 한 군데도 졸업하지 못했다. 그러다가 27세 때부터 선거 운동에 참여했고, 숱한 선거를 거치는 동안 41전 37승이라는 놀라운 승률을 보여주었다. 본격적으로 선거 운동에 나선 것은 1979년 텍사스 주지사 선거였다. 텍사스는 링컨의 노예해방 선언 이후 민주당의 텃밭이었다. 그곳에서 로브는 공화당의 빌 클레먼츠를 당선시키면서 주목을 받기 시작했다. 이후 1984년에는 필 그램 상원의원, 1988년에는 톰 필리스 텍사스 대법원장 등을 당선시켰다. 그러다가 1980년, 조지 H. W. 부시의 정치 참모진에 합류하면서 미국 정치를 본격적으로 배우기 시작했다.

칼 로브는 전략가에게 있어서 도그마는 최대의 적이며, 유연한 전술 운용만이 승리를 가져다준다고 보았다. 무엇보다 전략적 참모는 민심의 풍향을 읽고, 지도자를 움직여 돛을 조종할 능력이 필요하다는 것이다. 또 때로는 지도자를 설득하고 이끌어야 한다고 했다. 딕 모리스도 '참모는 아이디어가 많은 것이 중요한 게 아니라 보스가 아이디어를 받아들이도록 설득하는 것이 중요하다.'고 말한 바 있다. 워싱턴 정가에서는 그런 그를 '음지의 대통령', '부시의 두뇌', '백악관의 마법사' 등으로 불렀다. "부시를 만나고 싶다면 로브를 거쳐라."라는 말이 나돌 정도였다. 그는 '부시 대통령 만들기'에 머물지 않고, 대통령의 국정 로드맵을 설계했다.

예상을 깨는 과감한 발상

정치 전문가들은 로브의 전략적 재능이 빛을 발한 사례로 2004년 대선을 꼽는다. 그는 2004년 선거에서 정말로 빛을 발했다.

당시는 꼬여버린 이라크전 때문에 공화당이 재집권하기 어려울 것이라는 예상이 압도적이었다. 그러나 당초 예상을 뒤집고 부시가 역전승을 이루어냈다. 클린턴의 참모 딕 모리스의 '산토끼 전략'과는 대조적이었다. 딕 모리스의 산토끼 전략은 토끼집 자체를 확장시켜 산토끼를 잡아오는 전략이었으며, 상대방의 아젠다와 이슈를 자기 것으로 삼아서 지지자들을 끌어오는 전략이었다. 즉 현대 정치의 승패는 상대의 주력 전통 의제를 내 것으로 만드느냐 그렇지 못하느냐에 있다고 했다. 그렇게 해야 상대의 주력 지지층을 내 쪽으로 끌어올 수 있기 때문이었다.

하지만 칼 로브는 '집토끼 선거 전략'을 구사했다. 그는 격렬한 논쟁을 일으켜 소극적인 지지자까지 투표장으로 이끌어냈다. 로브는 약 1,900만 명에 달하는 기독교 보수파가 투표장에 나온다면 부시가 낙승할 것이라고 장담했다. 2000년 선거에서 400만 명의 기독교 보수파가 기권하는 바람에 쉽게 이길 수 있는 선거였음에도 고전을 했던 경험 때문이다. 그는 낙태·동성애 문제 등을 부각시켜 잠자던 400만 표가 부시를 지지하게 만들었다. 이른바 이분법에 기초한 선택과 집중 기법이다. 낙태와 동성애자 결혼, 줄기세포 연구에 반대하는 강경 보수주의 정책을 강력하게 부각시켜 공화당이 백악관과 의회, 대법원을 모두 장악하게 했다. 이는 미국 역사에서도 이례적인 일이었다. 루스벨트나 아이젠하워, 레이건 등 공화당이 자랑하는 역대 재선 대통령도

하지 못한 일을 했다는 평가는 결코 과장이 아니었다.

2004년, 조지 부시 대통령 재선의 일등공신 칼 로브는 마이크로타깃팅 기법을 처음 도입했다. 그는 유권자의 신용카드 명세서 등을 분석해 사람들의 음식 선호도만을 가지고도 공화당 지지 가능성이 높은 유권자를 구별해냈다. 즉 쿠어스 맥주를 즐겨 마시고, 미국산 픽업트럭을 애용하며, 보수 성향의 《폭스뉴스》를 즐겨 보면 공화당 지지자라는 식으로 분류한 것이다. 그는 민주당 지지자들은 볼보 승용차를 이용하고, 요가 교실에 다니는 등의 소비 성향을 보인다고 설명했다. 민주당 성향의 유권자들은 펩시·스프라이트·보드카·에비앙 워터를 자주 마셨다. 반면 공화당 유권자들은 닥터 페퍼·스카치위스키·레드 와인·피지산 생수를 선호했다. 이 분석은 상당히 획기적인 것으로 선거 전략에 신선한 충격을 주기도 했다.

부시 대통령은 재선 직후 당선 연설에서 로브를 '우리 팀의 설계자'라고 했다. 로브의 설계는 2000년 대선 기간뿐만 아니라 부시 대통령의 집권 1기 내내 이어졌고, 이는 재선 후에도 마찬가지였다. 그즈음 텍사스 주립대에서 대통령 정치론을 강의하던 브루스 뷰캐넌 교수는 이렇게 말했다.

"백악관의 주인은 전통적으로 세 종류의 사람을 주변에 둔다. 첫째는 정치의 잣대로 정책 방향을 재단하는 정치 담당, 둘째는 공약 이행을 위해 정책을 입안하고, 집행을 감독하는 정책 담당, 셋째는 언제 어느 때라도 흉금을 털어놓을 수 있는 친구. 로브는 세 가지 역할을 동시에 수행하고 있는 유례없는 사람이다."

칼 로브는 산악인(대통령)보다 산에 대해 더 잘 알지만 그것을 드러내지 않는다는 점에서 셰르파(정치 컨설턴트)였다. 하지만 그는 처음부터 독선과 오만으로 몰락해갈 운명을 갖고 있었다.

칼 로브는 공화당 지지 세력 안에서는 '공동 대통령'으로 불렸지만 민주당 등 상대 진영에서는 야비한 정치 공작을 펼치는 '더티 트릭 전략가'로 지칭되었다. 그 이유로는 그가 철저하게 마키아벨리의 숭배자였기 때문이라는 평도 있다. 마키아벨리는 목적을 최우선 고려하라고 설파했다. 그는 집토끼를 자극하는 과정에서 수단과 방법을 가리지 않았다. 그것이 허위의 흑색선전이라도 상관하지 않았다. 그의 몰락은 정치에 발을 담글 때부터 예정되어 있었는지 모른다. 사실 '푸시폴링'이란 이 방법은 그의 주특기였다. 19세 때 그는 일리노이 주 재무장관 선거에서 공화당을 지원하면서 민주당 후보 진영에 몰래 들어가 공문 양식을 훔쳤다. 그리고 그것을 이용해 '다음 민주당 유세에서는 공짜 맥주, 공짜 음식, 아가씨를 제공합니다.'라는 내용의 가짜 광고를 뿌려 민주당 유세를 망쳐놓았다.

또한 부시와 손잡은 후에는 1994년 텍사스 주지사 선거에서 전화 여론조사를 빙자해 현역 여성 주지사를 동성애자로 몰았다. 1990년 텍사스 주지사 선거에서 공화당의 클레이튼 윌리엄스는 야외 연설 때 날씨가 개기를 기다리다가 "강간과 피할 수 없는 것인 만큼 누워서 마음을 편히 갖고 즐길 수밖에 없다."라는 뼈아픈 발언을 했다. 그는 이 실언으로 여성들의 집중공세를 받으며 패배했다. 그의 패배는 다음 선거에서 로브에게 승리를 안겨주는 좋은 잔디가 되었다.

1994년, 공화당은 텍사스 주지사를 탈환하기 위해 부시를 내세웠는데, 이때 "앤 리처즈는 레즈비언이다."라는 소문이 돌면서 부시가 손쉬운 승리를 했다. 아무 증거도 없었는데 말이다. 나치의 요제프 괴벨스 선전 장관이 "거짓말도 백 번 반복하면 진실이 된다."라고 말한 것처럼, 로브는 이 점을 120% 활용했다. 이 같은 수법은 그 뒤로도 계속되어 그는 심지어 '쓰레기장의 개'라는 별명까지 얻었다.

2000년 공화당 대통령 후보 경선에서는 존 매케인 후보에게 흑인 사생아가 있다고 했는가 하면, 베트남에서 포로로 잡혀 조국을 배신했다는 등 흑색선전을 퍼뜨리기도 했다. 2004년에는 케리의 반전운동 전력이나 베트남전 공훈 조작 의혹 등을 줄기차게 물고 늘어졌다. 이라크전을 계속 수행하기엔 미덥지 않은 지도자라는 인상을 심어주기 위해서였다. 이 전략은 성공적으로 먹혔다. 그의 역발상은 과감하고 때로는 지나쳐 보였다.

이후 본격적인 칼 로브의 추락은 정치가 공작과 여론 조작을 통해 아무리 숨겨도 결국 유권자들은 진실을 알게 된다는 교훈을 주었다. 이렇게 뛰어났던 칼 로브도 1인자적 독선과 전횡으로 몰락해갔다. 2인자가 갖추어야 할 원칙과 진정성을 잃어버렸기 때문이다.

칼-마키아벨리의 몰락

《워싱턴포스트》는 2007년 8월 19일 보도를 통해 칼 로브 전 미국 백악관 정치 담당 보좌관이 조지 부시의 정권을 미국 역사상 가장 당파적인 정부로 만든 장본인이라고 했다. 국가의 전체 이익에 복무해야 할 정부를 정당과 정권의 시녀처럼 만들었다는 것이다. 그러면서 몇 가지 사례를 들었다.

2003년 10월, 로브는 국무부와 국방부 등 정부 부처와 중앙정보국 등 연방기관 고위 관료들을 백악관으로 불러 모았다. 그러고는 '자산

배분'이란 연설을 했다. 그는 "앞으로 연방 각급 부처는 대국민 정책 개발뿐 아니라 정책 발표 내용, 시점, 수위를 반드시 우리와 긴밀히 상의해 결정하라. 모든 것은 대통령의 재선에 초점을 맞춰야 한다."라고 했다. 일부 고위관료가 "국무부, 국방부 같은 부처는 정권 이익보다 국가 이익을 우선시해왔다."라며 반발했다. 하지만 로브의 영향력이 훨씬 절대적이었다.

2000년 부시 집권 초기부터 로브는 연방정부 전체를 공화당의 색깔로 채웠다. 장관, 차관, 차관보 등 주요 포스트에 공화당 강경파 인물을 임명하라고 부시 대통령을 설득하고 수시로 이들 관료를 백악관으로 불러 부시 행정부의 당파적 이데올로기를 주입했다. 7년 동안 그가 행한 당정 모임은 100차례가 넘었다. 상당수 공무원들은 불법 보조금도 제공받았다. 공화당 물이 배인 관료들은 중대 사안은 무조건 그의 사무실로 찾아와 상의했고, 부시 행정부 색깔은 점점 더 초당적 성격을 잃어갔다.

한편, 이라크 침공의 왜곡된 명분을 만들기 위해 공작된 전 중앙정보국 비밀 요원의 신분이 노출된 리크게이트 사건과 잭 아브라모프 로비 스캔들, 연방검사 무더기 해고 스캔들 등 부시 행정부가 저지른 추악한 사건의 배후에 그가 깊숙이 개입했다는 의혹을 샀다. 이 가운데 리크게이트는 2003년으로 거슬러 올라간다. 전 미국 외교관 조지프 윌슨은 부시의 이라크전을 명분이 없다고 비난했다. 이에 친공화당 성향의 로버트 노박이 윌슨을 공격하는 칼럼을 썼다. 거기에 윌슨의 부인 발레리 플레임이 CIA의 요원이란 사실을 덧붙여 밝혔다. 미국 현행법에서 CIA 신분 누설은 명백한 위법이다. 로브 백악관 부비서실장과 루이스 리비 부통령 비서실장이 배후 용의자로 지목됐다. 위증과 공무집행방해 혐의 때문이었다. 대통령의 최측근으로 정치공작을 위해 국가기밀을 흘렸던 것이다.

또한 엎친 데 덮친 격으로 미 사법당국은 로브가 공무원들에게 공화당 후보 지지를 강요했다는 혐의를 포착하고 강도 높은 수사를 벌였다. 2007년 8월 말, 그는 많은 의혹 속에 모든 공직에서 사퇴를 선언했다. 수단과 방법을 가리지 않던 칼-마키아벨리의 몰락이었다.

2인자 나폴레옹의 성공과
1인자 나폴레옹의 실패

■ 성공은 위험하다. 성공은 자기 자신을 복제하기 시작한다. 그리하여 그 자신을 더욱 더 위험한
존재로 복제한다. 결국 성공은 생식불능으로 이끌고 간다. **– 피카소**

막대한 배경이나 든든한 지지
세력도 없는 변방의 가난한 젊은이가 세계를 지배하는 왕좌에 올라 유
럽의 거의 모든 강국을 지배하고 오스트리아 황녀와 결혼했는가 하면,
교황에게서 축성을 들었고, 자기 형제들을 스페인과 나폴리, 네덜란
드, 베스트팔렌 왕좌에 앉혔다. 그러나 그 거대한 성공과 막강한 영향
력은 순식간에 나락으로 떨어져버렸다. 그 이유는 무엇일까?

나폴레옹은 지중해 코르시카섬 아작시오에서 출생했다. 나폴레옹의
집안은 명예는 있었지만 재물의 부유함은 없는 코르시카 귀족 가문이
었다. 나폴레옹이 너무 약골로 태어났기에 그의 부모는 일찍 죽을지도
모른다고 판단해 그에게 약식 세례만 했다.

나폴레옹은 명예뿐인 집안의 자존심을 복구하기 위해서 스스로 능
력을 길러야 했다. 유년기의 나폴레옹은 얌전하고, 하루 종일 독서에

심취해 있던 아이였다.

그는 프랑스인으로 성공하기보다는 자부심 넘치는 코르시카인이 되기를 꿈꾸었다. 하지만 그것은 나폴레옹의 소박한 희망에 불과했다. 프랑스 학교를 다니면서 그는 야만적인 코르시카인이라는 놀림 때문에 엄청난 고통을 당했다. 올리브 빛깔의 거친 피부에다 키가 작았던 나폴레옹은 그다지 사람들의 시선을 끌지는 못했다. 아이들은 그가 프랑스어를 틀리게 말하거나 프랑스 발음에서 코르시카 말투가 묻어나기라도 할라치면 집요하게 괴롭혔다. 나폴레옹 앞에서 코르시카 섬에 대해서 이러쿵저러쿵 험담을 늘어놓는 일도 부지기수였다. 아이들의 철없는 짓에 나폴레옹은 깊은 상처를 받았다.

성실하고 진지한 열정을 가진 친구들은 찾아볼 수가 없었고, 주변에는 온통 고약하고 가벼운 프랑스인들뿐이었다. 게다가 수학을 제외하고는 어느 과목에서도 좋은 성적을 내지 못했다. 이미 죽은 언어인 라틴어 같은 과목에는 전혀 흥미를 느끼지 못했다. 프랑스어 문법도 완전히 익히기가 힘들었다. 이에 사관학교 장학 담당관은 나폴레옹에게 해군에 지원하는 것이 좋을 거라고 말했지만, 나폴레옹은 해군에 지원하지 않았다. 만약 그가 해군에 지원했다면 세계의 역사는 달라졌을 것이다.

그후 나폴레옹은 파리 사관학교에서 3~4년의 준비가 필요한 졸업 시험을 1년 만에 통과했다. 피나는 노력의 결과였다. 그즈음 아버지가 위암으로 사망하자, 집안 살림은 더욱 어려워졌다. 그러자 나폴레옹은 자신의 뛰어난 수학적 재능을 살려서 포병대에 지원했다. 그리고 그것이 그의 운명을 바꾸게 했다.

서구 유럽의 리더로 부상하다

그는 계급이 낮은 소위로 군생활을 시작했다. 1785년에 아버지와 사별하고, 16세의 어린 나이로 육군사관학교를 졸업한 그는 발랑스에 주둔한 라 페르 연대 포병 소위로 임관했다. 그는 평생 코르시카인의 대범함과 솔직함을 잃지 않아 농민 출신 사병들로부터 많은 신뢰를 받았다. 청년 장교 나폴레옹은 어려운 가정 살림 때문에 월급의 반을 집으로 보내고 나머지 절반으로 생활했다. 이즈음 스탕달이 나폴레옹을 보고 이렇게 말했다.

"내 평생에 그보다 더 마르고 이상한 모습을 한 사람을 본 적이 없다. 그의 장군 복장은 초라하기 이를 데 없었다. 프록코트는 너무 낡아서 장군으로 보이기보다 오히려 극빈자처럼 보였다. 유행을 따르는 우스꽝스러운 촌뜨기만도 못했다. 게다가 너무 말라서 불쌍해 보이기가지 했다."

물론 스탕달도 나폴레옹이 나중에 어떤 인물이 될지 몰랐다. 나폴레옹은 사교 모임이나 술집을 전전하는 대신 책을 읽으며 시간을 보냈다. 사교계 사람들은 그러한 나폴레옹에 대해서 그다지 좋게 생각하지 않았다. 그러나 나폴레옹은 손에 잡히는 대로 책을 읽어나갔다. 그리고 좋은 아이디어와 내용은 펜으로 기록해 두었다. 16세의 소년이 루소의 『사회계약론』에 심취했다는 것이 당시 노트 기록에 남아 있기도 했다. 6개월 뒤 나폴레옹 소위는 휴가를 받아 코르시카에 금의환향했다. 멋진 흑청색 국왕 장교 복장을 한 그는 책으로 가득한 커다란 궤짝을 가지고 고향에 도착했다고 한다. 이러한 독서 편력은 군인출신인 그가 정치에 참여할 때 상당한 밑거름이 되었다.

그가 젊은 날 자주 읽었던 책 중에는 로마 역사에 관한 책이 많았다. 그를 가장 사로잡은 책은 플루타르코스가 쓴 카이사르 이야기였다. 그는 카이사르 전기를 반복해서 읽고 그것을 체계적으로 분석하는 것을 잊지 않았다. 나폴레옹은 통령정부 시절 뢰데레에게 역사서를 쓰고 싶다고 하면서 이렇게 말했다.

"나는 카이사르가 왕이 되려고 한 적이 없다는 사실을 역사서를 집필해 보여주고 싶다."

카이사르가 나폴레옹에게 영향을 주었던 것은 2인자 리더십 때문이었다. 처음 원로원은 카이사르가 막후에서 강력한 영향력을 행사하는 것을 별거 아닌 것으로 생각했다가 나중에야 그의 위험성을 깨닫고 제거하려 했다. 그만큼 2인자 리더십은 보이지 않게 강력한 힘을 발휘한다.

나폴레옹의 다음과 같은 말은 2인자 리더십을 의미한다.

"그는 마지막 생애까지 민중적 형식을 따르고자 했다. 모든 것을 원로원의 결정에 따르고 시행했으며, 고위 행정관들을 선출하게 했다. 그가 권력을 가로챘다고는 하나 공화국의 모든 형태를 유지시켰다."

카이사르가 섬긴 것은 공화국이었다. 공화국은 2인자 리더십으로 움직이는 정치체제다.

1795년 10월 5일, 파리에서 왕당파의 봉기가 일어나자 나폴레옹은 수도 시가지에서 대포를 쏘는 대담한 전법으로 봉기를 시원스럽게 진압하고, 그 공으로 사단장이 되었다. 1796년에 군사적 재능을 인정받은 나폴레옹은 부대의 지휘관이 되어 이탈리아를 점령하고 있는 오스트리아군을 물리치는 막중한 임무를 가지고 출정했다. 나폴레옹은 이탈리아에 주둔한 오스트리아군을 격파하기 위해 주위의 강경한 만류에도 불구하고 눈보라가 몰아치는 알프스 산맥을 넘으려 하였다. 몇 달에 걸쳐 힘겹게 산맥을 넘은 그는 곧바로 이탈리아를 제압한 후, 1797년에는 오스트리아의 수도 빈을 점령하였다.

그는 수학적 재능을 십분 발휘해 언제나 치밀한 작전 계획을 세웠고, 또 승리했다. 그의 작전에는 항상 복잡다단한 구조가 존재했다. 정보를 최대한 수집하고, 다양한 상황을 가정한 상태에서 매우 복잡하고 박학한 방식의 계산에 따라 차선책까지 마련했다. 순간적인 상황에 대한 기민한 조치와 과감한 대처도 그의 장점이었다.

나폴레옹의 인기가 너무 높아지자 정부는 그를 견제하기 시작하였다. 정부는 나폴레옹을 프랑스 국민들로부터 떨어뜨려 놓기 위해 이집트로 파병 명령을 내렸다. 명목은 영국과 인도를 잇는 길을 차단함으로써 영국의 인도 지배를 방해하고 그 세력을 약화시킨다는 것이었다. 1798년 5월, 나폴레옹은 5만여 명의 병력을 이끌고 이집트의 알렉산드리아 항에 상륙한 후 지역의 호족들을 쳐부수고 카이로에 입성하여 피라미드 전투를 승리로 이끌었다. 이때 나폴레옹이 대동한 180여 명의 학자들은 이집트의 고대 유적을 비롯하여 이집트에 서식하고 있는 동식물, 고대 이집트의 역사와 풍속 등을 조사했다. 이때 발견된 로제타석이 결국 고대 이집트 문명을 밝히는 데 결정적인 역할을 했다. 이 로제타석의 세 면에 있는 고대 그리스문자, 이집트의 민간 문자 데모닉, 이집트의 고대 상형 문자인 하이에로글리픽 덕분이었다.

1799년 11월 9일, 나폴레옹은 군을 동원해 500인회를 해산시키고 원로원으로부터 제1통령으로 임명되었다. 그리고 군사독재가 시작되었다. 그는 제1통령으로서 국정 정비 및 법전 편찬을 하고, 오스트리아와의 결전을 서둘러 1800년 알프스를 넘어 마렝고에서 승리했다.

1802년에는 영국과 아미앵 화약을 맺고, 1804년 12월에 인민 투표로 황제에 즉위하여 제1제정을 폈다. 영국을 최대의 적으로 간주하던 그는 즉위하자 마자 곧 상륙 작전을 계획했다.

1805년 가을, 프랑스 함대는 트라팔가르 해전에서 넬슨이 이끄는 영국 해군에 의해 격파되었지만, 같은 해 12월의 아우스터리츠 전투에서는 오스트리아군과 러시아군을 꺾고 전 유럽을 제압함으로써 전 세계에 명성을 떨쳤다.

탁월한 외교술로 영웅의 입지를 구축하다

나폴레옹이 성공하게 된 요인 중 하나는 탁월한 외교술이다. 무장이라는 이미지가 강하지만, 사실 나폴레옹은 뛰어난 외교가였다. 그가 이탈리아 원정에서 얻은 것은 전투의 승리가 아니라 외교 협상력이었다.

프랑스 혁명이 막바지에 다다를 무렵 나폴레옹은 신헌법을 지지하고 있었다. 그는 툴롱 전투 등에서 공을 세워 인지도를 높여가고 있었는데, 왕당파를 지지하던 프랑스의 적국 오스트리아와 피에몬테가 이탈리아 북부에서 프랑스를 공격하려고 했다. 나폴레옹은 이를 알아차리고 당시 총사령관이었던 바라스에게 이탈리아의 북부에 주둔해 있는 오스트리아와 피에몬테를 공격하자고 제안했다. 바라스는 나폴레옹의 활약상을 잘 알고 있었기에 흔쾌히 승낙했고, 나폴레옹은 이탈리아 원정권 사령관이 되어 진군했다. 전쟁은 승리로 끝났고, 협상이 이루어졌다. 총재파가 피에몬테에게 많은 돈을 요구했지만, 나폴레옹은 적절한 선에서 마무리했다. 나폴레옹은 이탈리아인들에게 '그대들을 해방시키러 왔고, 재산과 종교와 전통은 존중할 것'이라는 성명을 발표했다. 더구나 교황청 점령과 교황 축출 명령을 받았으면서도 오히려 교황과 우호를 다지며 다른 평화 조약을 제안했다. 나폴레옹은 평화로운 나라를 파괴하거나 점령하려 하지 않았다.

이 일은 뒤에 나폴레옹의 변화된 모습과 대조를 이루며 비교 사례가 된다. 당시 나폴레옹은 피에몬테를 적이 아니라 친구로 만들었다. 오스트리아를 북부에서 몰아내고 재건 자금을 지원받아 나무를 심고, 봉건적 소작료를 철폐했다. 언론의 자유보장, 새 국기 도안, 범죄율 낮추기에 힘썼다. 계급적 불평등을 제거하려 애쓰고, 보호 대상에 유대인과 하등 시민인 무슬림을 포함시켰다. 이러한 개혁은 크게 성공했고, 이탈리아의 다른 지역들도 편입 의사를 밝히기에 이르렀다. 그는 네트워크를 통해서 성과들을 이뤄냈다.

나폴레옹은 어느 당과도 손을 잡지 않았고, 어떤 개인적인 야심도 없다는 사실을 보여줌으로써 중앙 권력의 신뢰를 얻어냈다. 그를 감시하던 첩자는 보고서에 그가 따르는 것은 오직 헌법뿐이라고 적었다.

이집트 원정 때 그는 이집트인들의 문화를 연구했다. 심지어 이교도의 코란까지 통독했고, 이집트의 역사와 지식을 배우길 원했다. 나폴레옹은 이집트인이 되었고, 한때는 이집트 전통의상을 즐겨 입기까지 했다. 이집트인들은 나폴레옹이 이집트의 관습과 생활방식에 관심이 많다는 것을 알게 되었다. 단순히 이집트를 정복하기 위함이 아니라, 이집트를 외국 왕조에서 해방시키고 진보된 과학기술을 전수하려는 것이라고 생각했다.

이것은 1인자를 자임하는 이들이 보일 수 있는 태도가 아니다. 1인

자들은 자신이 최고라고 생각하기 때문에 결코 이런 모습을 보일 수
없다.

2인자 리더십의 초심을 잃다

나폴레옹은 1802년에 국민투표에 의해 종신통령으로 선출되었고,
이어 1804년에 또다시 국민투표로 황제의 자리에 올라 나폴레옹 1세
가 되었다. 이때부터 프랑스 역사상 최초의 제정시대가 시작되었다.
그는 1804년에 공포된 '나폴레옹 법전'에서 법의 이름으로 평등과 개
인의 자유 존중, 소유권의 불가침을 제정했다.

군대의 규모가 커지면서 나폴레옹은 점차 참모들과 대화를 하지 않
았다. 참모들도 공식 절차를 거쳐야 나폴레옹과 대화를 할 수 있었다.
참모들은 이러한 상황에 대해서 점차 불만을 품었다. 참모들과 거리가
멀어지자, 나폴레옹은 혼자만의 이상을 실현시키려고 했다. 그럴수록
그는 더욱 혼자 고립되었다.

그는 절대 권력을 잡으면서 이전처럼 의사 결정 과정에 다른 사람을
참여시키지 않았다. 자신의 형제를 왕위에 올릴 때도 상원에조차 자문
을 구하지 않았다. 만약 상원에 자문을 구했다면, 형제가 왕위에 오르
는 것은 군사적으로는 타당할지 모르지만 정치적으로는 비합리적이
라는 조언을 들었을 것이다.

이 같은 형제에 대한 배려는 동맹자들에게 불안감을 가중시켰다. 그
불안감은 나폴레옹이 친인척들에게 더 많은 특권을 부여하면서 증폭
됐다. 그는 초기의 혁명적 가치관에서 멀어지기 시작했다. 그것은 불

신이 커지는 것을 의미했고, 유럽에서 그에 대한 신뢰가 점차 무너져 감을 의미했다. 군대도 사기가 떨어지기 시작했고, 일관성 없는 결정이 범람했다.

　사업을 계획하고 진행할 때는 조직의 다른 이들에게 일을 분담하고, 대화와 숙의를 통해 소통하는 것이 일상화되어야 한다. 리더가 나폴레옹처럼 자신의 지위가 높다는 이유로 독단적으로 행동하고 타인의 의사를 반영하지 않으면 업무 효율이 떨어진다. 리더와 조직을 성공하게 만드는 요인은 리더의 뛰어난 능력이 아니라 조직 안의 구성원들이 가진 능력이다. 지금까지의 성공이 자신의 빼어난 능력 때문이었다고 여기는 리더는 독단적으로 의사 결정을 할 것이다. 그러면 결과적으로 더욱 주변의 지지와 신뢰를 받지 못하게 된다. 그리고 어느 날 주변을 둘러보면 아무도 없음을 알게 된다. 곁에 아무도 없다면 그 사람은 더 이상 리더가 아니다. 독단적인 행동은 친구를 얻지도, 다른 사람에게 영향을 줄 수도 없는 무력함을 낳는다.

　대륙봉쇄와 포르투갈 점령의 예를 보자. 나폴레옹은 성공하기 전까지는 선제공격을 하지 않았다. 모두 방어공격이었다. 그러나 성공 후에는 대륙봉쇄 체제에 참여하지 않은 포르투갈 같은 나라를 먼저 공격하여 처벌하려고 했다. 즉 포르투갈을 점령한 것이다.

　물론 이유는 있었다. 포르투갈이 계속 영국과 무역하고 있다는 소식이 들리자 나폴레옹은 즉각 포르투갈에게 최후통첩을 했다. 자발적으로 대륙봉쇄에 참여하지 않으면 강제로 참여하도록 만들겠다는 것이었다. 포르투갈은 나폴레옹의 최후통첩에 대해 대답을 미루면서 영국에 은밀히 도움을 요청했다. 이를 알게 된 나폴레옹은 곧바로 진격하여 포르투갈을 점령했다. 이러한 행동은 나폴레옹의 이전 리더십과는 사뭇 다른 모습이었다.

나폴레옹은 자신이 그렇게 강조하던 리더십 원칙들을 왜 저버렸을까?

그것은 아우스터리츠 전투에서 거둔 압도적인 승리에서 기인한 점이 크다. 1805년 12월 2일, 프랑스군을 지휘한 나폴레옹은 러시아-오스트리아 연합군과 9시간 동안 벌인 전투에서 대승을 거뒀다. 당시 연합군의 지휘관은 알렉산드르 1세였다. 1805년 초, 영국·오스트리아·러시아는 제3차 대프랑스 동맹을 결성했다. 제3차 대프랑스 동맹군은 10월에 트라팔가르 해전에서 승리를 거둬 나폴레옹의 영국 상륙을 저지했다. 그러자 나폴레옹은 대신 오스트리아로 진격해서 빈을 점령했다. 오스트리아의 황제 프란츠 1세는 빈을 빠져나와 북쪽으로 이동한 뒤 아우스터리츠 부근에서 러시아 황제 알렉산드르 1세와 함께 8만 명이 넘는 동맹군을 재결집시키고, 나폴레옹군 7만 명과 대치했다. 결과는 나폴레옹군의 대승이었다. 전사자 2만 명을 낸 러시아는 폴란드로 물러났고, 오스트리아는 휴전을 요청하기에 이르렀다. 이때 맺은 프레스부르크 화약으로 제3차 대프랑스 동맹은 무너졌다.

아우스터리츠 전투는 가장 눈부신 '전투의 예술'이라는 평가를 들었다. 나폴레옹은 이 전투 뒤에 대부분의 서유럽 국가가 자신의 지배 아래 놓이자, 침략 전쟁을 수행해도 된다고 생각했다. 자신의 뜻을 강요해도 별 문제가 없다고 판단해 동맹국들의 지지를 대수롭지 않게 여긴 것이다. 자신이 1인자였기 때문이다. 그리고 1인자라는 생각이 좀 더 신중하게 생각할 여지를 없애게 했다. 그는 무엇보다 자신이 지배하고 있는 제국을 강고하게 만들기 위해 당시 산업혁명이 일어나고 있던 영국을 대륙에서 봉쇄하고, 프랑스로 무역이 집중될 수 있도록 강제 조치를 실시했다. 그것이 대륙봉쇄였다. 하지만 이런 강제적인 조치는 유럽에서 지지를 받지 못했다. 결국 대륙봉쇄를 반대한 포르투갈을 강제로 침략해 점령한 나폴레옹은 민심을 잃었다.

나폴레옹은 나아가 치명적인 오류를 저지르게 된다. 당시 스페인에서는 민중 봉기가 일어났다. 부르봉 왕 찰스 4세는 민중의 지지를 받지 못하고 있었고, 총리 고도이는 부패하고 비윤리적인 인물이었다. 왕자 페르디난드는 부모와 총리에 반감을 가지고 민중 반란을 모색하고 있었고, 나폴레옹에게 보호 요청의 편지를 보냈다. 이때 나폴레옹이 스페인에 군대를 파견했는데, 페르디난드는 그가 자신을 동조하는 것으로 여겨 민중 봉기를 더욱 부추겼다. 그러나 나폴레옹은 스페인의 정치 사회를 파악하기 위해 군대를 파견한 것이었다. 민중 봉기가 계속되자 찰스 4세와 페르디난드는 나폴레옹에게 찾아가 중재를 요청했다. 하지만 나폴레옹은 두 사람이 너무나 무능하다고 생각했기에 그들의 지위를 모두 박탈해버렸다. 그들을 몰아내고 민주적인 정부를 세워 프랑스 동맹국으로 만들려고 한 것이다.

그러나 프랑스군이 본격적으로 스페인에 들어서자, 스페인 국민들은 크게 분노했다. 1808년, 나폴레옹은 스페인을 강제로 점령했다. 나폴레옹군의 총사령관 무라는 1808년 5월 2일에 마드리드에서 일어난 민중 봉기를 과잉 진압했다. 이때 스페인 민중들이 프랑스군을 공격해 상당수의 프랑스군이 살해당했는데, 프랑스군은 이에 보복을 감행해 8명 이상의 집회를 금지시키고, 마드리드 지역 곳곳에서 스페인 사람들을 무자비하게 학살하기 시작했다.

나폴레옹이 스페인 왕 찰스 4세를 퇴위시키고 자신의 형을 왕좌에 앉혔다는 소식이 전해지자 스페인 전 지역에서 거대한 민중 봉기가 일어났다. 이에 나폴레옹은 30만 대군으로 스페인 전역을 힘으로 지배하기에 이른다. 이러한 일련의 조치가 더욱 반프랑스 감정을 격앙시켰다. 그러나 총사령관 무라는 스페인 국민들의 비난에도 개의치 않고 계속 강압적인 태도를 보였다. 민중 봉기는 계속되었고, 집요한 게릴라전 양상을 띠면서 전투가 6년 동안이나 계속되었다. 이렇게 스페인에서 나폴레옹이 싸우고 있을 때 영국군이 포르투갈에 군대를 보냈다. 나폴레옹은 두 적과 동시에 싸워야 했다. 그는 이렇게 말했다.

"나는 잘못된 스페인 전쟁 때문에 파국으로 치달았다. 스페인 전쟁에 개입해서 내 명성은 땅으로 떨어졌고, 어려운 궁지에 몰리게 되었다. 영국군에게 좋은 훈련장을 준 셈이다."

더구나 참모들과 의사소통이 원활히 되지 않아서 스페인 전쟁을 할 만한 지휘관조차 확보되지 못한 상태였다. 이렇게 되다 보니 모든 것을 나폴레옹 자신이 결정해야 하는 악순환이 반복되었다.

이즈음 효과가 없는 대륙봉쇄의 실상을 보게 된 러시아는 1810년에 대륙봉쇄령을 외면하고 영국과 무역을 다시 시작했다. 나폴레옹은 러시아를 본보기로 삼아 처벌하기 위해 러시아 원정(1812년)을 감행했다. 그러나 이 원정은 보기 좋게 대패했고, 나폴레옹은 급격하게 몰락했다.

나폴레옹이 이끄는 프랑스군의 대패를 본 유럽 각국은 일제히 반나폴레옹의 기치를 내걸었다. 프로이센은 주변 나라들과 제6차 대프랑스 동맹을 결성했다. 1813년 10월 16일부터 18일까지 벌어진 라이프치히 전투에서 나폴레옹은 동맹군(프로이센·오스트리아·러시아)에게 대패한 후 프랑스로 달아났다. 다음해인 1814년, 다시 연합군과 나폴레옹군 사이에 전투가 벌어졌다. 프랑스 북동쪽에서는 슈바르트베르크와 블뤼허의 연합군 25만이, 북서쪽에서는 베르나도트 장군의 16만이, 남쪽에서는 웰즈 리 장군의 10만 대군이 프랑스 국경으로 진격하여 포위망을 구축했다. 나폴레옹군은 불과 7만이었다. 결국 3월 31일 연합군은 프랑스의 수도 파리를 함락했다. 나폴레옹은 강제 퇴위당해 1814년 4월 16일에 폰텐느 블로우 조약을 체결한 뒤 지중해의 작은 섬인 엘바 섬의 영주로 추방되었다.

나폴레옹 실각 후에 빈 회의에서 전후 각국 정상들이 유럽 재편 방안을 의논했지만, 각국의 이해관계 때문에 회의는 제대로 진전되지 않았다. 이때 프랑스 왕으로 즉위한 루이 18세의 시대착오적인 통치로 민중은 점차 불만을 터트리기 시작했다.

이에 1815년 나폴레옹은 엘바 섬을 탈출해 파리로 돌아와 복위에 성공한다. 나폴레옹은 자유주의적인 신헌법으로 자신에게 비판적인 세력과 타협을 시도했다. 또 연합국에도 강화를 제안했다. 하지만 이 제안은 거부당해 결국 또다시 전쟁을 하게 되었다. 초반에는 나폴레옹군이 승세를 거두었으나 워털루 전투에서 영국과 프로이센의 연합 공격으로 완패하고, 나폴레옹의 백일천하는 끝난다. 나폴레옹은 다시 퇴위되어 미국 망명을 시도했지만 항구 봉쇄로 좌절되었고, 결국 영국 군함에 투항하였다. 영국 정부는 아서 웰링턴 장군의 제안에 따라 나폴레옹을 남대서양의 한가운데에 있는 세인트헬레나 섬에 유폐시켰다. 나폴레옹은 죽는 날까지 그 섬에서 한 발자국도 나오지 못했다.

승리에 도취해 몰락하다

나폴레옹은 2인자 리더십 차원에서 전체적인 정책틀을 유지했지만,

승리에 도취하면서부터 영웅주의적인 1인자 기질이 강해져서 단기 사고에 빠졌고 결국 몰락하게 되었다.

나폴레옹은 자신이 한 말도 결국 지키지 못했다.

"인생에서 가장 중요한 것은 실패 때문에 낙심하지 않는 일이고, 성공의 지나친 기쁨에 도취되지 않는 것이다."

체 게바라도 "승리한 후 축제의 기분에 젖지 않는 삶을 살라."고 했다.

하지만 영웅 나폴레옹은 알프스는 넘었을지 모르지만, 성공 뒤의 자만이라는 산을 넘지 못하고 말았다. 더 많은 것을 얻고자 했다면, 자신이 가지고 있던 것을 버렸어야 했다. 체 게바라의 말대로 더 많이 성취하기 위해서 먼저 모든 것을 잃었어야 했다.

만약 나폴레옹이 1인자, 즉 황제의 자리에 오르지 않았더라면 영원한 영웅으로 남지 않았을까. 이는 베토벤의 말에서도 드러난다. 베토벤은 나폴레옹의 열성적인 지지자였으며, 그를 진정한 플루타르코스 영웅이라고 생각했다. 그런데 그 위대한 영웅이 황제에 즉위하려 하자 분노에 사로잡혀 외쳤다.

"결국 그도 평범한 인간이었어. 이제 그도 자신의 야심만 생각하며 모든 사람들의 권리를 짓밟을 테지. 세상 모두를 지배할 수 있는 가장 높은 자리에 오르는 것만 생각하는 독재자가 될 거야."

「영웅」 교향곡의 영웅은 나폴레옹인데 베토벤은 황제 즉위 소식과 함께 나폴레옹을 향한 헌사를 지우고 '한 위인을 추억하기 위한 교향곡' 으로 바꿔 써넣었다. 그가 오만한 1인자가 되려고 했기 때문이었다.

성공한 이순신의 2인자 리더십 VS 실패한 원균의 1인자 리더십

■ 가장 위험한 바보는 다른 사람에게 자신의 어리석은 생각을 강요하는 자다.
- 에머슨

이순신은 5,000명에도 미치지 못하는 군사와 50척도 안 되는 함대로 40만의 왜군이 이끄는 1,300척의 일본 함대와 맞서 싸워 이겼다. 이순신의 리더십이 진가를 발휘한 승리는 대부분 1592년에 있었다. 옥포, 당포, 당항포, 사천, 율포, 한산도, 안골포, 부산포 해전이 대표적이다. 이 해전들에서 세운 공으로 이순신은 정헌대부, 삼군수군통제사가 되었다.

그 공훈을 생각하면 이순신을 독자적이고 뛰어난 지휘와 전략 전술의 대가라고 생각하기 쉽다. 즉 1인자의 리더십을 발휘한 결과라고 말이다. 하지만 초기 해전의 승리는 이순신 혼자 지휘해서 이루어진 것도, 이순신 단독으로 전략을 짠 것도 아니었다. 또한 왜적에 대응한 수군 함대 모두가 이순신 소속도 아니었다. 해전에는 당시의 전라우도수군절도사 이억기, 경상우도수군절도사 원균이 함께 참여하고 있었다. 이순신이 세운 공이 크긴 했지만 무엇보다 세 수사의 협력과 이순신의 조화적 리드가 승전에 커다란 영향을 끼쳤다. 이것이 오늘날 이야기하는 수평적 리더십이자 2인자 리더십이다.

1592년 초기의 전투 중 가장 빛나는 대승을 이룬 한산도대첩도 이순신 단독으로 이끌어낸 승리가 아니었다. 사실 당시의 이순신은 이억기와 원균을 지휘 통제할 만한 권한이 없었다. 임란 초기에 드러난 이같은 지휘 체계의 허점 때문에 삼도수군통제사라는 새로운 직책이 만들어졌고, 초대 지휘관으로 이순신이 임명된 것이다.

그전에 원균, 이억기, 이순신은 단번에 합심이 되지 않았는데, 그 이유 중 하나는 세 사람이 모두 같은 직위의 수군절도사였다는 것이다. 더구나 이순신의 관할 지역은 전라좌도, 원균의 관할 지역은 경상우도였다. 당시 겸직인 각 도의 순찰사 밑에는 크게 두 명의 수사가 있었고, 전라도에는 전라우수사와 전라좌수사가 있었다. 경상도에도 마찬가지로 경상우수사와 경상좌수사가 있었다. 좌 · 우도를 나눈 기준은 한양에서 남해안을 바라보는 것에 따랐다. 따라서 목포는 전라우도의 관할이 되며, 여수는 전라좌도의 관할이 되었다. 통영(당포)은 경상우도 수군절도사의 관할이며, 부산은 경상좌도수군절도사의 관할이었다. 이들은 지휘 계통이 달랐다.

당시 경상좌수사 박홍은 전함 75척과 협선 등 100여 척의 함대와 12,000명에 이르는 수군을 가지고 있었음에도 동래로 도망쳤고, 유키나가군이 부산 본진인 동래성으로 쫓아 가자 다시 도망쳤다. 그나마 도망치기 전에 각 수영(水營)에 왜침을 통보하라고 파발마를 띄웠는데, 부산은 이미 왜적에게 빼앗겼으므로 남은 것은 경상우수사(원균)와 전라좌수사(이순신), 전라우수사(이억기)가 관할하는 지역이었다.

왜병은 원균의 관할 지역인 경상우수영까지 점령한 후 전열을 정비하고, 곧 전라좌도로 넘어올 예정이었다. 따라서 남아 있는 이 세 수사가 합심하는 것이 무엇보다도 중요했다. 이들을 총괄하는 상관이 없었기 때문에 세 명의 수사가 함께 행동한다는 것은 전장에서 치명적인 결함이 될 수도 있었다. 세 사람의 의견이 충돌할 경우 감당할 수 없는 사태가 발생할 수 있기 때문이다. 이러한 결함 때문에 다음해인 1593년 8월에 각 수군절도사들을 통제하는 삼도수군통제사라는 직책이 마련된 것이다.

세 수사의 합심은 단지 명령 체계상의 효율성 때문만이 아니라 전력 때문에라도 꼭 필요했다. 이순신에게는 거북선 같은 무적함이 있었으므로 쉽게 왜군 진영으로 쳐들어갔을 것 같지만, 혼자 지휘하며 왜적을 상대하기에는 전력이 약했다. 일기와 장계에서 드러났듯이, 이순신은 경상도로 출전하는 것에 신중을 기하고 있었다. 특히 그가 처음 출전을 앞두고 끝까지 기다린 사람이 전라우수사 이억기라는 사실은 이순신의 전력이 무적함대 수준은 아니었다는 것을 말해준다. 임진왜란 초에 이순신이 경상도로 출전한 것도 왜군과 정면으로 부딪치기 위해서가 아니라, 위기에 처한 당포(원균 관할 지역)를 방어하기 위해서였다. 장계에서 여러 차례 밝혔듯이 구원 출전이었던 것이다.

한편 박홍의 다른 파발마는 4월 16일 오후에 경상관찰사 김수에게 왜침을 알렸다. 이에 김수는 4월 17일 전라 좌수군에 파발을 띄워 경상도 경내로 넘어가라고 요청했고, 4월 18일에는 원균에게 출전을 명령했다. 4월 27일 오후 7시, 조정 파발은 다시 이순신의 함대에 '경상도로 월경하라'고 지시했다.

그러나 이순신은 두 가지 문제로 쉽게 월경할 수 없었다. 첫째는 전력의 문제였고, 둘째는 그 지역이 이순신의 관할이 아니었기에 물길과 지형을 모른다는 게 문제였다. 그래서 이순신은 원균과 이억기, 그중에서도 특히 이억기를 기다렸던 것이다. 원균의 구원 요청을 받고서 이순신이 보낸 장계에는 다음과 같이 기록되어 있다.

> 왜적이 본도(전라도)로 침범해올 때가 임박했는데 무척 한심합니다. 본도 내의 육지와 연해안의 각 고을과 변두리의 성을 방어하는 게 필한데 새로 뽑은 조방군 등 올차고도 굳센 사졸은 육지전으로 나가고 변두리에 남은 진과 보에는 병기를 가진 사람조차 적습니다. 그나마도 맨손으로 모인 수군이니 그 세력이 매우 약해 달리 방어할 대책이 없습니다. 뿐만 아니라 신에게 있는 전함을 다 모은다고 해도 그 수가 30여 척에 불과합니다. 세력 지원이 없어 매우 힘이 약하기 때문에 관찰사겸 순찰사 이광도 이미 이 사실을 알고 본도 전라우수사(이억기)에게 명령하여 소속 수군을 거느리고 신을 따라 힘을 모아 구원하라고 하였습니다. - 임진년(1592년), 4월 30일 장계

당시 이순신의 전력은 매우 열세였다. 따라서 이순신 위인전에 자주 등장하는 그림처럼 기다렸다는 듯이 왜군과 정면으로 전투를 벌이기는 거의 불가능했다. 당시 『난중일기』에서도 이순신이 이억기의 수군을 애타게 기다리고 있었다는 내용이 나온다. 대전투 함대의 왜군이 언제 들이닥칠지 모르는 가운데 전라우수사 이억기가 오기만을 고대하고 있는 이순신은 마침내 그가 온다는 소리에 기뻐하지만, 이억기가 탄 배가 아니라는 소식을 듣고 매우 실망한다. 그러는 와중에 그는 여도수군 중 도망간 황옥천을 참수하여 효수한다. 이 사실만 보더라도

이순신이 위기 상황에 어떻게 대처했는지 알 수 있다. 4월 30일 장계에도 도망한 자 2명을 잡아 목을 베었다는 내용이 나온다. 이순신이 당시에 경상도로 쉽게 갈 수 없었던 물길에 대한 걱정도 장계에서 드러난다.

> 남해에 첨입된 평산포 등 4개 진영의 장수와 현령 등은 왜적들의 얼굴을 보지도 못하고 먼저 스스로 옮겨가 피했습니다. 신은 홀로 있어서 지원된 군사로는 그 도(경상도)의 물결이 험한지 평탄한지 알 수가 없습니다. 물길을 알려줄 만한 배도 없으며 작전을 상의할 만한 장수도 없는데, 경솔하게 출항한다는 것은 천 리 먼 곳에서 뜻밖의 걱정만 끼치게 될 것입니다. **- 임진년(1592년), 4월 30일 장계**

경상도의 바닷길을 안내해줄 만한 사람이 없었는데도 이순신이 전승을 거둔 곳은 주로 경상우도 해안, 즉 원균의 관할 지역이었다. 그 지역의 물길을 잘 아는 사람은 원균이었다. 그가 없었다면 경상좌도 해안의 물길을 알 수 없어 전투를 할 수 없었을지도 모른다. 4월 30일 장계를 보면 이순신은 경상우수사 원균에게 '물길의 형편과 두 도의 수군이 모이기로 약속할 곳, 적선의 수와 정박해 있는 장소, 그 밖의 대책에 응할 여러 가지 기밀사항을 아울러 긴급히 회답해주시오.' 라고 통고했고, 원균은 여러 가지 상황을 적은 편지를 보냈다. 또한 '선봉장은 우수사 원균과 약속할 때 그 도(경상우도)의 변장으로 임명할 계획'이라고 했다. 5월 5일, 이순신은 이억기의 합류가 없음에도 불구하고 드디어 출항을 했다. 원균이 수차례 당포 앞 바다로 나오라고 했으므로 그곳으로 합류한 것이다.

이때 이순신과 원균이 치기로 했던 곳은 부산 다대포 앞의 천성, 가덕도 앞이었다. 그래서 당포에서 한산도를 지나 거제도를 남쪽으로 돌아서 부산의 가덕도로 가려고 했다. 당포(통영)와 거제도 사이의 견내량을 통과해가면 협살당하기 쉽기 때문이었다. 거제도를 남쪽으로 돌아 부산 쪽으로 가다가 옥포를 앞두고 있을 때 앞에 나가 있던 우척후장 사도첨사 김완과 여도권관 김인영 등이 신기전을 쏘아서 왜선이 있음을 알렸다. 옥포 해안에 왜선 30여 척이 있었기 때문이다. 옥포는 거제도의 동쪽에 있는 곳이고, 반드시 이곳을 지나쳐야 가덕도 등지로 갈 수 있었다. 이 30여 척의 왜선을 깨부순 것이 옥포 해전이었고, 이것이 이순신이 공을 세운 첫 해전이었다. 이 해전에서 이순신은 총 26척의 선박을 깨부수고 불태웠다. 이어 신시에 왜선이 지나간다는 보고를 받고 이순신은 다시 출동하여 왜선 5척을 격파한다. 다시 8일에 진해 고리량에 왜선이 머물고 있다는 보고에 따라 그 일대를 수색하던 중 고성의 적진포에서 왜선 13척을 발견하고 전투를 벌였고, 13척 모두를 깨뜨렸다. 5월 10일, 이순신은 일련의 이러한 전투에서 40여 척의 배를 깨트리고 왜적의 머리 둘을 베었다고 장계를 올렸다.

열세를 협력으로 극복하고 승리를 모색하다

옥포를 비롯한 여러 해전에서 승리를 거둔 뒤, 이순신은 본영인 전라좌수영으로 돌아왔다. 이순신의 함대는 왜군에 비해 열세였으므로 무리하게 전투할 수는 없었다. 이는 공적에 눈이 어두워 무리하게 전투를 벌였던 원균의 태도와는 달랐다. 본영에 있을 때, 왜군 주력 함대가 서쪽으로 나아간다는 정보가 계속 들어왔다. 이에 이순신은 전라우수사 이억기에게 합동으로 6월 3일에 출동하여 왜선을 격파할 것을 통고했다. 그때 경상우수사 원균이 왜선 10여 척이 사천, 곤양 등지로 진출했다는 공문을 이순신에게 보내왔다. 이순신은 원균의 공문을 받고 예정 출동 날짜를 변경해 적에게 선제공격을 가하기로 했다. 이러한 계획이 들어맞아 29일에 사천 해전에서 승리했다. 거북선이 처음 등장한 이 해전은 원균의 정탐과 정보가 주효했기 때문에 성공할 수 있었다. 5월 29일, 『난중일기』를 보면 원균과 상의했다는 대목이 나온다. 이순신은 자신의 전략을 원균에게 일방적으로 통보하지는 않았다. 사천 지역은 원균의 관할 지역이었기 때문에 그가 더 잘 알고 있었다. 이순신은 수사의 위치에서 원균과 협의해야 했을 뿐만 아니라, 그의 정보와 견해가 반드시 필요했다. 이순신과 원균에게 지원군이 더 필요하던 중에 6월 2일, 당포^(통영)에 왜적이 출몰하였다는 보고가 다시 들어왔다. 이때 벌어진 게 당포 해전이다. 이날 이순신은 왜선 21척을 격파하고, 다시 5척이 출몰해 그것을 쫓아가다가 밤을 지새웠다. 그리고 그날밤에 그렇게 기다리던 이억기의 소식을 들었다. 6월 3일과 4일 『난중일기』를 보면 군사들이 매우 기뻐하는 장면이 이틀 연속으로 씌어 있다. 왜 그렇게 기뻐했는가? 무엇보다 여러 날의 해전으로 피로가 누적이 되었고, 그대로 왜군과 싸울 경우 패배할 위험이 있었다. 따라서 이순신 혼자 왜군을 상대한다는 것은 무리가 있었다. 이억기까지 합류한 삼도수사함대는 5일에 왜적을 토벌하러 나갔다가 왜선이 나타났다는 첩보를 듣고 당항포로 가서 왜선 26척을 격파하고 이어서 30여 척을 침몰시켰다. 이것이 옥포에 이은 2차 당항포 해전이다. 이어 6월 7일에 거제도 앞바다에서 왜군의 대함 5척, 중형함 2척이 율포에서 나와 부산진 쪽으로 나가는 것을 발견, 쳐들어가 대함 2척, 중형함 1척을 불사르고, 나머지는 모두 나포했다. 이것이 '율포 해전'이다. 이렇게 옥포에서는 기습이 주효했다면, 당항포, 율포에서 큰 승리를 거둘 수 있었던 것은 3명의 수사가 연합했기 때문이었다. 무엇보다 『난중일기』와 장계에는 수사들과 협의하는 모습이 많이 나온다. 6월 8일에는 바다 위에서 이억기와 의논하면서 머물렀고, 6월 9일 가덕도 앞바다를 거쳐 미조항에 이르렀을 때 이억기와 다시 협의했다. 7월 9일에는 전라우수사 이억기와 경상우수사 원균과 같이 폭풍우가 치는 칠천도 앞바다에서 왜적을 토멸할 계획을 협의했다고 한다. 7월 12일에는 한산도에 오른 적들을 거제도의 군사와 백성들이 합력하여 목을 베고 그 급수를 통보하도록 경상우수사와 약속했다. 8월 29일에는 원균 및 이억기 등과 함께 밤새도록 좁은 강 입구의 왜적을 공격할 일을 상의했다.

연합 함대는 율전 해전 뒤에 다시 지친 군사들과 식량 때문에 입항했다. 왜군은 그동안의 패전을 만회하기 위하여 병력을 증강했다. 와키자카 야스하루의 제1진은 70여 척을 거느리고 웅천 방면에서 출동하고, 구키 요시타카의 제2진 40여 척과 제3진의 가토 요시아키도 많은 병선을 이끌고 합세했다. 사실상 일본의 핵심 정예부대들이 이번에는 단번에 조선 수군을 없애고 전라도로 진출하기 위해 출진한 것이다. 7월 4일 장계에는 "떼를 지어 출몰하는 적을 맞이하여 낱낱이 무찌르고자 서로 공문을 돌려서 약속하며 배를 정비하고, 경상도의 적세를 탐문했다."라고 되어 있다. 적을 무찌르기 위해 일사분란하게 움직이는 모습도 잘 나타나 있다. 해전을 준비하는 과정에서 서로 공문을 돌려 정보를 주고받는 모습은 과거보다는 능동적이었다. 과거에는 경상도 지방의 전황과 이에 대한 구원 요청에 관한 정보 교류였다면 이제는 왜선을 조직적으로 깨기 위한 정보 교류였다. 이미 앞선 해전에서 자신감을 얻은 이억기, 이순신, 원균은 다시 뭉치는 데 어려움이 없었다. 이것이 '한산도 대첩'의 시작이었다.

수평적 연합작전의 개가 한산도 대첩

한산도 대첩에는 원균의 배까지 합해서 약 50척의 전투함과 다른 배 90여 척이 참여한 것으로 보인다. 한산도 대첩이나 부산포 해전이 끝난 뒤 전선의 제작이 더 이루어졌어도 여전히 이순신의 배는 많지 않았다. 1593년 5월 14일의 장계를 보면 이순신이 전선 42척, 이억기가 전선 54척을 지닌 것으로 나타난다. 한산도 대첩 당시 이억기는 25척의 배를 보유하고 있었는데, 해전 이후 막대한 전력을 보강한 셈이었다. 이순신의 전선은 옥포 해전 장계에서 밝힌 것을 기준으로 하면 판옥선 24척, 협선 15척, 포작선 46척이다. 그러나 협선은 보조선이고 포작선은 어선이기 때문에 전투선이라고 할 수는 없으므로 판옥선만 전투선에 해당된다. 따라서 한산도 대첩 당시에는 이억기의 전선과 이순신의 전선은 동일한 전력을 지니고 있었다. 동일한 직위와 전선으로 볼 때 이순신이 이억기에게 일방적으로 지휘할 수가 없었다.

사실 임진왜란 초기에 순찰사 이광이 이순신에게 합류하라는 명령을 내렸는데도 전라우수사 이억기는 요청이 있은 지 한 달이 넘어서야 이순신에게 합류했다. 물론 지역의 전함이나 병사 물자를 모으는 데 시간이 걸린 이유도 있었지만 하루도 안 걸리는 거리임을 감안한다면 너무 늦은 감이 없지 않다. 이것은 이순신을 신임하지 않았기 때문인 것으로 보인다.

사실 유성룡의 천거로 이순신이 갑자기 6단계를 뛰어 순식간에 전라좌수사가 된 것은 여러 모로 그를 좋게 볼 수 없는 이유였다. 또한 지금까지의 해전에서 검증된 능력도 없었거니와 같은 수사의 지위에 있었던 점도 이억기가 늦게 합류한 중요한 이유였다. 게다가 이러한 군사 작전은 있었던 적이 없었기 때문에 더욱 주저하게 하는 요인이 되었을 것으로 보인다. 섣불리 합류했다가 전라우도까지 깨질 염려가 있었다. 그것은 전라도가 완벽하게 궤멸되는 것을 뜻했다. 더구나 조정에서 상황을 보고 움직이라는 교서가 내려진 상태였기 때문에 반드시 즉시 갈 이유는 없었다. 하지만 제1차 옥포 해전(합포, 적진포 포함)과 사천 해전의 승리가 있자 이억기는 합류하게 된다. 그리고 당항포, 율포에서 함께 싸워본 뒤에는 즉각적인 협력을 보인다.

7월 초에 이순신은 이억기와 출전을 약속했고 이를 원균에게 알렸다. 이번에는 신속하게 이억기가 왔고, 7월 6일에 이억기와 이순신이 90척을 이끌고 전라좌수영을 출발, 노량에서 원균의 전함 7척과 합세했다. 7월 7일 저녁, 삼도수사연합함대가 당포에 이르렀다. 이때 크고 작은 왜함 70여 척이 견내량에 들어갔다는 보고가 들어왔다. 하지만 견내량은 좁아서 조선 수군에게는 불리했으므로 다음날 한산도 앞바다로 적을 끌어낼 작전을 세웠다. 한산도는 견내량을 통과하면 바로 거제 앞에 있는 섬이다. 비록 한산도가 있어도 거제도와 고성 사이에 있어 사방으로 헤엄쳐나갈 길도 없고, 왜적이 상륙한다 해도 한산도는 굶어죽기에 딱 좋은 섬이었다.

그러면 어떻게 적선을 유인할 것인가? 이때 세운 전술은 먼저 판옥선 5~6척이 적의 선봉을 쫓아가서 급습하고 도망가게 한 다음 왜선이 일시에 반격해오면 조선 전선이 후퇴하는 전술이었다. 이 전술은 유효했다. 왜군은 조선 수군이 자신들을 겁내는 것으로 알고 끝까지 쫓아왔다. 아무런 의심없이 나머지 왜선들도 한산도 앞바다로 따라 들어왔다. 예측한대로 왜선들이 한산도 앞바다에 이르자 조선 수군은 미리 약속한 신호로 모든 배가 일시에 북을 치고 호각을 불면서 학익진을 펼쳐 왜선을 공격했다. 현자, 지자, 승자총통, 수많은 화살을 쏘는 한편, 거북선이 왜선 사이를 누볐다. 왜군은 혼비백산해, 힘 한번 제대로 못 쓰고 무너지고 말았다.

왜선을 격파하여 태운 것만 66척, 목을 벤 것이 86급, 기타 물에 빠져 죽고 찔려 죽은 수가 수백 명에 이르렀다. 한산도로 헤엄쳐 도망친 400여 명은 13일간을 풀뿌리만으로 연명하다가 겨우 탈출했다. 나중에 포로 심문 과정에서 와키자카 야스하루의 제1진 70여 척은 거의 궤멸되고, 구키 요시타카의 제2진 40여 척도 많은 피해를 본 것으로 알려졌다. 이것이 임진왜란 3대첩의 하나인 한산도 대첩이다. 이 해전 결과로 일본 수군은 거의 전멸했다.

원균의 경상우도 지역 해양 정보와 이억기의 전선과 용맹, 그리고 이순신의 지략과 거북선이 어우러져서 한산도 대첩의 승리를 이끌어냈다. 이것은 이순신 혼자만의 공이 아니었다. 단지 그가 가장 뛰어났을 뿐이다. 이순신은 세 수사가 공동 지휘해야 하는 상황에서 이억기, 원균을 적절히 활용하여 지휘를 이끌어내고 전과에서도 다른 두 사람을 능가했다. 하지만 이순신 혼자 탐색, 정보 수집, 운항, 전투 지휘를 한 것은 아니었다. 이순신에게서 볼 점은 무적 함대가 아니라 어려운 여건에서 어떻게 합심을 이끌어내어 승리했는가다. 이순신의 전선들은 아직도 약했기 때문에, 그는 한산도 대첩이 끝난 뒤에도 언제든 이억기와 함께 움직일 전략을 짰다.

7월 13일 장계를 보면 "병력을 합세하여 바로 몰아 침범해오면 우리가 앞뒤로 적을 받게 될 것이다. 병력이 분산되고 형세가 약한 것이 극히 염려스러우니 '군대를 정비하여 창을 베개로 삼아 변을 기다려 다시 통고하는 즉시로 수군을 거느리고 달려오라.' 고 전라우수사 이억기와 약속했다."라고 되어 있다.

그렇게 해서 세 수사가 함께 움직여 그해 9월에 다시 대승을 거둔 것이 부산포 대첩이었다.

이순신의 2인자 병법

이순신의 리더십 스타일은 그의 병법 구사에서도 잘 드러난다. 이순신의 병법은 상당 부분 『손자병법』에 충실하고 있다. 이 책을 지은 손자는 춘추시대 오나라 합려를 섬기던 명장 손무라고 하는데, 일부에서는 손무의 후손으로 전국시대 진에서 벼슬한 손빈이라고 주장하기도 한다. 『손자병법』은 2인자 리더십과 맞아떨어지는 면이 많다. 그중 자신의 한계를 인정하고 상대방이 강할 때는 그것에 맞게 낮추어서 이기는 전법이 대표적이다.

『손자병법』은 주동적인 위치를 점하여 싸우지 않고 승리하려 한다. 불리하면 불리한 대로, 유리하면 유리한 대로 그 상황에 맞게 승리를 이끌어내려 한다. 『손자병법』은 병서로서는 모순이 느껴질 만큼 비공격적인 것이 특징이지만 이러한 점은 오히려 이순신의 평소 성격이나 행동과 많이 비슷하다. 절대 무리하게 공격하거나 조급해하지 않고, 유연하면서도 치밀한 것이 닮았다. 여유로우면서도 부드러운 카리스마를 발휘하는 것이 2인자 리더십의 특성이다.

일찍부터 많은 무신과 장수들이 지침으로 삼았고, 조선시대에는 역관 초시 교재인 『손자병법』과 관련되는 것 중에 이순신이 언급한 몇 가지를 살펴보자. 1592년 6월 14일 장계에서 이순신은 불리한 곳에 있는 아군의 위치를 잘 파악하고, 우월한 위치에 있다고 오만하게 구는 왜적을 유인해서 협공을 가했다고 적고 있다.

이 장계는 당포, 당항포 전투 등 2차 출전을 설명하는 것인데, 이순신은 이러한 병법으로 사천 해전에서 거북선을 앞세워 이겼다. 『손자병법』의 '지형' 편에 보면 '險形者 我先居之 必居高陽以待敵(험형자 아선거지 필거고양이대적 : 험난한 지형은 아군이 먼저 차지하고 반드시 높고 양지 바른 곳에서 적군을 기다린다)' 라는 말이 있다. 반대로 '若敵先居之 引而去之 勿從也(약적선거지 인이거지 물종야 : 적이 그런 험난한 지형을 차지했다면 공격하지 말고 물러나라)' 라는 말도 있다. 2인자 리더십의 요체는 자신의 현 상태를 파악하고 무리하게 공격하지 않는 것이며, 상대를 공격할 때는 상대의 1인자라는 자만을 역이용한다. 이러한 점은 사천 해전 기록에만 나와 있는 것이 아니라 각 전투에서 일관되게 볼 수 있다. 특히 임진왜란과 정유재란 내내 부산을 쉽게 치지 못한 것은 이런 원칙의 고수에서 비롯된 측면이 있다.

1592년 6월 14일 장계에서는 "군량이 벌써 떨어지고 군사들도 싸우다 지친 사람이 많으므로, 피로한 세력으로 편안히 숨어 있는 적과 대적한다는 것은 병가의 좋은 방법이 아닐 것입니다."라고 했다. 이 장계에서 보이는 내용은 『손자병법』 '시계' 편의 일이노지(佚而勞之), '허실' 편의 고적일능로지(故敵佚能勞之), '전쟁' 편의 이일대로(以佚待勞) 부분과 일치한다. 이 세 가지의 요점은 "적이 편안하면 피로하게 한다. 적이 편안하면 피로할 때까지 기다린다. 편안한 휴식으로써 고생하는 적을 기다린다." 이는 결국 자신들이 피로할 때 섣불리 공격하는 것은 바람직하지 않다는 뜻이다.

한산도 대첩의 승리를 알리는 장계에서도 『손자병법』의 원칙이 엿보인다. 1592년 7월 15일 한산도 대첩 장계는 백성과 아군에게 불리하므로 적을 무리하게 쫓지 않는다고 했다. 이는 『손자병법』의 '군쟁' 편에 실린 '궁구물박(窮寇勿迫)'으로 '막다른 곳에 몰린 적은 지나치게 몰아치지 않는다' 는 뜻이다.

1594년 9월 3일 『난중일기』는 "여러 장수들과 맹세해 죽음을 각오하고 원수 갚을 뜻을 세우고 있지만, 적이 험고한 곳에 웅거하여 있으니, 경솔히 나아가 칠 수도 없다. 하물며 나를 알고 적을 알아야만 백번 싸워도 위태하지 않다고 하지 않았던가!"라고 했다. 이는 『손자병법』 '모공' 편에 있는 '知彼知己 百戰不殆(지피지기 백전불태)', 不知彼而知己 一勝一負(부지피이지기 일승일부), 不知彼不知己 每戰必殆(부지피부지기 매전필태)이다. '적과 아군의 실정을 잘 비교 검토한 후 승산이 있을 때 싸운다면 백 번을 싸워도 결코 위태롭지 않다. 적의 실정을 모른 채 아군의 전력만 알고 싸운다면 승패의 확률은 반반이다. 적의 실정은 물론 아군의 전력까지 모르고 싸운다면 싸울 때마다 반드시 패한다.' 는 부분을 종합적으로 응용한 것이다.

이순신이 해전에서 적을 유인하여 함정에 빠뜨리는 전략을 많이 사용하는 것 또한 『손자병법』에 충실한 것이다. 그는 절대 무리하게 적을 공격하지 않으면서 적의 우월감을 자극해 자만하도록 만든 뒤 섣불리 공격해오도록 하는 방법으로 승리를 이끌어냈다.

또한 1597년 9월 15일, 명량 해전이 벌어지기 하루 전에 『난중일기』에 쓴 '죽고자 하면 살고 살고자 하면 죽는다.' 는 말은 『오기병법(吳起兵法)』의 "필사적으로 싸우면 살아날 수 있고 요행히 살려고만 하면 죽게 된다."를 약간 변형한 것으로 보인다.

2인자들은 스스로 최고가 아니기 때문에 언제나 자신의 처지와 수준을 파악하고 연대하며 협력하면서 우월한 적을 공격하고 마침내 승리를 이끌어낸다.

이순신의 위대한 점은 바로 자신의 분수와 그것에 적합한 전략을 모색한 데 있었다. 자신이 최고라는 생각을 했다면 결코 승리할 수 없었다. 그는 승리를 얻을 때면 빈번하게 '천운이로다.' 라는 언사로 겸양의 예를 다했다.

진린이 탄복한 이순신의 2인자 리더십

명나라 장수 진린은 성질이 고약하기로 유명했다. 그는 강화도에 도착하자 군량미가 제대로 조달되지 않는다고 관할 수령을 때렸다. 또한 찰방 이상규의 목에 새끼줄을 매어 피가 흐를 때까지 끌고 다녔다. 그러나 이순신은 강직하기로 이름이 난 장수였다. 이 둘이 만났을 때 어떤 일이 벌어졌을까.

명나라 진린은 정유재란 중인 1598년 7월 16일에 5,000여 병사를 이끌고 고금도에 왔다. 그런데 이순신의 태도는 예상을 깬 것이었다. 이순신은 즉각 휘하의 장교들과 함께 수십 리 길을 마중 나가 크게 절하며 환영했다. 그리고 그들을 위해 큰 잔치를 베풀었다. 즉 진린을 보는 순간 한발 숙이고 들어간 것이다.

첫 합동 전투에서 명나라 수군은 이렇다 할 전과를 올리지 못했다. 진린은 전과를 세우지 못한 부하들을 크게 질책했다. 그러던 와중에 이순신이 보낸 물건이 진린에게 도착했다. 상자에는 왜군의 수급이 들어 있었다. 이것은 곧 진린의 전과이기도 한 것이었다. 이후 명나라 신종에게 진린은 이순신을 매우 좋게 평가하여 보고했다.

"폐하, 조선의 전란이 끝나면 조선의 왕에게 명을 내리셔서 통제사 이순신을 요동으로 오게 하소서. 신이 본 이순신은 그 지략이 매우 뛰어날 뿐만 아니라 그 성품과 또한 장수로 지녀야 할 품덕을 고루 갖췄습니다. 만일 조선수군통제사 이순신을 황제 폐하께서 귀히 여기신다면 우리 명국의 화근인 저 오랑캐(청나라)를 견제할 있을 뿐만 아니라, 저 오랑캐의 땅 모두를 우리 명국으로 귀속시킬 수 있을 것이옵니다."

어느 날, 이순신이 막사를 허물고 있는 것을 본 진린이 이상하게 여겨 그 이유를 물어봤다. 그러자 이순신이 대답했다.

"우리 백성들은 명나라 군대를 부모와 같이 섬기는데 약탈이 심해서 모두 떠나고 있습니다. 사정이 이러하니 저 같은 대장도 남아 있을 이유가 없지 않겠습니까."

그러자 진린은 당장에 자신의 부하들에 대한 현장 지휘권을 이순신에게 맡기기도 했다.

노량 해전에서 진린은 도망가는 적을 추격해 무리하게 공을 세우려했다. 그런데 무분별하게 쫓아가다가 수심이 얕은 곳에서 왜군의 협공을 받게 되었다. 이를 본 이순신이 달려가 진린을 구했다. 진린은 나중에 이순신이 전사했다는 소식을 듣고 땅을 뒹굴며 통곡했다고 한다. 그로부터 한참 뒤 진린은 자신의 묘비에 쓴 글에서 이순신을 제갈량에 비유했다.

명장 원균을 죽음으로 몰아간 1인자 리더십

조정은 이순신에게 부산에 상륙하는 왜군을 막으라고 명령했다. 가토 기요마사가 부산에 닿을 것이니 잡으라는 것이다. 이순신은 권율에게 '왜군의 간교한 교란 작전에 휘말려 출병할 수는 없다.' 라는 뜻을 밝혔다. 때마침 울산의 서생포에 가토 기요마사가 상륙하자 조정에서는 왜군을 막지 않았다며 이순신을 파직하여 옥에 가두고, 부산 공격을 자신만만하게 생각하던 원균을 통제사에 임명해 공격을 명했다.

하지만 실제로 원균이 통제사의 위치에서 보니 부산 공격은 쉽지 않은 일이었다. 원균은 수군과 육군이 같이 공격해야 한다고 했지만, 병마절도사 권율은 수군이 단독으로 공격할 것을 명령했다. 이때 조정과 권율이 잘못한 점은 조선의 수군이 1인자의 위치에 있다고 착각한 점이다. 왜군은 수많은 병사와 선단 그리고 물자를 가지고 있었던 대군이었다. 조선 수군이 승리를 이끌어낼 수 있었던 것은 바로 능력을 잘 깨달아 전면전을 피하고 기동타격 전투를 한 점에 있었다. 또한 중요한 전략적 요충지를 끼고 구사한 연합전선이 있었기 때문에 가능했다. 즉 이순신의 승리가 가능했던 것은 절제된 2인자 리더십 때문이었는데, 그것을 인식하지 못했던 것이다. 그들은 이 미묘한 전략을 간과하

고, 무조건 앞서서 공격할 것만을 종용했다. 1인자 리더십의 패착이
었다.

1597년 7월 5일, 원균은 할 수 없이 부산으로 출격하게 되었다. 부
산 입구인 절영도까지 나아갔을 때 원균 함대는 때아닌 폭풍우를 만났
다. 왜군은 절호의 기회를 얻은 셈이었다. 그러나 왜군은 전면전을 벌
이지 않고 유인 전략을 세웠다. 원균의 저돌적인 성격과 리더십 스타
일을 훤히 간파하고 있었기 때문이다. 원균은 앞장서는 돌격형 리더,
즉 1인자형 리더였던 것이다. 왜군이 계획대로 유인전략을 펴자 원균
은 불리한 상황임에도 불구하고 왜선들을 추격해 왔다. 그리고 얼마
가지 않아 왜군의 매복전에 걸려들어 격파당하고 말았다.

왜군은 칠천량 연안에 3,000여 명을 포진시키고 600여 척의 함선을
동원해서 수륙 양면으로 공격해왔다. 하지만 원균은 "임전불퇴, 결사
항전!"만 외쳤다. 결과는 자멸이었다. 200여 척의 함선과 1만여 명의
조선 수군이 전멸했다. 이 전투에서 전라우수사 이억기도 전사했다.
또 원균의 군사들은 완전히 그 지역을 빠져나가지 못하고 칠천도 근처
에 있었는데, 정작 7월 16일, 왜선 2척이 다가오자 당황해서 변변히
전략도 구사하지 못하고 말았다. 자신의 여건이 안 되는 불리한 시점
에서는 퇴각해서 전력을 가다듬는 것이 전략적으로 유리하나, 원균은
이도 저도 못하는 형국에 있었다. 결국 원균은 육지로 퇴각하다 전사
했고, 조선군은 궤멸되었다. 경상우수사 배설은 12척을 가지고 도망
쳤다. 그가 나중에 잠적함으로써 이 12척의 배가 바로 명량대첩에서
이순신의 배가 된다.

만약 원균이 자만과 우월의 1인자 리더십이 아니라 겸손과 치밀함
의 2인자 리더십을 발휘했더라면 조선 수군은 대패하지 않았을 것이

다. 이는 원균만의 책임이 아니라 조정과 병마절도사 권율의 책임도 컸다. 더구나 권율은 연합작전이 아니라 육군과 수군을 따로 분리하여 작전을 구사하기에 급급했다. 이런 점들은 나중에 선조와 조정 중신들이 권율을 비판하는 이유가 된다. 만약 이순신이 병마절도사였더라면 수군만 단독으로 진군시키는 전략은 사용하지 않았을 것이다. 또 그렇게만 되었더라면 정유재란은 더 일찍 끝나 수많은 생명을 살릴 수 있었을 것이다.

복종하며 **지배**하라

초판 1쇄 발행 2009년 11월 25일
초판 3쇄 발행 2014년 2월 10일

지은이   김헌식
발행인   권윤삼
기획   한성출판기획
발행처   도서출판 연암사

등록번호   제10-2339호
주소   서울시 마포구 망원동 472-19
전화   02-3142-7594
팩스   02-3142-9784

ⓒ김헌식

ISBN 978-89-86938-78-4 03320

이 도서의 국립중앙도서관 출판시도서목록(CIP)은 e-CIP 홈페이지
(http://www.nl.go.kr/ecip)에서 이용하실 수 있습니다.
(CIP제어번호: CIP 2009003345)